생각하는 한국사

2

생각하는 한국사

2

글 · 성기환

버들미디어

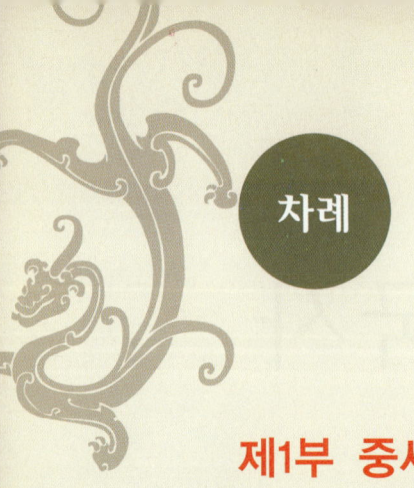

차례

제2부 근대 사회

OI 1910년부터 1945년까지의 일제 통치기 299

부록 341

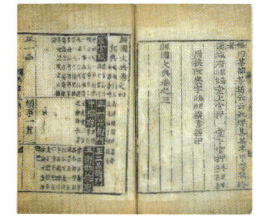

| 제1부 |

중세 사회

01
고려 시대

후삼국의 통합

　　통일 신라는 8세기 말부터 귀족들의 권력 다툼으로 국가의 기강이 해이해지기 시작하여 9세기 중엽에 이르러 지방에서 반란이 이어지고 각지에서 일어난 농민들의 봉기가 전국으로 퍼져나갔다.

　　이렇게 혼란한 틈에 견훤은 892년에 무진주(전남 광주)를 발판으로 삼아 후백제를 세우고 왕위에 올랐고, 이후 900년에 완산주(전북 전주)를 수도로 정하고 국가 체제를 갖추어 나갔다. 또 신라 왕족의 후예로 알려진 궁예는 901년에 송악(개성)을 근거로 후고구려를 세우고 왕위에 올라 한반도는 이른바 후삼국 시대로 접어든다.

　　후삼국 시대는 견훤이 나라를 세운 892년부터 왕건이 고려를 세운 936년까지 약 44년 동안 지속되었다.

　　세달사의 중이었던 궁예는 891년에 죽주(현재의 안성)에서 봉기하여 경기 지역에서 막강한 세력을 키우고 있는 기훤을 찾아간다. 기훤은 거만하고 성격이 거친 사람이었다. 그래서 궁예는 그에게 불만을 품고 기훤의 부하들과 양길에게 투항하였다.

　　북원(원주)을 중심으로 세력을 형성하고 있던 양길은 궁예가 부하들을 많이 데리고 오자 환대하여 군사를 나누어 주고 북원 동쪽 지역을 공략하게 하였다. 궁예는 승전을 거듭해 894년에 명주(강릉) 땅을 완전히 차지하게 되었다. 군사가 3,500명에 이르자 궁예는 양길에게서 벗어나 십여 개의 군현을 점령하고 철원을 거점으로 하여 국가 체제를 갖추기 시작하였다.

896년에는 왕건 부자가 궁예 밑으로 들어왔다. 송악(개성)의 대호족이었던 왕씨 일가는 궁예의 세력이 커지자 부하들을 이끌고 궁예에게로 온 것이다. 그리하여 궁예는 송악(개성)을 비롯한 황해도 일대를 장악하게 되었고 898년에는 거점을 송악으로 옮겼다. 그리고 899년에 양길과의 싸움에서 승리함으로써 충청, 경기, 황해, 강원 등 신라 북부 지역을 장악하였다. 마침내 궁예는 901년에 고구려의 부흥과 신라 타도를 내세우며 후고구려를 세웠다.

후고구려의 궁예는 904년에 나라 이름을 마진으로 바꾸었고, 905년에 수도를 철원으로 옮겼으며, 911년에는 나라 이름을 태봉으로 바꾸었다. 태봉은 후삼국 영토의 3분의 2 정도를 차지하면서 후삼국에서 가장 강력한 세력이 되었다. 궁예는 신라를 계속 침략하는 한편, 왕건에게 후백제의 배후인 전라남도 서남해안의 고을을 쳐서 손아귀에 넣도록 했다.

통치 영역을 크게 넓히고 세력이 강해진 궁예는 스스로 미륵불이라 칭하면서 갈수록 포악해져 신하들을 죽이기까지 하여 신하들의 마음이 점점 그에게서 멀리 떠나갔다.

견훤과 궁예가 서로 후삼국을 통일하려는 싸움을 벌이는 가운데 왕건은 많은 전공을 세우며 태봉의 지지를 얻어 세력을 키워 가게 되었다.

그러던 918년 6월에 신숭겸, 홍유, 복지겸 등이 중심이 되어 궁예를 몰아내고 왕건을 왕으로 추대하였다. 왕건은 고구려의 기상을 이어받는다는 뜻에서 나라 이름을 고려라 하고, 송악을 수도로 삼고 개경이라 고쳐 불렀다. 이로써 왕건은 고려의 태조가 되었다.

발해

후고구려
(901~918)(태봉)

궁예의 자립

송악
(태봉 왕도)
개성 북한산주
철원

김범문의 난

광주
여주
양길의 봉기
봉원(원주)

기훤의 봉기

수신의 난
중원(충주)
죽산
상벌(상주)
국원(충주)

김헌창의 난

신라

일선
(선산)

견훤의 감금

완산
(후백제 왕도)
후백제
(892~936)
무진(광주)

금성
(경주)
포석정 사건

견훤의 자립

대야
(합천)
강주

96각간의 난
김지정의 난

진도

청해진

장보고의 난

주요 정치적 사건
왕위 계승 다툼
지방 세력의 반란
농민의 반란

탐라

왜

9세기 말의 후삼국의 분열

한편 892년에 무진주(광주)를 점령하고 스스로 왕이라 칭한 견훤은 900년에 완산주(전주)를 도읍으로 정하고 국호를 후백제라고 하였다. 견훤의 아버지 아자개가 진흥왕의 후손이라고도 하지만 사실로 받아들여지지 않고 성은 이씨로 알려져 있다. 아자개는 가은현(문경)의 농부 출신으로 후에 장군이 된 사람이다. 견훤은 아자개의 장남으로 무예가 출중하고 체구가 장대하여 무장이 되었고, 서남해안의 변방 비장으로 있으면서 독자적인 세력을 형성하였다.

견훤이 후백제를, 궁예가 후고구려를 세움으로써 한반도는 후삼국 시대를 열게 되었다. 당시 신라는 권력 다툼과 전국 각지에서 일어나는 농민들의 봉기로 나라가 거의 망해 가고 있었다.

후삼국 중 가장 강한 군사력을 갖추고 있던 후백제는 신라를 친 후에 고려를 멸망시키려 하고 있었고, 고려는 신라를 여러 방면으로 도우면서 후백제와의 전쟁에 대비하였다. 고려와 후백제는 직접 싸우지 않고 신라를 사이에 두고 밀고 당기는 싸움을 벌여 나갔다.

920년 후백제가 신라의 대야성을 빼앗고 진례 지방으로 쳐들어오자 신라는 고려에 군사를 요청하였고, 고려는 군사를 출동시켜 후백제군을 물리쳤다. 927년에는 후백제가 경주까지 침범하였으나 고려군이 도착하기도 전에 견훤은 경애왕을 죽이고 재물을 약탈하였다.

견훤이 신라에 경순왕을 세우고 신라의 성을 하나씩 침범하며 위협하자 왕건은 더욱더 견훤을 견제해 갔다. 929년에 왕건이 고창에서 견훤을 크게 이겨 30여 군현이 태조에게 항복하고, 931년에 태조가 경순왕을 만나기를 청하자 경순왕은 왕건을 맞아 눈물을 흘리며 견훤을 원망하였다.

고려가 차츰 군사력을 키워 나가 더욱 강해질 즈음, 후백제는 왕위를 둘러싸고 내분이 일어났다. 견훤이 넷째 아들 금강에게 왕위를 물려주려고 하자, 맏아들 신검이 이복 동생 금강을 죽이고 견훤을 금산사에 가둔 뒤 왕위에 오르는 일이 발생하였다. 그것은 934년의 일이었다.

견훤은 금산사를 몰래 빠져나와 나주로 도망쳤고, 그 소식을 들은 왕건은 견훤을 개경으로 맞아들여서는 높은 벼슬을 주고 양주 지방을 식읍으로 주어 편안히 살게 하는 등 그를 극진하게 대접하였다.

그 소식을 들은 경순왕은 대세가 고려로 기울고 있다는 것을 알고 935년에 신하들과 의논한 끝에 태조에게 항복하기로 하고 시랑 김봉휴를 시켜 태조에게 그런 뜻을 담은 편지를 전했다.

왕건은 경순왕에게도 태자와 같은 벼슬자리를 주고 자신의 맏딸 낙랑 공주를 왕비로 삼게 하였다. 그리고 경순왕은 큰아버지의 딸을 왕건에게 주어 태조는 그녀를 아내로 맞아(제5비) 아들을 낳았다. 그가 현종의 아버지로 안종으로 추봉된 사람이다.

▌고려 초기의 사회

신라를 통합한 고려는 더욱 막강한 힘을 갖게 되었고, 936년 일선 군(선산)의 일리천 싸움에서 후백제를 크게 이겨 왕위 문제로 혼란을 겪었던 후백제를 멸망시켰다.

왕건이 후백제를 멸망시키는 데는 호족 세력의 도움이 컸다. 따라서 국가의 기반을 튼튼히 하고 권력을 잡기 위해서는 먼저 호족 세력을 적당히 눌러야 했다. 이에 왕건은 여러 호족의 딸을 왕비로 맞아들여 호족세력과 연합하며 그들을 누르려 하였지만 호족의 세력은 쉽게 눌러지지 않았다. 왕건을 이은 2대 혜종과 3대 정종대까지 왕위를 노린 반란과 음모가 계속 이어지다가 4대 광종대에 이르러서야 왕권이 다져졌다.

광종은 호족의 노비를 양인이 되도록 해주는 노비안검법을 실시하여 호족의 세력을 약화시켰고, 많은 농민들로부터 세금을 거두어 국가 재정의 기반을 마련하였다. 그리고 과거제도를 실시하여 유교 경전에 대한 지식과 문장 실력을 가진 관리를 뽑아 그때까지 벼슬을 거의 차지하고 있던 공신과 호족 출신들을 견제하며 왕의 권위를 더욱 다져나갔다.

태조

태조(太祖) : 태조는 사물의 시원을 의미하는 말로, 나라를 건국한 시조를 태조라 부른다. 중국에서 주나라의 건국 시조 문왕을 대조(大朝) 또는 태조라 한 이후 역대 시조를 태조라 부르기 시작했다.

성종대에는 최승로의 건의를 받아들여 유교 이념에 의한 통치를 내세워 국가의 제도들을 마련하였으며, 지방통치제도가 정비된 것은 현종 때였다.

현종은 개경과 경기 지역, 북쪽의 변경 지대 이외의 지역을 '도'로 나누었고, 지방에는 군·현을 설치하여 모든 일반 행정업무가 중앙정부와 군·현 사이에 직접 이루어지도록 정비하였다.

고려 초기에 중국에서는 거란이 세운 요나라가 926년에 발해를 멸망시키고 세력을 더욱 확장시켜 고려를 불안하게 하고 있었다. 또 960년에 새로운 통일왕조를 세운 송나라도 거란의 침입에 시달리고 있던 처지여서 고려와 송나라는 국교를 맺고 함께 요를 견제해 나갔다. 그러자 993년에 요나라의 소손녕이 대군을 이끌고 고려를 쳐들어왔다.

고려가 거란군을 무찌르자 요나라에서 사신을 보내 회담을 열자고 제의하여 고려에서 서희가 담판에 나섰다. 담판 결과 앞으로 송과 관계를 끊고 거란과 화친하겠다는 조건으로 거란군이 물러나면서 압록강과 청천강 사이의 강동 6주를 고려의 영토로 인정하였다. 하지만 이후로도 거란은 고려를 침략하는 일을 멈추지 않았다.

거란은 고려 왕이 직접 거란에 오고, 압록강 이남의 강동 6주를 돌려달라는 요구를 하였으나 고려가 응답하지 않자, 1018년에 거란의 장수 소배압이 10만 대군을 이끌고 쳐들어왔다. 고려는 강감찬을 최고 지휘자로 하여 20만 군대를 편성하여 거란을 물리쳤다. 그러자 거란은 고려를 침략하지 않았고 고려의 위상이 커지자 송나라도 고려를 우대하였다.

이후 여진족이 요나라를 멸망시키고 금나라를 건국하였다(1115년). 송나라는 금나라에 쫓겨 양자강 이남으로 밀려났다.

고려는 광종 때부터 송나라와 본격적으로 무역을 벌였고, 그 외 거란, 여진, 일본, 사라센과도 교역을 해 나가며 활발한 국제 교역을 펼쳐나가 고려는 이때부터 서역에 코리아로 알려졌다.

종교 사상적으로는 태조 왕건이 훈요십조에서 강조한 불교를 국교로 숭앙하여 불교의 영향을 많이 받았다. 그래서 지방 호족 세력에 의해 절이 많이 지어졌고, 불교의 연등회와 팔관회와 같은 행사가 국가적 사업으로 벌어졌다.

신라 말에 들어온 선종이 교종과 대립하며 두 종파가 퍼져나갔고, 불교경전을 모아놓은 대장경이 간행되었다. 우리나라는 목판 인쇄술이 발달해 있었는데 중국에서 대장경이 전래되었고, 당시 정교하기로 이름 난 거란대장경이 전래되면서 이런 판본들을 대조하면서 고려의 대장경 판각사업이 이루어졌다. 특히 거란이 침략하여 남쪽으로 피난해 있던 고려 조정이 부처의 힘으로 적을 물리치고자 대장경판을 만들었다.

유학과 불교학 연구를 하면서 서적에 대한 수요가 늘자 인쇄술이 발달하였는데 그 결과 12세기 초에 금속활자를 발명하였다. 아울러 질좋은 종이와 먹이 생산되어 인쇄문화의 발달을 가져왔다.

또 10~11세기에 제작된 것으로 보이는 청자는 그릇이나 문방구와 향로 등 일상용품에서부터 다양한 용도의 것들이 만들어져 송나라나 요나라와의 사이에 활발한 문화교류를 이루었다.

▌중기 귀족들의 다툼과 무신정권

고려가 거란을 물리치고 평화가 계속되자 귀족들 사회에서는 사치스러운 생활이 이어지며 사회가 분열되기 시작했다. 특히 12세기부터 왕실의 외척인 이자겸과 서경에서 세력을 이루고 있던 묘청의 난이 일어나면서 무신란이 이어지고 무신들이 집권하게 되면서 문벌귀족의 사회가 무너져 고려 사회는 크게 동요되었다.

경원 이씨 이자연은 세 딸을 문종의 왕비로 만들고 그 손녀들까지 잇따라 순종과 선종의 왕비가 되면서 큰 권세를 누렸다. 이자겸은 이자연의 손자로 왕의 자리까지 넘볼 정도로 세력이 커져 있었다. 그는 이씨 성을 가진 자가 왕이 된다는 유언비어를 퍼뜨려 인종을 독살하려고 하였으나 인종의 왕비였던 그의 넷째 딸이 인종을 도와 실패하였다. 인종은 이자겸을 제거하기 위해 마침 이자겸과 친했던 척준경과 이자겸의 집안이 노비 사이의 싸움으로 틈이 벌어진 것을 이용하여 척준경이 이자겸에게 등을 돌리게 하고 이자겸을 멀리 귀양을 보냈다.

그 후 척준경을 몰아내는 데 공을 세운 정지상에 의해 묘청과 백수한이 왕의 신임을 얻게 되었다. 그들은 수도를 서경으로 옮겨 개경 귀족들을 물리치고 정권을 잡으려 하였다. 이에 개경의 귀족들이 그들을 죽이라고 왕에게 글을 올리자 묘청은 1135년에 난을 일으켰다. 이에 맞서 개경의 귀족들은 정지상과 백수한을 죽이고, 김부식이 총대장이 되어 토벌군을 조직하여 서경 세력에 맞서 싸웠다. 이들의 싸움은 일년 정도 계속되어 묘청의 난은 진압되었으나 이 싸움은 그 뒤 개경 귀족에 대한 농민과 노비들의 항쟁의 시발점이 되었다.

고려 사회는 문신을 중심으로 이루어진 문벌귀족사회였다. 문신들은 높은 벼슬자리와 각종 특권을 누리며 군대의 최고지휘권까지 쥐고 있었다. 거란과 여진을 물리치는 데 공을 세운 서희, 강감찬, 윤관 등도 모두 문신이었다. 무신들은 그런 문신들에 의해 차별대우를 받았다. 거란과의 전쟁이 없어진 때 무신들은 심지어 문신의 호위병 노릇을 하거나 문신들을 위해 칼춤을 보여 주기도 했다.

1170년 의종이 문벌귀족들과 함께 개경 근처 보현원으로 놀러갔을 때, 무신들은 문신들의 시중을 들며 5병수박희라는 경기를 하며 흥을 돋우었다. 그런데 나이 많은 이소응이 지자 젊은 문신 한뢰가 이소응의 뺨을 때리는 사건이 발생하였다. 이를 본 무신들이 분노하였고, 마침 난을 계획하고 있던 정중부, 이의방, 이고가 칼을 빼들고 문신들을 모조리 죽이고 개경으로 돌아와 나머지 문신들마저 닥치는 대로 죽였다. 다음날 무신들은 의종을 쫓아내고 그의 동생을 왕위(명종)에 앉혔다.

이어 문신들이 대항하였지만 곧 진압되어 무신들의 세상이 되었다. 이로써 시작된 무신들의 정권은 정중부, 최충헌, 최우로 이어지며 100년간 계속되었다가 1270년에 막을 내렸다.

사회가 부패하면서 기강이 흔들리면 가장 고통을 당하는 것은 백성들이었다. 권력자들은 권력을 앞세워 농민들의 땅을 빼앗아가고 농민들은 그들에게 세금을 갖다 바치며 굶어 죽기까지 했다.

무신난이 일어난 뒤 정부에 의한 지방 통제가 약해지자 농민봉기가 번지기 시작했다. 1172년 창주, 성주, 철주의 농민봉기를 시작으로 1174년 서북지방에서 일어난 조위총, 1175년 서경에서 일어난 최광수, 1176년 공주 명학소라는 천민부락에서 일어난 망이·망소이의 난이 대표적인 난이다. 그 뒤 1198년에는 최충헌의 노비 만적이 난을 계획하였으나 한충유의 노비 순정이 배반하여 실패로 돌아갔다. 이어 13세기에 접어들면서 농민, 노비들의 봉기는 70년간 계속되었지만, 몽고가 쳐들어왔을 때 농민들은 외적의 침입을 물리치는 데 힘을 모았다.

▌고려 후기 몽고의 침략과 강화 천도

13세기로 접어들면서 중국 대륙에는 새로운 세력이 나타난다. 북방 초원지대에 살면서 거란과 여진의 지배를 받던 유목민족인 몽고족이 여러 부족을 통합하면서 크게 성장하여 세계 제국으로 발전한다.

몽고와 금의 공격을 받던 거란은 다시 고려를 쳐들어왔다. 마침 거란을 정복하려던 몽고가 고려와 연합을 제의하여 고려는 몽고와 연합하여 거란군을 무찔렀다.

중국 대륙을 계속 정복하던 몽고는 고려를 속국으로 여기며 공물을 요구하던 중 몽고 사신 저고여가 압록강 가에서 살해당하는 사건이 일어나자 몽고는 고려가 한 짓이라고 단정하고 고려를 침략해 왔다(제1차 1231년). 한 달 이상 계속되는 몽고의 공격을 막아 낸 것은 지방 군대와 농민들이었다. 특히 충주성에서는 관리와 세력가들은 모두 도망가고 백성들이 중심이 되어 노비와 천민까지 힘을 합쳐 끝까지 대항하자 몽고군은 더이상 남으로 내려오지 못하고 많은 공물을 보낸다는 조건으로 타협을 하고 물러났다. 이때 몽고는 서북 지방 40여 성에 지방행정을 감독하는 다루가치 72명을 남겨두었다.

다루가치는 개경에까지 파견되어 고려 내정을 간섭하려 했다. 당시 무신집권자 최우는 왕(고종)과 몽고가 결탁하여 자신을 몰아낼 것을 염려하여 강화도로 천도해 가서 사치스런 생활을 계속하였고, 서북지방의 다루가치들을 살해하였다. 그러자 몽고는 1232년 다시 쳐들어와 강화도에서 나와 항복하라고 요구했으나 따르지 않자 육지 곳곳에서 약탈을 했다.

몽고군의 주력부대가 처인성(용인)에서 싸움을 벌일 때 승려 김윤후가 쏜 화살에 적장 살리타가 쓰러지자 몽고군은 물러갔다가 1235

년 더 많은 군사를 이끌고 세 번째 침략을 감행하였다. 그러나 무신 집권세력은 여전히 속수무책이었고 백성들과 지방 군대가 결사적으로 항전하며 몽고군을 격퇴하였다.

몽고에서 황제 자리를 놓고 내분이 일어나 몽고는 고려 침범을 잠시 멈추었다가 1246년 4차, 1253년 5차 침입에 이어 1254년부터 6년 간 네 번을 더 쳐들어왔다. 고려가 30년 간 몽고와의 긴 전쟁에 시달리는 동안 나라와 백성들의 피해는 엄청났다. 몽고에 잡혀 간 백성이 한해에 20만 명이 넘는 때도 있었다. 백성들이 지배층에 수탈을 당하고 몽고에 맞서 싸우는 이중고를 겪으면서도 끝까지 몽고에 항거하는 동안 강화도의 지배층들은 권력 다툼만 벌였다.

몽고는 수도를 개경으로 옮기고 태자가 몽고를 방문하라는 조건을 내놓았다. 고종이 죽고 원종이 왕위에 올랐을 때, 몽고의 세조가 서신을 보내 몽고와 강화가 맺어졌다. 당시 고려의 실권자였던 김준과 임연이 권력을 다투자 원종과 문신들은 몽고군을 끌어들여 무신세력을 제거하고 1270년에 개경으로 돌아갔다. 그래서 무신집권 100년과 강화 천도 40년이 막을 내리게 되었다.

무신정권이 무너지자 그들의 군대였던 삼별초는 개경으로 환도하라는 결정에 따르지 않고 삼별초의 장군 배중손, 노영희 등이 노비들까지 모아 강화도를 완전히 장악하였다. 그러나 개경과 강화도가 가까워 싸우기가 불리하다고 여긴 그들은 근거지를 진도로 옮기고 전라도와 제주도 여러 고을을 장악하여 서남해안에 세력을 형성하였다. 조정에서는 몽고군과 합세하여 김방경을 대장으로 한 토벌군을 내려보냈지만 계속 패하였다.

삼별초의 세력이 더욱 커지며 마산과 동래까지 진출하여 남해안 일대를 장악하자 토벌군은 1271년에 진도를 기습하였다. 그때 배중손이 죽고 삼별초군은 많은 피해를 입었다. 1274년 토벌군이 160척의 전함에 만여 명의 병력으로 제주도를 공격하여 3년에 걸친 삼별초의 항쟁은 끝이 났다.

▌고려 말의 권문세력

원나라 간섭기에 권문세력이 새롭게 등장하는데, 그들은 원과 결탁하여 권력을 유지하고 토지를 소유하며 대농장을 형성하였다. 권문세력들은 음서 제도를 적극 활용하여 대대로 부와 권력을 유지하였고, 왕실이나 권문세족끼리 혼인을 하여 세력을 더욱 튼튼히 해 나갔다.

그러한 고려 왕실과 원나라 사이에서 큰 고통을 받은 것은 백성들이었다. 원나라는 공물뿐 아니라 공녀貢女와 내시까지 바치라고 요구하였다. 그러자 딸이 공녀가 되는 것을 피하려고 일찍 시집을 보내는 조혼의 풍습이 생겨났다.

권문세족들은 농민들에게 토지를 빼앗는 등 수탈이 심하였다. 그럴수록 국가에서 거두어들이는 세금은 줄어들었고, 몽고와의 교류에서 사용하는 물자가 늘어나고 원이 요구하는 공물이 많아지자, 지

음서 제도

정5품 이상의 관리의 자제들을 시험 없이 등용시키는 제도로서, 고려 목종 즉위년(997년)에 최초로 생겨났다. 아버지나 할아버지의 정치적 배경에 따라 승진 속도에 차이를 보이기도 하였다.

방 향리와 관리들의 수탈은 더 심해졌다. 농민들은 무거운 세금과 부역을 피해 권문세족들의 농장으로 들어갔고, 권문세족들의 농장은 계속 확대되어 더 많은 농민들이 그들의 농장으로 들어가 권문세족들의 재산을 늘려주는 결과를 낳았다. 이러한 권문세족의 권력과 원의 수탈은 고려 후기 사회의 통치체제를 무너뜨리는 큰 원인이 되었다.

고려 사회가 동요하는 것을 느낀 권문세족과 원나라는 한때 백성들에 대한 수탈을 시정하려 하였지만, 충선왕은 개혁을 추진할 만한 능력이 없었다.

한편, 1350년대에 들어서면서 중국 대륙에는 큰 변화가 일어나는데, 원 황실이 오랫동안 내부 다툼에 빠져 있던 틈을 타 한족들이 들고 일어나는 사태가 생겼다. 공민왕은 몽고식 머리와 옷을 벗어던지고 원의 세력이 약해지자 1356년부터 본격적인 반원정책을 펴나갔다. 친원세력을 제거하는 한편 원의 연호를 폐지하고 관청 이름과 기구를 옛날대로 고쳤으며, 쌍성총관부를 공격하여 무력으로 철령이북의 땅을 되찾았다. 그러나 중국에서 일어난 홍건적이 침입하여 한때 왕은 안동까지 피난하는 어려움을 겪었지만 백성들과 최영, 이성계 등의 활약으로 홍건적을 물리쳤다.

다시 안정을 찾은 공민왕은 승려 신돈을 기용하여 개혁에 관한 모든 일을 맡겼고, 신돈은 군사조직을 새로 편성하고, 근무시간에 따라 관리를 승진시키는 등, 왕권을 강화하는 일부터 시작하였다. 그리고 성균관을 크게 늘려 신흥사대부들에게 기회를 주었다. 이때 이색, 정몽주, 정도전, 권근 등 많은 신흥사대부들이 벼슬길에 나서 세력을 이루었다.

이러한 가운데 권문세족들은 신돈에게 반역 혐의를 씌워 신돈은 처형을 당했고, 최영, 경천흥 등 무장세력을 중심으로 한 권문세족이 다시 권력을 잡았다. 그 뒤 공민왕도 권문세족들에게 죽임을 당하여 그의 개혁정치는 거기서 끝이 나고 말았다.

권문세족들은 원과 결탁하였고 새로 세력을 형성한 신흥사대부들은 명나라에 화친하여 두 세력은 서로 대립하였으며, 이들의 대립은 권문세족들의 농장을 둘러싼 본질적인 문제로 발전해 나갔다.

이로써 고려의 역사를 개략적으로 살펴보았고, 이제 구체적으로 왕조를 중심으로 한 역사를 살펴보기로 하자.

왕의 치사로 본 고려 역사

● **제1대 태조 왕건**(太祖 王建•877(헌강왕 3년)~943년. 재위 기간은 918
년~943년까지 약 26년)

왕건은 송악(개성) 출생으로 본관은 개성이고 자는 약천이다. 그
는 할아버지 작제건 때부터 개성에 근거를 두고 세력을 떨치던 호족
의 후예로 아버지는 금성 태수 隆이며, 어머니는 한씨이다. 왕건
은 궁예의 부하로 있으면서 궁예의 명령으로 군대를 이끌고 전공을
많이 세웠다.

900년에 광주·충주·청주 및 당성(지금의 남양)·괴양(지금의 괴
산) 등의 군현을 쳐서 이를 모두 평정한 공으로 아찬이 되었고, 903
년 3월에는 함대를 이끌고 후백제의 금성군을 함락시켰다. 그리고
그 부근 10여 개 군현을 쳐서 빼앗아 나주를 설치, 군사를 나누어 이
를 지키게 하고 돌아왔다. 같은해에 양주수 김인훈이 위급함을 고하
자, 궁예의 명을 받고 달려가 구해 주었다. 이러한 공으로 왕건은 궁
예와 주위의 신망을 얻게 되었다.

903년, 그 동안 쌓은 전공으로 알찬으로 승진하였고, 913년에는
파진찬 겸 시중이 되었다. 그 뒤 궁예의 실정이 거듭되자, 홍유·배
현경·신숭겸·복지겸 등의 추대를 받아 918년 6월 궁예를 내쫓고
마침내 고려를 세우게 되었다.

궁예가 점점 포악해지고 왕건의 주위로 사람들이 모여들자 궁예
는 위협을 느꼈고 왕건 또한 포악해진 궁예 옆에서 위기감을 느껴
자청하여 궁예에게 변방으로 보내 달라고 요구하였다. 그리하여 수

군을 맡게 된 왕건이 나주 지역을 압박해 오던 후
백제 군사들을 완전히 물리쳤다는 소식을 들은
궁예는 왕건을 칭찬하는 한편 그의 세력이 커 가
는 것이 불안하여 왕건을 소환하였다.

궁예는 사람의 마음을 읽는 독심술의 능력이
있다고 하면서 많은 장수와 신하들을 역모죄로
몰아 죽였기 때문에 왕건은 몹시 불안하였다. 궁
예가 역시 왕건에게 반란을 꾀했다며 호통을 치
자 왕건은 '그럴 리가 있겠느냐'며 부인하였다. 그
때 최응이 일부러 붓을 떨어뜨리고는 줍는 척하
며 왕건에게 '복종하지 않으면 목숨이 위태로워
지니 무조건 빌라'고 속삭였다.

1993년 고려 태조의 현릉(顯陵) 보수
공사 중에 발견된 태조 왕건상.
북한 국립중앙박물관 소재

이에 왕건은 '죽을 죄를 지었다'고 궁예에게 빌
었다. 그러자 궁예는 껄껄 웃으며 '과연 정직한 사람'이라고 칭찬하
며 금은으로 장식한 말 안장과 굴레를 주며 '다시는 나를 속이지 말
라'고 말하였다.

이 일을 겪은 왕건이 더욱 위기감을 느끼고 있는데 마침, 홍유와
배현경, 신숭겸, 복지겸 등이 모반을 도모하자고 하여 마침내 군사
를 모아 궁예를 쫓아내었다. 궁예는 변복을 하고 궁을 빠져나가 산
야를 전전하다 허기를 이기지 못하고 남의 보리 이삭을 훔쳐 먹다가
강원도 평강에서 살해되었다고 전한다.

왕건은 강원도 철원의 포정전에서 즉위하여 국호를 고려, 연호를
천수天授라고 하였다.

왕건은 호족의 도움을 입어 고려를 세웠기 때문에 호족의 세력을
잘 다스리는 일이 그의 큰 과제였다. 그와 아울러 고구려의 뒤를 잇

는 나라임을 확인시키기 위해 고구려의 옛땅을 회복하는 데 힘을 기울였다.

왕건은 먼저 호족의 세력을 다스리기 위해 호족의 딸들과 혼인을 하여 그들의 세력을 견제하였다. 그 결과 그는 29명의 후처를 맞이하였고, 호족들과 어느 정도 화합을 이루긴 하였지만 나중에는 이복형제들 간에 왕권 다툼이 일어나는 원인을 제공한 셈이 되었다. 또 호족들의 자제를 우대하고 중앙에 머물게 하는 기인제도를 실시하여 지방 호족들이 반란을 일으킬 기미를 잠재웠다.

고구려의 옛땅을 회복하기 위해 그는 938년 3천여 호를 데리고 귀순한 발해인 박승을 환대하는 등 발해의 유민들을 적극적으로 받아들였고, 북진정책의 기지로 활용하기 위하여 평양에 서경을 설치하였다. 하지만 북쪽에는 발해를 멸망시킨 거란과 여진족이 있어서 고토 회복정책은 실패하였다.

고려를 건국한 지 4일 만에 마군 장군 환선길이라는 사람이 반란을 일으켰다. 복지겸이 눈치를 채고 왕건에게 보고하였는데 왕건은 증거가 없다며 아무 견제를 하지 않았다. 그러자 환선길은 내전을 침입하여 왕건에게 칼을 겨누었는데 왕건이 태연하자 복병이 있어 그런 것이라고 판단하고 도망을 치고 말았다. 환선길은 근위병들에게 잡혀 처형을 당했다.

또 궁예에게 충성심이 깊었던 공주 성주 이흔암이 철원에서 역모를 도모하고 있다는 소식을 듣고 왕건은 염탐꾼을 보내 그를 감시하게 하였다. 그의 아내가 '남편의 일이 순조롭게 되지 않으면 나도 화를 입을 텐데' 하고 말하는 소리를 듣고 그를 잡아들여 시장 바닥에서 처형한 사건이 있었다.

왕건이 고려를 건국하였지만 그 당시까지 견훤의 후백제는 강대한 세력을 갖추고 있었다. 그래서 왕건은 후백제를 견제하는 것과 아울러 나라 안의 민심안정책에 신경을 쓰는 등 여러 어려운 과제들에 기민하고 탄력성 있게 대처해 나감으로써 난국을 극복해 나갔다. 신라 말기 이래 크게 문란해진 토지제도를 바로잡고, 궁예 이래의 가혹한 조세를 경감하고 통치체제를 바로잡기 위해 많은 노력을 기울였다.

919년(태조 2년) 1월에는 개성으로 도읍을 옮겼고, 신라 · 후백제 · 고려의 후삼국 관계가 본격적으로 전개되었다. 당시까지만 해도 고려는 후백제보다 군사력이 약했다. 그래서 태조는 견훤을 견제하기 위해 신라에 대하여 친화정책을 썼다. 그러다 930년 태조는 고창(지금의 안동 지방) 전투에서 견훤의 주력부대를 대파함으로써 비로소 군사적 우위를 차지하였다.

935년 후백제에서는 견훤이 넷째 아들 금강에게 왕위를 주려 하였으나 맏아들 신검이 반란을 일으켜 내분이 일어났다. 견훤이 왕위에서 축출되자 왕건은 견훤을 개성으로 맞아들여 극진하게 대우하였고, 같은해 10월에는 신라 왕의 자진 항복을 받게 되었고, 936년 후백제와 일선군(지금의 선산)의 일리천을 사이에 두고 최후 결전을 벌여 후백제를 멸망시키고 자주적으로 후삼국의 통일을 이루게 되었다.

왕건은 새 통일왕조의 정치 도의와 신하들이 준수해야 될 절의를 훈계하는 내용의 『정계政誡』 1권과 『계백료서誡百寮書』 8편을 저술하였다고 하나 현재는 전하지 않고, 죽기 얼마 전에 박술희에게 전한 '훈요십조訓要十條'는 지금까지 전하여 그의 정치 사상을 엿볼 수 있는 귀중한 자료가 되고 있다.

왕건의 정치 사상과 통치 이념을 엿볼 수 있는 훈요십조의 내용은 다음과 같다.

첫째, 불교를 진흥시키되 승려들의 사원 쟁탈을 금할 것.

둘째, 사원의 증축을 경계할 것.

셋째, 서열에 관계없이 덕망이 있는 왕자에게 왕위를 이을 것.

넷째, 중국 풍습을 억지로 따르지 말고, 거란의 풍속과 언어를 본받지 말 것.

다섯째, 서경에 백일 이상 머물러 왕실의 안녕을 도모할 것.

여섯째, 연등회와 팔관회 행사를 증감하지 말고 원래 취지대로 유지할 것.

일곱째, 상벌을 분명히 하고 참소를 멀리하며 간언에 귀를 기울여, 백성의 신망을 잃지 말 것.

여덟째, 차령산맥 이남이나 공주강(금강) 외곽 출신은 반란의 염려가 있으므로 벼슬을 주지 말 것.

아홉째, 백관(모든 벼슬아치)의 녹봉을 증감하지 말고, 병졸들의 사기 진작을 위해 매년 무예가 특출한 사람에게 적당한 벼슬을 줄 것.

열째, 경전과 역사서를 널리 읽어 옛일을 교훈 삼아 반성하는 자세로 정사에 임할 것.

왕건은 943년 5월 67세의 나이로 생을 마감하였다. 그는 죽기 전에 '인생이란 원래 이렇게 덧없는 것'이라고 말하며 빙그레 웃었다고 전한다.

태조는 신혜왕후 유씨를 비롯하여 모두 29명의 부인을 두어 그들에게서 25남 9녀를 얻었다. 제2비 장화왕후가 낳은 아들이 2대 혜종이 되고, 제3비 신명순성왕후 유씨가 낳은 5남 2녀 중 2남이 제3대 광종, 3남이 제4대 광종이 된다.

이처럼 태조의 많은 자식들은 제2대 혜종 즉위 때부터 왕위 계승을 둘러싸고 권력 싸움을 벌이기 시작한다.

● 제2대 혜종(惠宗•912년~945년. 재위 기간은 943년~945년까지 2년)

태조 왕건의 뒤를 이어 제2대 왕으로 추대된 혜종은 왕건의 둘째 부인 장화왕후 오씨의 소생인 무武이다. 왕건은 장남 무에게 왕위를 주고 싶었지만 장화왕후는 한미한 가문 출신이어서 호족들이 반발할 것이 뻔하기 때문에 속을 드러내지 못하고 있었다.

왕건은 무를 태자로 세우지 못하게 되는 것에 실망할 왕후를 위로하기 위해 낡은 상자에 왕이 입는 자황포를 넣어 전했다. 왕후는 그것을 박술희에게 보여 주었다. 박술희는 왕의 심정을 헤아리고는 왕자 무를 태자로 책봉할 것을 건의하였고, 왕건은 무를 태자에 책봉하였다. 그리고는 은밀하게 박술희를 불러 태자를 잘 보필해 줄 것을 부탁하였다.

예상대로 무가 태자로 책봉되자 왕건의 셋째 부인인 신명순성왕후의 친정인 충주 유씨 가문의 반발이 심했다. 충주 유씨는 중원 지방의 실력자로 당시 막강한 권력을 행사하고 있었다.

여러 가지 어려움 끝에 왕건의 뒤를 이어 즉위하였지만, 혜종은 이복 동생들의 권력 팽창에 못 견디고 병을 얻어 정사를 제대로 돌보지도 못한 채 34세의 젊은 나이로 생을 마감하고 말았다.

● 제3대 정종
(定宗•923년~949년. 재위 기간은 945년 9월~949년 3월까지 3년 6개월)

정종은 왕건의 세 번째 부인인 신명순성왕후 유씨의 둘째 아들로 이름은 요堯이고 자는 천의이다. 첫째 아들 태는 어릴 때 죽었다.

정종은 강인하고 고집스러운 성품으로 불심이 깊고 고구려의 옛 땅을 회복하겠다는 신념이 강했다고 전한다. 그는 즉위하자마자 평양으로 천도하겠다는 의지를 표명하였다. 개성에서 피를 너무 흘려 지기가 나빠졌고, 고구려의 옛땅을 회복하기 위해서 평양이 유리하다는 것이 그의 명분이었다.

궁궐은 즉위 3년 되는 해인 947년에 공사를 시작하였는데, 개경의 백성들이 부역에 동원되고 엄청난 자재와 식량이 동원되어 백성들의 원성이 높았다.

정종은 즉위 과정에서 많은 인명을 죽인 것이 죄스러워 사찰에 곡식을 전달하는 등 불교에 의지하고 승려를 양성하는 불교진흥책을 실시하였다. 948년 갑작스럽게 몰아친 우레와 천둥 소리에 놀라 경기가 들어 병상에 눕게 되자 백성들이 부역에서 헤어날 수 있다고 좋아하였다는 소리를 전해 들은 광종은 병이 위독해져 동복 아우 소에게 왕위를 넘기고 27세의 젊은 나이로 생을 마감하였다.

● **제4대 광종**(光宗•925년~975년. 재위 기간은 949년~975년까지 26년)

광종의 이름은 소昭이며, 자는 일화이다. 신명순성왕후의 셋째 아들이다.

정종이 고집이 세고 남의 말을 잘 안 듣는 성품인데 반해 광종은 치밀하고 조심스러우며 기회가 왔을 때 과감하게 추진하는 대범함을 가졌다고 전한다.

고려는 광종이 즉위한 이후 전환기를 맞는다. 당시에 가장 힘이 있었던 호족인 충주 유씨와 평산 박씨 세력이 광종의 후견인으로 있어 여전히 그들의 입김이 세어 광종은 그들에게 어느 정도의 권력을 주면서 왕권을 강화시킬 방법을 모색하였다.

950년 광종은 광덕光德이라는 독자적인 연호를 공포하여 대외에 고려의 위상을 높이려 하였지만 후주가 중국 중원의 세력으로 부상하자 951년에 다시 후주의 연호를 사용하였다.

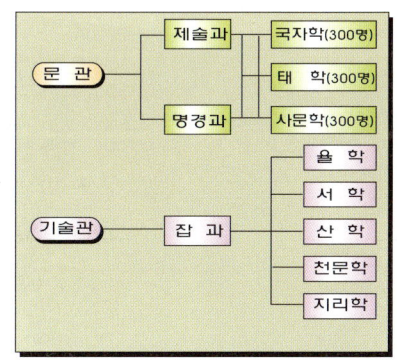

고려의 교육 · 과거제도

광종의 치적은 무엇보다 노비안검법과 과거제도를 시행한 것이다. 그리고 불교 진흥을 민심의 안정책으로 삼았다.

광종은 사신과 함께 고려에 온 후주의 쌍기와 대화를 나누다 그의 사상과 지식에 감명하여 후주에 쌍기를 신하로 줄 것을 요청하여 허락을 받았다. 쌍기는 후주 태조의 왕권강화 정책에 관여했던 인물이다. 광종은 그의 경험을 이용하여 고려를 개혁하고자 했다. 광종이 쌍기의 도움을 받아 실시한 개혁 정책이 노비안검법과 과거제도이다.

956년에 실시한 노비안검법은 부당하게 노비가 된 자들을 해방시키는 노비 해방법으로, 대호족들의 상당수가 노비를 잃게 되었다. 958년에는 과거제를 실시하여 학문을 기반으로 한 새로운 인물을 등용하게 되자 호족 자제들의 정계 진출이 사실상 어렵게 되었다. 두 제도에 대해 호족의 반발이 거셌지만 광종은 근위병의 수를 늘리면서 호족들을 견제하였다. 그러던 중 역모가 발생하였지만 광종은 호족에 대한 숙청을 감행하면서 강력하게 추진해 나갔다.

그 결과 왕권이 강화되었고 과거제를 통해 신진세력이 등장함으로써 고려 정치권에 새 바람이 불었다.

광종 때 창건한 화엄사의 석등. 세계에서 가장 큰 석등이다.

960년에는 백관의 관복제도를 제정하였다. 당시 관복은 신라의 것을 그대로 사용하였는데, 호족들의 힘이 많이 약화되자 서열에 따라 관복을 달리 입게 하여 조정의 기강을 확립하였다.

개혁을 강력하게 추진하는 과정에서 역모 혐의가 있는 신하들을 함부로 죽이는 폐단을 남기기도 했던 광종은 975년 51세의 나이로 생을 마감하였다.

● **제5대 경종**(景宗•955년~981년. 재위 기간은 975년~981년까지 6년)

경종은 광종의 장남으로 이름은 주伷, 자는 장민長民이다.

불사리 공양탑인 화엄사 4사자 삼층석탑. 공양탑이란 부처에게 공양하는 뜻으로 세운 탑을 말한다.

광종이 호족을 제거하며 왕권을 강화시키는 가운데 혜종과 정종의 아들이 역모에 휘말려 죽임을 당하고, 경종 또한 부왕의 의심을 받으며 공포에 떨었으나 광종의 동생이 어린 나이에 죽고 광종에게는 아들이 하나밖에 없어 경종은 무사히 살아남을 수가 있었다.

경종은 광종의 공포정치의 종결을 알리는 의미로 호족 출신 왕선을 재상에 임명하였는데, 왕선은 경종에게 복수법을 건의하였다. 복수법은 광종대에 참소로 피해를 입은 사람들에게 복수를 할 수 있는 권한을 주는 제도이다. 이 복수법으로 인해 약 1년간 왕선 등의 호족 세력과 신진관료들의 힘싸움이 펼쳐졌다.

그 과정에서 태조와 천안부원부인 임씨 사이에 태어난 효성태자 등 종실의 어른이 살해되는 사건이 일어나자 경종은 복수법을 금하고 왕선을 귀양 보내고, 한 사람에게 권력이 집중되는 것을 방지하기 위해 순질과 신질을 좌우집정에 임명하였다.

경종의 큰 치적은 전시과田柴科라는 토지제도를 마련한 것이다. 고려 초기부터 토지제도를 실시하려는 시도가 있었지만 호족들의 반발로 실패하였다. 경종 때의 전시과는 고려 개국 후 처음으로 마련되었다는 데 큰 의미가 있다.

전시과는 관리의 품계와 덕망이나 학문적 업적에 따라 토지를 나누어 주는 제도로서, 토지를 나누어 주는 데 있어 인품의 덕목을 포함시킨 것이 특이하다. 이 제도는 새로이 등장한 신진 관료들을 등용시킴으로써 호족들의 세력을 조금 누그러뜨릴 수 있는 측면이 있었다.

당시 중국 대륙은 송나라가 중원을 지배하고 있을 때였다. 경종은 송나라와 국교를 돈독히하여 사신을 주고받았고, 979년에는 발해의 유민 수만 명을 받아들이는 등 고려는 안정된 평화의 시기를 맞고 있었다. 그런데 경종은 왕승 등의 반란을 겪은 후 여색과 바둑으로 시간을 보내면서 정사를 게을리하였다.

광종의 공포정치를 보고 즉위한 후 화합정치를 표방했던 경종은 981년 6월에 병을 얻어 자리에 누운 후 사촌동생 개령군 치에게 선위하고 생을 마감하였다.

임실 용암리 중기사 석등. 화엄사 석등 다음으로 큰 석등이다.

●제6대 성종

(成宗•960년~997년. 재위 기간은 981년~997년까지 16년)

성종의 아버지는 태조와 그의 제4비 신정왕후 황보씨 사이에 태어난 욱이고, 어머니는 태조와 그의 제6비 정덕왕후 유씨 사이에 태어난 선의왕후이다. 그러니까 태조의 손자로 이름은 치治이고, 자는 온고溫古이다.

성종은 어머니가 일찍 죽어 할머니의 손에 자랐으며, 어릴 때부터 유학에 밝고 인품이 뛰어나 사람들의 주목을 받았다.

성종은 즉위하자마자 팔관회를 폐지하는 등 숭유억불 정책을 폈다. 그리고 5품 이상의 관리들에게 상소를 올리게 하여 그때 채택된 최승로의 '시무 28조'를 골자로 하여 체제 정비를 하였다.

시무 28조는 불교를 비판하고 유교적 정치 이념에 따른 군신관계 정립과 광종 때 노비안검법으로 양인이 된 사람들을 다시 노비로 삼는 노비환천법을 주장하였다. 성종은 고려 개국공신 세력과 신진 관료 그리고 신라 귀족 계통의 세력 등 세 세력을 통치 체제로 끌어들이려 했는데, 최승로를 문하시랑 평장사로 임명하여 그의 정책을 펴나갔다.

3성 6부제를 도입하여 중앙관제를 확립하고, 지방은 10도 12목으

로 조직하였다. 전국을 10도로 나
눈 것은 이때가 처음이다. 10도제
와 함께 주군현제에서 군을 없애
고 주현제를 실시하였다. 3성 6부
제는 당나라의 제도로서 3성은 중
서성, 문하성, 상서성이고 6부는
이·병·호·형·혜·공부를 가
리킨다.

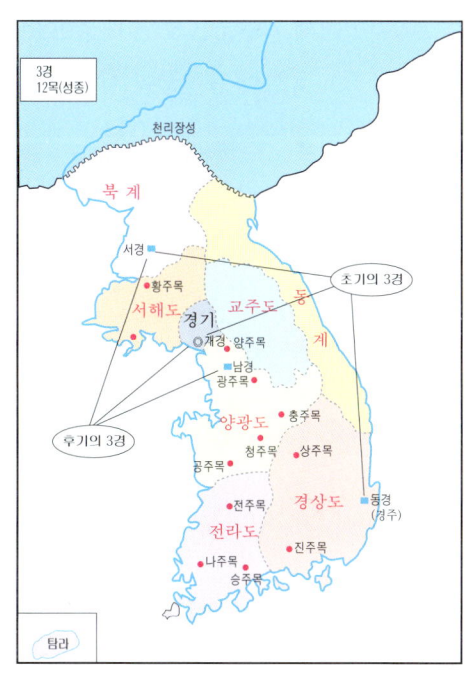

고려의 행정 조직 (5도 양계)

　12목은 양주·광주·충주·청
주·공주·해주·진주·상주·전
주·나주·승주·황주로서 그곳
들은 고려의 요지이다. 그곳에 '주
목'이라는 관리를 파견하여 지방
을 다스리게 하였고, 경학박사와
의학박사를 보내 지방 교육을 장려하였다. 그리고 개경에는 국자감
을 설치하고 지방에는 향교를 세워 유학을 진흥하였다.

　성종은 교육정책과 함께 민간에 효 사상을 고취시키고 숭유억불
정책을 폈지만 민간에서는 여전히 불교를 섬기고 있었다. 유교는 지
배 계층에서만 퍼졌다. 과거를 보기 위해서는 경학이나 시, 문장을
공부해야 했기에 자연히 유학은 지배계급들에 의해 진흥되었던 것
이다.

　993년 10월에는 소손녕을 대장군으로 삼아 거란이 고려를 쳐들어
왔다. 거란은 발해를 멸망시킨 후 고려에게 고구려의 옛땅을 내놓으
라고 계속 요구하였다. 고려가 이에 응하지 않자 쳐들어온 것이다.

이때 거란군은 80만 대군이었다.

국경의 봉산군이 함락되어 고려군이 포로로 붙잡히자 서희가 군대를 이끌고 북진하였다. 소손녕이 항복을 권유하는 서한을 보내자 서희는 그와 담판을 하여 압록강 동쪽의 6주를 얻어내는 데 성공하였다. 이로써 고려의 영토는 압록강변까지 확대되었고, 고려와 거란 사이에 있던 여진의 세력은 위축되었다.

서희는 광종대에 광종의 귀화인 정책을 반대했던 서필의 둘째 아들이다. 어릴 때부터 성격이 곧고 머리가 뛰어났던 그는 972년 송나라 사신으로 가서 송나라와 외교 관계를 회복시키면서 외교 능력을 인정받게 되었다.

소손녕이 쳐들어왔을 때 조정에서는 항복하자는 의견이 지배적이었으나 서희는 승패는 병력에 있지 않으니 적의 약점을 이용하자며 서경 이북을 내어주자는 대신들의 주장을 끝까지 반대하였다.

성종의 명으로 소손녕을 만나러 간 서희에게 소손녕은 뜰에서 내려 절을 하라고 명했다. 그러나 서희가 끝까지 응하지 않자 그의 당당함에 감복한 소손녕이 당상에서 대등하게 대면하는 절차를 거쳐 대화가 시작되었다.

소손녕은 먼저 두 가지를 요구하였다. 첫째는 고구려의 옛땅을 내놓으라는 것이고, 둘째는 국경을 마주하고 있는 요나라를 섬기지 않고 송나라를 섬기는 이유를 말하라는 것이었다. 이에 서희는 고려는 고구려를 계승하고 있으며, 오히려 거란이 동경으로 삼고 있는 요양이 고구려의 옛땅이므로 고려에 복속되어야 한다고 주장하였다. 또 송나라와의 관계에 대해서는 고려와 거란 사이에 여진이 있어 거란을 왕래하기가 바다를 건너는 것보다 어렵기 때문이라고 말하였다. 그러니까 거란과 외교를 맺는 데 방해가 되는 여진을 쳐야 하니 여

안용진에서 담판을
벌이고 있는 서희

진이 머무르고 있는 지역에 성을 구축하고 길을 낼 수 있도록 도와
달라고 역설하였다. 서희의 이러한 논리적인 주장에 소손녕은 반박
하지 못하고 조정에 보고하여 결국 고려와의 화의를 승낙받았다.

이때 얻은 압록강 동쪽의 장흥진, 귀화진, 곽주, 구주 등의 6주에
성을 쌓아 여진을 몰아내는 데 성공하였다.

중앙관제와 지방조직을 확립하여 중앙집권체제를 굳건하게 하
고, 국자감과 향교를 세워 유교 교육을 진흥하고 충효사상을 고취시
킴으로써 사회의 안정을 꾀했던 성종은 998년 56세의 나이로 생을
마감하였다.

● **제7대 목종**(穆宗·980년~1009년. 재위 기간은 997년 10월~1009년 2월까지 11년)

목종은 경종의 맏아들로 이름은 송誦이며, 자는 효신孝伸으로 아
버지 경종이 사망할 당시 그는 두 살이었다. 경종의 뒤를 이은 성종
에게는 아들이 없어 성종은 송을 양육하여 개령군에 봉한 후 성종의
뒤를 잇게 하였다.

18세의 나이로 목종이 즉위하자 그의 어머니 헌애왕후는 어리다는 이유로 섭정을 하였다. 헌애왕후는 성종대에 자신과 정을 나누다 발각되어 귀양을 가 있던 자신의 정부 김치양을 불러들여 정사를 마음대로 주물렀다.

목종은 김치양을 내쫓으려 하다가 어머니의 방해로 번번이 실패하자 정사를 소홀히하고 남색을 즐기기 시작하였다. 목종의 남색 대상인 유행간도 합문사인의 벼슬에 올라 정사를 농단하기 시작하였다. 그리고 유충정이라는 사람을 목종에게 소개시켜 주곤 그와 둘이서 조정을 좌지우지하였다.

1004년 헌애왕후가 김치양의 아들을 낳은 후, 두 사람은 그 아들을 왕위에 앉히기 위해 음모를 꾸미기 시작하였다. 한편, 헌애왕후의 동생 헌정왕후는 경종이 죽은 후 사가에 머무르다가 왕욱과 알게 되어 아이를 낳았는데, 그가 대량원군이다. 성종은 왕욱을 귀양 보내고 헌정왕후는 아이를 낳다가 죽어 성종은 대량원군을 궁으로 데리고 와서 양육하였다. 헌애왕후는 대량원군을 강제로 숭교사로 출가시키고 자객을 보내 죽이려 하였으나 대량원군은 다행히도 목숨을 건졌다.

목종은 1009년 숭교사를 다녀오다가 폭풍을 만나 마음이 약해졌는데, 며칠 뒤 연등회 도중 기름창고에 불이 붙어 궁궐 일부가 불타자 자리에 눕게 된다.

임종이 가까워짐을 안 목종은 대량원군에게 왕위를 물려주기 위해 사람을 보냈다. 그리고 김치양의 일파인 전중감 이주정을 서북면 순검부사로 파견하고 서경도순검사 강조를 불러들였다.

그런데 헌애왕후가 아들을 생포하려 한다는 소식을 전해 들은 강조의 아버지는 '왕이 죽고 없으니 병사를 거느리고 와 국난을 평정

충주에 있는 미륵리사지.
충주는 한반도의 중심에 위치해 있어 예로부터 군사, 경제, 교통의 중추적인 기능을 담당해 왔다. 미륵리 절의 창건 연대는 알 수 없으나 유물로 보아 고려 초기인 것으로 짐작하고 있다.

하라'는 내용의 편지를 아들에게 보냈다. 강조는 5천 명의 병력을 인솔하고 개경으로 진출하다가 왕이 살아 있다는 것을 알았지만, 부하 장수들의 건의에 의해 목종을 폐립할 것을 결심하였다.

목종은 잠시만 귀법사로 피해 있으라는 강조의 편지를 받고 피해 있다가 결국 강조의 부하에 의해 객지에서 목숨을 잃고 말았다. 그때 목종은 30세였다.

● **제8대 현종**(顯宗•992년~1031년. 재위 기간은 1009년~1031년까지 22년)

현종은 태조의 제5비 신성왕후 김씨 소생의 왕욱과 경종의 제4비 헌정왕후 황보씨 사이에서 태어나 성종에 의해 양육된 대량원군이다.

18세의 나이로 왕위에 오른 현종은 왕위에 오르자 교방(음악을 가르치던 곳)을 혁파하고 목종대에 늘어난 궁녀 백여 명을 해방하였다.

현종이 왕위에 오른 이듬해인 1010년, 목종의 폐위 소식을 들은 거란의 성종이 40만 대군을 직접 이끌고 고려를 침략해 왔다(2차 침입).

고려는 한달 만에 서경을 내주고 후퇴하였고, 1011년 1월 거란군은 개경까지 쳐들어와 궁궐을 태우고 민가를 불살랐다. 경기도 광주에 머물러 있던 현종은 나주까지 내려가 몸을 피했다. 그러나 거란군은 개경에 온 지 7일 만에 다시 물러났다. 이때 싸움에서 양규와 김숙흥이 이끄는 병력의 게릴라식 공략에 거란군은 힘을 잃었다.

2월, 현종은 다시 개경으로 돌아와 백성들 중 공훈을 세운 사람들에게 특별히 관직을 주고 여러 수습책을 마련하고, 궁성을 복구하고 평양성과 송악성을 중수하도록 했다.

그러나 그 와중에 여진족이 전함 100여 척을 끌고 경주를 급습하였다. 하지만 고려군의 저항으로 여진은 곧 퇴각하였다.

1013년 거란은 여진과 함께 압록강을 건너오다가 대장군 김승위가 이끄는 군대에게 패하고 돌아간 후 1018년 소손녕의 형 소배압이 10만 대군을 이끌고 다시 쳐들어왔다(3차 침입).

고려는 거란의 침입을 예상하고 20만 대군을 조성하여 평장사 강참찬을 상원수로 강민첨을 부원수로 임명하여 거란에 대적하였다. 거란군이 개경 백리 밖에까지 진주해와 강감찬은 거란군의 후방을 교란시키자 소배압은 퇴각하였다. 이때 거란군은 구주에서 고려군에 의해 거의 몰살당하였다. 이것이 1019년 2월 초하룻날의 구주(귀주)대첩이다.

현종은 강감찬의 건의에 따라 개경 외곽에 성곽을 구축하고 강동6성과 지방의 성곽을 정비하여 국방에 만전을 기하였다. 또 중앙집권체제를 강화하고 과거제를 활성화하여 왕권을 강화하였으며 인재를 우대하여 국가의 재목들을 양성하였다.

거란왕은 소배압을 징계하고 1019년 5월에 고려에 화친을 제의해 왔고 동여진 서여진도 화친을 제의해 왔다. 고려는 탐라, 흑수, 말갈 등의 소수 민족들을 위해 연회를 베풀어 변방의 안정을 꾀하는 등 위용을 과시하며 안정을 되찾아갔다.

안정기에 접어들자 현종은 소실된 문화재와 서적들을 복구하고 태조에서 목종까지 7대 왕의 실록을 편찬하게 하는 한편, 황룡사를 중수하게 하였고, 6천여 권의 대장경을 편찬하게 하였다. 이때의 실록이 고려의 최초의 실록으로 전하며 이때 편찬된 대장경은 후에 만들어지는 팔만대장경의 모태가 되었다.

태어나서 모진 수난을 겪은 후 목숨을 어렵게 부지하고 왕위에 올라 왕위에 오르자마자 거란의 침입을 받았지만, 오히려 그 어려움을 극복하고 고려의 국력을 신장시킨 현종은 1031년 40세의 나이로 생을 마감하였다.

● **제9대 덕종**(德宗·1016년~1034년. 재위 기간은 1031년~1034년까지 3년)

덕종은 현종의 장남으로 16세의 어린 나이에도 너그러움과 섬세함으로 명민한 정치를 펼쳤다고 전한다. 하지만 병약하여 왕위에 오른 지 3년 만에 생을 마감하고 동생에게 왕위를 물려주었다.

● **제10대 정종**
(靖宗·1018년~1046년. 재위 기간은 1034년~1046년까지 약 12년)

정종은 현종의 차남으로 이름은 형亨이고 자는 신조申照이다. 왕위에 오른 정종은 서경과 개경에 팔관회를 열고 대사면령을 내려 백관과 백성들의 화합을 도모하였고, 덕종대에 시작된 천리장성을 계속 축조하여 1044년에 완성하였다. 거란에서는 장성 축조를 중지할 것과 국교를 정상화시킬 것을 요구하였으나 자국의 국방을 위해 성을 쌓는 것은 당연하며 거란에 억류된 사신들을 돌려보내고 거란이 무력으로 차지한 압록강 지역을 돌려주면 국교를 정상화할 것이라고 답하였다. 이에 거란은 압록강에 해군을 보내 무력시위를 감행하였지만 효과가 없자 억류 중인 사신들을 돌려보냄으로써 1038년 4월 양국의 외교 관계는 정상화되었다.

천리장성은 거란이나 여진 등 북방족의 침입을 효과적으로 막을 수 있는 전초기지 역할을 하였고, 고려 풍속이 북방 문화에 침해당하는 것을 막아 내는 문화 방비벽으로서 의미가 크다.

정종은 1039년 노비의 신분을 어머니의 신분에 따라 결정하는 노비종모법을 제정하였고, 1045년에는 악공과 잡류 등 신분이 낮은 집의 자손들이 과거에 진출하는 것을 금지시켰고, 1046년에는 장자상속법을 만들었다.

선대 왕들이 혈연관계가 있는 사람과 혼인하는 족내혼을 했던 데 반해 족외혼을 하였던 정종은 몸이 병약했던 탓에 29세의 젊은 나이로 생을 마감하였다.

● **제11대 문종**(文宗•1019년~1083년. 재위 기간은 1046년~1083년까지 37년)

문종은 현종의 셋째 아들로 정종의 이복동생이다. 이름은 휘徽이고, 자는 촉유燭幽이다.

문종은 문무의 재능을 겸비하고 사리에 밝아 즉위하기 전부터 주변으로부터 칭송을 받았다.

즉위하자마자 검소해야 한다는 생각으로 금은으로 장식된 용상과 답두(발디딤판)를 동과 철로 바꾸고 금은실로 된 이불과 요를 비단으로 바꾸었다. 그리고 환관은 10여 명으로 내시는 20여 명으로 줄였다.

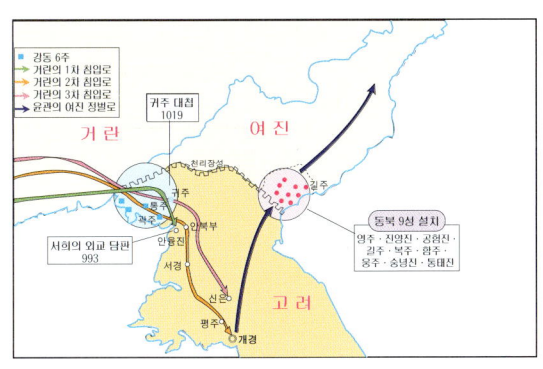

거란·여진의 침입로

문종의 정치는 시중 최제안의 후임으로 최충을 앉히고 왕총지와 이자연 등의 재상들을 등용하면서 그 능력을 발휘하였다.

문종은 우선 법률이 잘 되어 있어야 한다는 신념으로 제일 먼저 형법을 정비하였다. 그리고 1049년에는 5품 이상의 관료들이 그 신분을 지속할 수 있도록 상속이 가능한 일정한 토지를 지급하는 공음전시법을 만들었고, 1050년에는 재해시에 세금을 면제받는 재면법을 만들었으며, 전답에 피해를 입었을 때 조사를 하여 세금을 면제시키는 답험손실법을 만들었다.

1062년에는 죄수의 신문에는 형관 세 명 이상이 입회하여 공정한 조사를 할 수 있도록 하는 삼원신수법을, 1063년에는 국자감 학생들의 재학 기간을 제한하여 실력이 부족한 학생들이 국자감에서 계속 배우는 것을 막는 고교법을, 1069년에는 공평하고 원활한 세금 징수가 되도록 하는 양전보수법을 만들었다.

1076년에는 양반전시과를 개정함으로써 고려 전기의 토지법이 완성되었고, 1077년에는 향리의 자제를 인질로 삼아 개경에 머물게 하는 선상기인법을 제정하여 정치적 안정을 꾀하였다.

이와 같은 법제도를 확립함으로써 왕권이 강해지고 국력이 신장되어 고려의 대외적인 위상은 한층 높아졌다. 지속적으로 침략을 기도하던 거란도 더이상 침략 의도를 드러내지 않았고, 오랫동안 단절되었던 송나라와도 외교 관계를 다시 맺을 수 있었다.

문종 역시 거란이 점유하고 있는 압록강 동쪽을 되찾아야 한다는 생각을 하고 있었는데 1055년 7월 거란이 압록강 동쪽에 성을 쌓고 다리를 가설하고 있다는 소식을 들은 문종은 거란에 철수할 것을 요구하였다. 그러나 거란에게서는 아무 소식이 없었다. 1057년 문종은 답이 올 때까지 항의하라고 명령하였다. 거란에 왕이 교체되자 문종은 항의문과 함께 축하 사절단을 보냈다. 그런데도 거란은 묵묵부답이었다.

거란에게는 적대적이었던 문종은 송나라에는 호의적이었다. 송나라는 상업이 발달하고 문화적으로도 매우 발달한 나라였다. 문종이 송나라 상인들과 접하면서 계속 송나라와 외교 관계를 맺으려 하자 거란의 눈치를 보던 송나라도 1068년에 정식으로 국교를 맺자고 제의해 왔다. 1071년 마침내 민관시랑 김제를 송나라에 파견함으로써 고려와 송나라는 정상적인 국교를 맺었다.

거란은 국세가 기울고 고려는 국력이 강해짐에 따라 상대적으로 약해 있던 거란은 고려가 송과 결속한 것에 별다른 반응을 보이지 않았다.

문종대에 학문적인 발전을 주도한 인물 최충은 일흔이 되자 스스로 벼슬에서 물러나 9개의 서재를 마련하여 제자들을 양성하였다. 최충의 서재가 좋은 반응을 얻자 정명걸, 노단, 김상빈 등 11명의 유신들도 학도를 길러내는 일에 힘을 쏟았다. 이른바 최초의 사립학교인 12학도의 탄생이었다. 최충은 그 공적이 중국의 공자와 같다고 하여 해동공자라 불렸다.

12학도에 의해 유학이 양성되었지만 문종은 불교의 발전에도 열성을 기울여 대신들의 반대를 무릅쓰고 흥왕사를 창건하였다. 1055년에 공사를 시작하여 13년 만에 완성을 본 흥왕사는 대궐의 크기와 비슷했다고 전한다. 금 144근, 은 427근을 들여 금탑을 조성하였고, 절 주변에 성을 쌓아 재난시에 방어벽을 구축할 수 있도록 하였다. 흥왕사는 이후 고려 불교의 중심이 되어 숙종대에는 송나라에서 보내온 대장경을 보관하기도 했다.

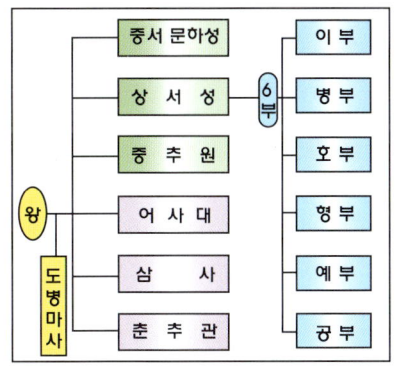
고려의 중앙 행정 조직

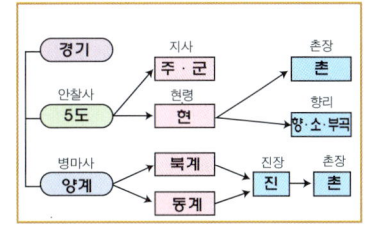
고려의 지방 행정 조직

또 문종은 자신의 세 아들을 출가시켰는데 그 중 한 사람이 천태종을 도입하여 선불교 운동을 일으킨 대각국사 의천으로, 의천은 문종의 넷째 아들이다. 문종 스스로도 한 달에 세 번 이상 절을 찾아가 기도를 하며 청정한 생활을 하기 위해 노력하였고, 그 모습이 백성들의 불심을 자극하여 민심을 안정시켰다.

문종의 치세 기간은 37년으로 법치주의를 주장하여 법제 확립에 많은 노력을 기울여 탄탄한 정치 기반을 만들어 놓았고, 군자다운 모습으로 신하들의 이야기를 잘 받아들였으면서도 때로는 과감하고 강한 추진력으로 고려 사회를 건국 이래 최고의 황금기로 만들어 놓았다. 불교를 융성하였고, 송나라와 국교를 정상화시켰으며, 학문 발전에도 힘을 기울였던 문종은 뛰어난 임금이었다.

그는 1082년 태자 훈에게 왕위를 물려주고 65세를 일기로 생을 마감하였다.

문종은 다섯 명의 부인을 두었는데 그 중 세 부인이 이자연의 딸이다. 문종의 제2비가 이자연의 맏딸 인예왕후로 문종과 인예왕후 사이에 태어난 아들이 훗날 순종, 선종, 숙종이 된다.

인종 때 난을 일으키는 이자겸이 이자연의 손자이다.

● 제12대 순종
(順宗•1047년~1083년. 재위 기간은 1083년 7월~10월까지 3개월)

문종의 장남인 순종의 이름은 훈勳으로 8세 때 태자에 책봉되어 37세의 나이로 왕위에 올랐으나 원래 병약한 데다 문종의 죽음을 슬퍼하다가 더욱 약해져 즉위 3개월 만에 죽고 말았다.

● 제13대 선종
(宣宗•1049년~1094년. 재위 기간은 1083년~1094년까지 약 11년)

선종은 문종과 인예왕후 이씨 소생의 둘째 아들로 순종의 동복 아우이다. 이름은 운運이고, 자는 계천繼天. 1056년 3월에 국원후에 책봉된 이래 여러 관직을 거쳐 상서령으로 있다가 순종이 왕위에 오르면서 수태사 겸 중서령으로 임명되는 등 왕위에 오르기 전에 정치 경력을 쌓았다.

선종은 문종의 정치를 이어받아 불교와 유교를 균형 있게 발전시켰고, 외교에 있어서도 거란뿐 아니라, 송, 일본, 여진 등과 교역을 추진해 나갔다.

이 시기 외교의 특징은 거란에 대해서는 강경하였고, 그 어느 때

보다 일본과의 교류가 활발한 것이다. 일본에서는 해마다 사신을 보내 토산물을 갖다 바쳤다.

1084년 선종의 생일을 축하하기 위해 거란이 사절단을 보냈는데 그 우두머리의 이름이 이가급이었다. 그런데 어찌된 일인지 생일이 지나서 도착하였다. 그러자 고려 백관들이 '이름이 가급(可及·가능하다는 뜻)인데 어찌 불급(불가능)이 되었는가' 하고 조롱하였다는 이야기가 있다. 거란의 사신을 조롱할 만큼 고려의 위상이 높았다는 것을 반증하는 일화이다.

1086년 5월에는 신년 축하차 거란에 사절단을 보내면서 거란이 압록강변에 설치하고 있는 각장(국경 시장)을 중지하라는 항의문을 보냈다. 거란은 잠시 멈추는 듯하다가 다시 공사를 하였다. 이에 선종은 1088년 2월 중추원부사 이원을 구주에 파견하여 국경수비대책을 세웠고, 9월에는 각장 설치를 당장 폐기하라는 장문의 편지를 태복소경 김선석을 통해 보냈다. 편지에는 소손녕과 서희가 담판한 것에서부터 그간에 거란과의 약속 등을 소상하게 기록하였다. 이에 거란은 할 수 없이 고려의 요구에 응한다는 뜻으로 양 2,000마리와 수레 23기, 말 세 필을 보내 왔다.

한편 일본에서는 1084년에 상인 신통 등이 수은 50근을, 1085년 2월에는 대마도 구당관이 사절을 파견하여 귤을, 1086년 2월에는 토산물을, 1087년 상인 32명이 토산물을, 대마도 원평 등 40명이 진주, 수은, 보검, 우마 등을 바쳤다.

당시 일본은 지금의 일본과 같은 통일 국가가 아니었기 때문에 정식적인 외교관계를 맺었던 것은 아니다.

1084년에는 승과를 설치하여 승려도 관직에 나아갈 수 있는 길을 마련하였다. 물론 승직에 한정된 것이지만 3년에 한 번씩 승직에 선발될 수 있도록 한 것은 처음 있는 일이었다.

1085년에 대각국사 의천이 밀항하여 송나라로 유학을 떠나 3천여 권의 경론을 수집하여 돌아와 천태종을 열었다. 그리고 인예왕후의 요청에 따라 천태종의 본산인 국청사가 건립되었다.

불교의 발전과 더불어 유교에서는 공자의 제자 안회를 비롯하여 72현의 상을 그린 벽화가 조성되었다.

1086년에 문종은 문하시랑 평장사와 중서시랑 평장사를 한 명에서 각각 두 명으로 늘렸다. 정치 외교에 있어서 고려가 그만큼 활동 범위가 넓어졌다는 것을 의미한다.

1091년 송나라의 요청으로 수백 권의 서적을 송나라에 보내 줄 정도로 문화선진국의 면모를 보여주던 선종은 1093년 3월 과로로 병상에 누웠다가 회복하여 잠시 정사를 돌보다가 1094년 46세를 일기로 생을 마감하였다. 지금까지 전해지는 작품은 없지만 선종은 시와 문장에도 뛰어났다고 전한다.

● 제14대 헌종
(獻宗•1084년~1097년. 재위 기간은 1094년 5월~1095년 10월까지 1년 5개월)

선종의 장남인 헌종은 선종의 제2비 사숙왕후의 소생으로 이름은 욱昱이다. 11세의 나이로 왕위에 올라 그의 어머니가 섭정을 하였으나 유아시절부터 당뇨병에 시달려 병약했던 탓에 선종의 제3비인 원신궁주 소생에게 왕위를 잇게 하려는 음모가 진행되었다.

원신궁주의 오빠 이자의는 문종 때 이자연의 후손인 인주 이씨로 원신궁주의 장남인 왕윤을 왕위에 오르게 하려는 데 혈안이 되었다. 이자의는 헌종이 왕위에 오르자 중추원사로 승격된 권력욕이 강한 인물이다. 그에 맞서 왕실 쪽에서 헌종의 숙부 왕희가 버티고 있었다. 결국 두 사람의 권력 싸움에서 이자의는 살해되고 왕윤은 귀양을 갔다.

왕희가 이렇게 권력을 잡자 백관들은 궁궐을 비워 두고 그의 저택으로 가서 국사를 의논하여 헌종과 사숙왕후는 자연히 후궁으로 물러났다.

결국 헌종은 1097년 14세의 어린 나이로 생을 마감하였다.

● 제15대 숙종

(肅宗•1054년~1105년. 재위 기간은 1095년~1105년까지 10년)

숙종 왕희는 문종과 인예왕후 이씨의 소생으로 문종의 셋째 아들이다. 이름은 희熙였으나 거란의 9대 왕의 이름과 발음이 같다 하여 1101년 옹으로 바꾸었다. 자는 천상天常이고, 순종과 선종의 동복아우이다.

어릴 때부터 총명하고 기질이 강하며 매사에 과단성이 있고, 또 오경자사 등 많은 서적을 읽어 학문에 밝아 문종에게 '왕실을 일으킬 만한 인물'이라는 말을 들으며 총애를 받았다고 전한다.

조카 헌종의 세력을 밀어내고 그가 왕위에 올랐을 때는 42세였다. 왕위에 오른 후 그는 이자의의 누이동생 원신궁주 이씨와 한산후 그리고 나머지 두 아들까지 귀양을 보내고 이자의를 몰아내는 데 공이 컸던 소태보를 문하시중에 앉히는 등 측근세력을 모두 요직에 앉힘으로써 왕권을 굳혔다.

이렇게 왕권을 굳히긴 했지만 1099년에는 그의 이복동생 부여후 왕수의 역모 사건이 있어 그를 귀양 보내고 거란의 힘이 약해지고

부석사 무량수전. 우리나라에서
가장 오래된 목조건물이다.

여진족이 성장하는 불안한 시기를 맞는다.

1100년에는 그의 맏아들 우를 태자로 책봉하였고, 1101년 9월 남경개창도감을 설치하고 문하시랑 평장사 최사추, 어사대부 임의, 지주사 윤관 등에게 궁궐 조성에 적당한 곳을 물색하라는 명령을 내린다. 10월 최사추는 '삼각산 면악 남쪽의 형세가 옛 문헌의 기록과 맞으니 삼각산 주룡의 중심 지점인 남향관에 도읍을 건설하라'는 보고를 내려 숙종은 1102년 3월 그곳을 직접 돌아본 후 궁궐 축성 명령을 내렸다. 이 궁궐은 1104년 5월에 완공되었다.

그런데 이 무렵 여진의 국력이 신장되어 1102년 동여진에서 보낸 사절을 맞아들이는 등 여진과 교류하다가 1103년에는 정식으로 국교를 맺었다. 1104년 동여진의 추장 오아속 부대가 내전을 치르면서 정주 관문 밖에 군사를 집결시키자 고려는 임간을 동북면(함경도 지역) 병마사로 임명하여 여진을 물리치도록 하였지만 패하고, 다시 윤관을 동북면 행영병마도통으로 임명하여 대적케 하였으나 많은 군사를 잃고 화의조약을 맺는 것으로 일시적으로 평온을 찾았다.

1106년에는 6촌 이내의 혼인(족내혼)을 금지시켰고, 1097년에는 주전관을 두고 주화를 만들어 통용케 하였으며, 1101년에는 우리나라 최초의 화폐인 해동통보 1만 5천 관을 주조하여 문무 양반과 군인들에게 분배하였다.

1101년 3월 국자감에 서적포를 설치하여 인판사업을 확대하였고, 4월에는 61명의 선비와 21명의 현인들을 공자 묘에 배향하게 하였으며 1102년에는 은나라의 성인 기자묘를 찾아 사당을 세웠다. 한편, 원효와 의상을 국사로 추증하고 동방의 성인으로 삼음으로써 불교의 진흥을 꾀하였다.

1104년에는 별무반이라는 군대를 조직하여 여진의 기마병에 대항할 준비를 하였다.

부석사 당간지주. 당간지주는 절에 행사가 있다는 표시로 깃발을 꽂아놓던 기둥이다.

1105년 고구려 동명왕의 묘역에 제사를 지내고 돌아오는 길에 병을 얻어 개경으로 들어오는 수레 안에서 52살의 나이로 생을 마감하였다.

● 제16대 예종
(睿宗•1079년~1122년. 재위 기간은 1105년 10월~1122년 4월까지 16년 6개월)

예종은 숙종과 명의왕후 유씨의 맏아들로 이름은 우俁이고 자는 세민世民이다. 어려서부터 유학에 밝고 시를 좋아하였으며, 침착하고 낭만적인 성격의 소유자였다고 전한다.

숙종은 차남 왕필에게 왕위를 잇게 하려 했으나 필이 어린 나이에 죽어 장남인 우를 태자로 삼았다. 예종이 왕위에 올랐을 때 나이는 27세였다.

예종은 즉위 한 달 만에 조정을 대폭 개편하였는데, 이는 여진족의 힘이 커져 그에 대응해야 했기 때문이다. 곧 이부상서 왕가를 서북면 병마사로, 어사대부 오연총을 동북면 병마사로 파견하여 국경을 지키도록 하였다. 1107년 윤10월에 예종은 여진의 동태가 심상치 않다는 보고를 듣고 17만 대군으로 여진을 선제공격하기로 단행하여 윤관을 상원수로, 오연총을 부원수에 임명하고 예종도 몸소 서경으로 떠났다.

윤관은 1107년 12월 여진과 싸워 웅주, 영주, 복주, 길주 등을 장악하고 그곳에 성을 쌓았으며, 1108년에 함주와 공험진, 의주, 통태, 평융 등에 성을 쌓고 백성들을 이주시킴으로써 동북지역에 9성을 얻게 되었다. 그러자 여진은 이 9성을 되찾기 위해 매일같이 싸움을 걸어와 고려는 골치가 아팠다. 여진은 9성을 돌려주면 고려에 공물을 바치고 다시는 변방을 넘보지 않겠다며 화친을 제의해 왔다. 조정에서 찬반의 언쟁 끝에 결국 9성을 돌려주기로 하고 1109년 철수 작업을 하였다.

조정에서는 윤관과 오연총에 대한 탄핵상소가 이어졌다. 예종은 전쟁에서 이길 수도 있고 질 수도 있다며 간관들을 한 명씩 불러 설득 작업을 한 끝에 오연총은 파면하고 윤관에게는 책임을 묻지 않는 것으로 결론지었다.

1110년 12월 조정은 다시 한 번 개편되는데 이때 예종은 자신의 장인 이자겸을 추밀원사에 앉혔다. 그러나 예종의 영토확장 전쟁으로 민심이 흉흉해져 1112년에 모반사건이 일어나 수십 명이 귀양길에 오르고 일부는 참형을 당했다. 이런 가운데 1115년에 여진은 금나라를 건국하고 추장 아골타는 황제를 자칭하면서 고려에 형제지국을 맺을 것을 요구해 왔다.

여진의 세력이 강해지자 거란은 고려에 원병을 요청해 왔고, 고려는 사태를 살피며 그에 응하지 않았다. 그런 와중에 발해 유민들이 동경유수 소보선을 죽이고 고구려의 왕족 고영창을 황제로 세워 대원국을 건국하였다. 그러자 고려는 거란의 연호를 폐지하고 압록강변의 내원성과 포주성의 양민들을 받아들여 영토확장의 기회를 노렸다. 그러자 금나라가 두 성을 공격해 와 예종은 금나라에 사신을 보내 포주성은 고려의 옛 영토이니 돌려달라고 요구하였다. 이에 금나라는 자체 힘으로 포주성을 차지해도 좋다고 통보해 왔다.

고려는 내원과 포주에 머무르고 있던 거란의 야율녕과 외교를 벌였다. 야율녕이 고려에 쌀 원조를 요구하자 고려는 내원성과 포주성을 포기하면 쌀을 원조받을 이유가 없지 않느냐며 두 성을 양도할 것을 요구하자 그는 두 성을 포기하고 자기 관민들을 데리고 가 1117년 2월 고려는 두 성을 되찾게 되었다.

고려는 포주를 의주방어사로 고치고 압록강을 경계로 관방을 설치함으로써 압록강을 영토의 경계로 삼았다. 1119년 12월에는 여진의 방해에도 불구하고 천리장성을 세 자 높여 여진의 침략에 대비하였다. 서쪽으로 밀려난 거란이 함께 여진을 치자고 제의해 왔으나 고려는 중립을 지켰다.

예종의 학문 정책으로는 1109년 국학에 전문강좌 7재를 설치하여 관학을 진흥하였고, 1116년 청연각과 보문각을 짓고 학사를 두어 경적을 토론하게 하였으며, 1117년에는 송나라에서 대성악을 들여와 아악의 시초로 삼았다. 1119년에는 국학에 양현고라는 장학재단을 설립하여 학문을 장려하였다. 1120년에는 팔관회를 열어 개국공신 신숭겸과 김락을 추모하는 도이장가를 지었다.

스스로 시인이라고 말하여 시 짓기를 즐겼다고 전하는 예종은 한 편 1112년에 혜민국을 설치하여 빈민들의 병을 구제하도록 하였고, 1113년에 예의상정소를 설치하여 민간 예의의 원칙을 정하는 등 사회정책에도 힘을 썼다.

1122년 3월 예종은 등에 조그만 종기가 생겨 병상에 누운 지 한 달 만에 44세를 일기로 생을 마감하였다.

● 제17대 인종
(仁宗•1109년~1146년. 재위 기간은 1122년~1146년까지 약 24년)

인종은 예종의 맏아들이자 순덕왕후 이씨 소생으로, 이름은 해楷 이고, 자는 인표仁表이다. 이자겸이 장인이기도 하고 외할아버지이기도 하다. 어머니 순덕왕후가 이자겸의 둘째 딸이고, 제1비와 제2비가 이자겸의 셋째, 넷째 딸이니까 이모 둘을 부인으로 맞은 셈이다. 인종은 7살 때인 1115년에 태자로 책봉되었다.

인종이 왕위에 오르기 전에 이자겸을 중심으로 한 외척세력과 한안인을 중심으로 한 관료 세력이 권력을 두고 다투고 있다가 어린 인종이 왕위에 오르자 이자겸에게로 권력이 몰리게 되었다. 한안인은 스스로 휴가를 신청하여 물러나 측근 세력을 중심으로 권력을 회복하기 위해 방도를 모색하였다. 이를 눈치 챈 이자겸이 그들을 숙청시키는데 이 사건이 왕보의 역모사건이다. 1122년 12월 예종의 아우 왕보가 견산부로 추방되고 수백 명이 유배되었다.

이자겸은 절대권력을 얻고 셋째 딸, 넷째 딸을 인종에게 주어 왕비로 삼게 하였다. 그리고 군권을 쥔 문하시랑 평장사 척준경과 사돈관계를 맺어 왕권을 장악하기에 이른다.

이에 인종은 내시지후 김찬, 내시녹사 안보린, 동지추밀원사 지녹연 등 측근들과 함께 이자겸과 척준경을 제거하려는 계획을 세우고 원로 김인존과 평장사 이수에게 문의를 하였다. 그들은 힘이 열세라고 반대를 하였지만 인종은 승리를 장담하는 김찬의 말을 믿고 거사를 밀어붙인다.

1126년 2월, 인종의 명령을 받은 지녹연은 무장들과 군사를 이끌고 궁궐로 들어와 척준경의 아우 척준신과 아들 척순을 죽여 그 시체를 궁성 밖으로 내던졌다. 그러자 척준경이 군사 수십 명을 이끌고 와 궁성을 포위하여 일대 격전이 벌어졌다. 수세에 몰려 궁궐을 버리고 산호정으로 피신을 한 인종이 이자겸에게 왕위를 넘겨 주려고 했으나 신하들의 반발을 의식한 이자겸이 머뭇거렸고, 그의 재종형 이수가 적극적으로 반대하여 왕위를 넘겨주는 위기는 넘어갔다.

왕권 회복에 나섰던 무장들은 모두 살해되고, 이자겸은 인종을 자기 사저에 감금하고 결제권을 빼앗았다. 이자겸은 척준경과 함께 권력을 휘둘렀다. 당시 개경에는 십팔자十八子가 임금이 된다는 이상한 말이 떠돌았다. 십팔자를 합하면 李자가 된다. 이자겸은 자기가 임금이 될 것을 예언한 것으로 생각하였다.

한편, 인종은 왕권을 회복할 기회를 노리며 내의군기소감 최사전과 의논하여 이자겸과 척준경을 이간시켜 척준경의 마음을 움직이게 하는 데 성공한다. 이에 이자겸이 인종을 독살하려 할 때 이자겸의 넷째 딸인 인종의 비가 방해하여 실패한다. 척준경은 왕이 위험하다는 연락을 받고 와 이자겸과 그의 일당들을 제거한다. 이로써 이자겸의 난은 종결되었다. 인종은 이자겸이 자신의 장인인 점을 고려해 참형시켜야 한다는 대신들의 말을 무시하고 유배시키고 이자겸의 두 딸은 폐위되었다. 이자겸을 제거한 척준경은 중서문하 평장사에 임명되었지만 1127년 3월 정지상의 탄핵으로 척준경은 암타도에 유배된다.

이자겸의 난을 겪으면서 왕실은 아수라장이 되었는데, 때마침 승려 묘청이 서경(평양)으로 천도할 것을 주청하였다. 이자겸의 난 때 개경의 귀족들은 방관적인 자세로 있었는데, 인종은 그것이 불만스러웠다. 마침 수창궁도 불에 타고 개경의 민심이 흉흉해 있었기에 인종은 서경으로 천도할 것을 결심한다.

1127년부터 인종은 서경에 자주 거둥하여 임원역에 대화궁을 건설하도록 명했다. 하지만 김부식 등의 유학자가 대대적으로 이에 반대하였고, 대화궁이 준공 직후 벼락을 맞고 서경 행차 도중에 폭풍우가 몰아쳐 인마가 살상되는 사태가 일어나면서 인종은 천도 계획을 포기한다.

한편 1135년 1월, 묘청과 조광, 유참 등의 서경 세력은 국호를 대위, 연호를 천개, 군대의 호칭을 천견충의라 하고 반란을 일으켰다. 인종의 명령으로 김부식은 개경에 남아 있던 백수한, 김안, 정지상 등 서경파를 참수하고 3군을 이끌고 서경으로 진군했다. 반군을 지휘하던 조광은 전세가 불리하자 묘청과 유담, 유담의 아들 유호의 목을 베어 윤첨을 시켜 개경으로 가져가게 했다. 그런데 조광의 항복 의사에도 조정에서 윤첨을 하옥시키자 조광은 결사항전을 결심하고 김부식이 보낸 녹사 이덕경 등을 죽였다. 하지만 1136년 2월 그들은 제압당하고 조광은 스스로 목숨을 끊음으로써 묘청의 난은 종결되었다.

묘청에 의해 서경천도론이 대두되면서 한때 금나라를 정벌해야 한다는 북벌론이 일었는데 묘청의 난이 진압된 후 북벌론은 사라지고 금나라와 평온한 관계를 유지한다. 즉위한 후 계속해서 정권 다

틈에 시달리던 인종은 그제서야 비로소 평온함을 맞이하게 된다.

정국이 안정되었던 시기에 김부식은 인종의 명령을 받고 5년간의 작업 끝에 1145년 『삼국사기』를 편찬하는 커다란 업적을 쌓았다. 인종은 삼국사기의 완성을 본 두 달 후 1146년 2월에 지병으로 38세를 일기로 생을 마감하였다.

『삼국사기』는 편찬자들이 『고기』, 『삼한고기』, 『신라고기』, 『구삼국사』, 김대문의 『고승전』, 『화랑세기』 등과 『삼국지』, 『후한서』 등의 중국 문헌을 참고하여 삼국 즉 고구려, 백제, 신라의 역사를 기술해 놓은 역사책이다.

● 제18대 의종
(毅宗 1127년~1173년. 재위 기간은 1146년~1170년까지 24년 7개월)

의종은 인종의 맏아들로서 제2비 공예왕후 임씨의 소생이다. 이름은 현晛, 자는 일승日升이다. 17세 때인 1143년에 태자로 책봉되었다. 왕위에 올랐을 때는 20세였다.

의종은 어린 시절부터 오락을 좋아하고 시를 즐겼다. 특히 내시나 무장들과 격구 시합을 즐기는 일이 잦았다고 전한다. 의종이 태자로 책봉된 뒤에도 공예왕후는 인종에게 둘째 경을 태자로 책봉하자고 끈질기게 간청했다. 그래서 인종이 태자의 폐립을 생각하고 있을 때 예부시랑 정습명이 의종이 정사를 잘 하도록 보필하겠다고 자청하는 바람에 태자 자리를 그대로 보전하게 되었다.

왕위에 오른 의종은 정사는 등한시하고 환관이나 내시들과 어울려 격구나 수박희(태껸)를 즐겼다. 격구에 빠져 4일 동안 편전에 나가지도 않은 적이 있을 정도였다.

강화도 외규장각

　이런 가운데 1147년에 서경에서 이숙, 유혁 등이 금나라와 내통하여 반란을 일으키려다 들통이 나 사형당했고, 1148년 10월에는 이심, 지지용 등이 송나라 사람 장철과 공모하여 반란을 일으키려다가 송나라 사람 임대유의 고발로 체포되어 사형을 당하는 사건이 일어났다.

　이에 문신들이 왕 주위에 있는 내시와 환관을 처벌할 것을 요구하자 1148년 3월 내시 김거공과 환관 지숙 등 7명만 유배보내는 것으로 일단 마무리하였다. 그리고 1151년 김존중과 정성을 측근으로 두고 정습명을 삭탈관직하여 유배시켜 버렸다. 결국 정습명은 원통함에 병이 들어 죽고 말았다.

　왕의 신임을 얻은 김존중은 내시랑 정서와 사이가 안 좋았는데, 환관 정함과 공모하여 의종의 동생 대녕후와 정서가 반역 음모를 꾸민다고 고해 대녕후는 천안부로, 정서는 동래로 유배를 보낸다. 정서는 의종의 이모부로, 그가 동래에서 귀양살이를 하며 지어 부른 '정과정곡'이라는 가요는 현재까지 우리에게 전해지고 있다.

　의종이 정함의 공을 인정하여 정함에게 합문지후의 벼슬을 내리

자 환관에게 문관직인 합문지후를 내리는 것은 있을 수 없는 일이라
며 대신들이 벼슬을 취소하라고 간언하였다. 의종이 아랑곳하지 않
아 중서문하성 관원들이 단합하여 출근을 하지 않자 며칠 후 정함을
사직하여 사태는 진정되었다.

의종의 불성실한 태도에 문관들이 계속 반발하자 환관 이균이 연
못에 몸을 던지는 사건이 발생하고 의종의 총애를 받던 김존중이 죽
는 등 측근을 잃자 의종은 가까운 문인들을 다시 측근 세력으로 만
들며 유흥을 즐겼다. 민가 50여 채를 헐고 태평정을 짓고 폭포를 조
성하는 등 사치스럽고 방탕한 생활을 하였다.

의종은 정함에게 다시 합문지후를 제수하고 점쟁이 영의를 내시
사령에 임명하여 그의 말에 따라 정사를 진행하고 재앙을 방지하기
위해서 사찰을 수리해야 한다는 말에 대거 사찰 중수작업을 벌이며
불교세력을 양성하였다. 의종과 친분을 맺은 총지사 주지 회정은 승
려나 관료들로부터 뇌물을 받아 챙겼고, 의종은 시를 잘 짓는 내관
들과 악공을 불러 밤새도록 주연을 즐겼다. 주연이 열릴 때마다 정
중부를 비롯한 무관들은 그 주변을 지키면서 불만이 쌓여 갔다. 게
다가 문신들에게 무식하다고 무시를 당하면서 그들의 불만은 고조
되었다. 한편, 정함, 백선연, 왕광취 등과 내시 박회준, 유장 등의 내
관들은 대저택을 소유하고 수십 명의 노비를 부리며 기고만장하여 '왕
명은 모두 고자한테서 나온다'는 말이 나돌 정도의 이른바 '환관정치'의
시기였다.

1167년 의종이 연등회를 가는 도중 김부식의 아들 돈중의 말이
기마병의 화살통을 들이받았다. 그 화살이 보련(왕의 가마) 앞에 떨
어지자 의종은 역모인 줄 알고 놀라 궁으로 돌아가 계엄령을 내리고
도 불안하여 현상금으로 황금 15근과 은병 200개를 내걸고 무장을

선발하여 두 조로 나누어 밤낮으로 대궐을 지키게 하였다. 범인을 잡으라는 왕의 독촉으로 유배 중이던 대녕후 왕경의 하인 나언을 잡아들여 고문 끝에 자백을 받아내어 대녕후의 하인들이 참형을 당하고, 호위병들의 근무 태도가 좋지 않은 결과라고 하여 호위병 14명이 귀양길에 올랐다.

의종은 여전히 문관들과 밤늦도록 연회를 즐겼다. 1170년 8월, 정중부, 이의방, 이고 등은 반역을 꾀하고 왕이 보현원으로 가면 거사를 단행하기로 하였다. 다음날, 의종이 보현원 근처에서 문신들과 술을 마시며 즐기다가 무관들에게 수박희 시합을 시켰는데, 시합이 시원찮다고 한뢰가 대장군 이소응의 뺨을 쳐 정중부를 비롯한 무관들을 분노하게 하였다. 의종은 정중부를 달래었으나 왕이 보현원에 이르렀을 저녁 무렵 이고와 이의방이 임종식, 이복기 등을 죽이고, 의종 앞에서 한뢰를 죽였다. 그리고 연회에 참석했던 대소신료들과 환관들을 모두 살해하였다. 정중부를 비롯한 무관들은 대궐로 달려가 추밀원 부사 양순정 등 수십 명을 죽이며 문관들을 모두 죽이라고 명령하였다. 정중부의 난이 일어난 것이다.

정중부는 3년 전 섣달 그믐날, 대궐에서 귀신을 쫓기 위해 신하들이 용과 호랑이의 탈을 쓰고 놀이를 벌이는 도중에 김부식의 아들 김돈중이 촛불로 그의 수염을 태우며 조롱하는 일을 당하고 난 후 마음속 깊이 문신들에 대한 원한을 품고 있었다.

1170년 9월 의종과 태자는 정중부에 의해 거제현과 진도현으로 추방당하고 의종의 동생 익양공 호가 왕으로 옹립되었다.

의종은 1173년 8월까지 거제현에 있다가 무신정권에 항거한 김보당에 의해 경주로 옮겨졌는데, 김보당의 반란이 실패하자 10월 이의민에 의해 곤원사 북쪽 연못가에서 허리가 꺾인 채 살해되어 연못에 던져졌다. 그때 의종의 나이는 47세였다.

● **제19대 명종**(明宗•1131년~1202년. 재위 기간은 1170년~1197년까지 27년)

인종의 셋째 아들이자 의종의 동복아우 명종의 이름은 호晧이고, 자는 지단之旦이다.

정중부의 무신 세력에 의해 왕위에 오른 명종은 무신들의 권력 싸움의 틈바구니에서 허수아비 임금과 같았다.

정중부, 이고, 이의방은 중방을 설치하고 각자 높은 벼슬 자리에 올라 자기 세력을 키워갔다. 1171년 이고는 자신이 홀대를 받고 있다고 생각하고 자신의 세력과 반란을 도모하지만 김대용의 밀고로 실패로 돌아가고 채원과 이의방에 의해 살해당했고, 얼마 후 채원이 다시 반역을 도모하다가 이의방에게 누설되어 죽임을 당한다. 이 사건 이후 이의방이 권력을 장악하게 되어 정중부는 이의방의 세력을 견제하였다.

1172년 귀법사의 승려 100여 명이 이의방의 타도를 외치며 도성 북문으로 침입하였다. 이의방은 그들을 물리쳤고, 이어 중광사, 승호사, 귀법사 등 여러 절을 허물고 재물을 약탈함으로써 승려들의 기를 눌러놓았다.

1173년 김보당이 반란을 일으켰으나 생포되어 서울 저잣거리에서 살해되고 이후 문신들이 다시 한 번 대거 참살되고 이의방은 자신의 딸을 태자비로 삼음으로써 권력을 확대시켜 나갔다. 1174년 서경 유수 조위총이 정중부와 이의방을 제거하고자 군사를 일으켜 싸우는 도중 정중부의 아들 정균에 의해 이의방이 살해됨으로써 권력은 정중부의 손으로 넘어갔다. 조위총의 난은 1176년까지 계속되다

윤임첨에 의해 조위총이 잡히면서 종결되었지만 조위총의 수하들이 지속적으로 반란을 도모하여 서경의 전운은 한동안 이어졌다.

1176년 1월 공주의 천민집단 명학소에서 망이와 망소이가 난을 일으켰다. 그들은 스스로를 산행병마사로 부르며 공주를 함락하였고, 조위총의 난으로 어려움을 겪던 조정은 지후 채원부와 낭장 박강수를 보내 회유하게 하였고, 대장군 정황재와 장군 박장인에게 3천의 군사를 주었으나 대패하자 명학소를 충순현으로 승격시키고 내시 김윤실을 현위로 임명하여 난민들을 위무하고 회유책을 폈다. 그러나 망이 망소이는 예산현을 공격하고 충주까지 점령하였다. 조정에서 대장군 정세유와 이부가 파견되자 망이 망소이는 강화를 요청하여 진정국면에 접어드는 듯했으나 두 달 뒤에 망이와 망소이를 가두자 난민들이 다시 봉기하여 청주목을 장악하였다. 그러나 7월 정부군에 의해 진압되어 망이 망소이를 비롯한 주동자들이 감옥에 갇히면서 난은 종결되었다.

이후 수년 동안 곳곳에서 반란이 끊이지 않았고, 정중부 측근 세력은 권력을 남용하여 재산을 축적하는 일로 민심은 흉흉해졌다. 그런 가운데 1179년 9월 경대승이 허승 등과 모의하여 정중부와 그의 아들 정준을 살해하였다.

이어 중방을 폐지하고 도방을 설치하여 자기 세력을 키우던 경대승의 권력은 4년 동안 지속되었다. 경대승이 1183년 7월 정중부의 귀신을 보고 놀라 쓰러져 갑자기 죽자, 정중부 일파가 제거될 때 병을 핑계로 고향 경주로 내려가 몸을 피해 살아 남은 이의민이 정권을 잡았다.

소금장수 아버지와 종인 어머니 사이에 태어난 이의민은 키가 8척이고 기운이 장사였다. 그의 삼형제가 못된 짓을 하여 관가에 끌려가 모진 매를 맞아 두 형은 죽었고 그만 살아남았다. 그 뒤 김자양의 추천으로 개경의 군대에 들어간 이의민은 수박희를 잘해 의종의 사랑을 받아 별장(장교)이 되었다. 정중부의 난 때 공을 세워 중랑장을 거쳐 장군이 되었고, 김보당의 반란을 누르고 의종을 죽인 공로로 대장군에 올랐고, 이후 조위총의 난도 진압하였다.

경대승이 죽었을 때 명종은 왕권을 찾을 수 있는 기회를 잡을 수도 있었으나 소심하고 우유부단해 자신감이 없던 명종은 이의민이 반란을 일으킬 것을 두려워해 여러 차례 그에게 상경할 것을 권유하였다. 이의민은 계속 거절하다가 명종이 병부상서 벼슬을 내리고 상경을 권유하자 상경하여 이후 13년간 권력을 잡게 되었다. 이의민의 세 아들 지순, 지영, 지광 삼형제는 아버지의 권력을 믿고 온갖 횡포와 부정부패를 일삼았다.

1193년 7월 청도에서는 김사미가, 울산에서는 효심이 난을 일으켰다. 명종은 대장군 전존걸과 장군 이지순, 이공정 등을 내려보냈다. 이의민은 이자겸이 믿던 십팔자가 왕이 된다는 말을 믿고 아들 이지순으로 하여금 김사미와 효심을 돕게 해 정부군은 그들을 진압하지 못했다. 그러다 1194년 2월에 김사미가 정부군에 밀려 항복을 청하다가 목이 베였고, 12월에 효심이 체포되면서 난이 진압되었다.

어느 날, 이의민의 아들 이지영이 최충수의 집비둘기를 강탈하는 사건이 있었다. 이의민의 권력에 불만을 품고 있던 최충수는 그 사건을 빌미로 형 최충헌을 찾아가 이의민과 세 아들을 없앨 모의를 하였다. 1196년 4월, 명종이 보제사에 행차할 때 이의민은 몸이 불편하여 왕을 따라가지 않고 미타산 별장에 남아 있었다. 그때를 놓치지 않고 형제는 이의민을 공격하여 이의민은 최충헌에 의해 죽고 말았다. 최충헌이 개경 거리에 이의민의 목을 매달아 놓자 이의민의

쌍계사 마애불

아들들이 군사를 이끌고 달려왔다. 하지만 그들도 최충헌에 의해 죽임을 당했다.

1197년 9월, 명종은 최충헌에 의해 창락궁에 유폐되었고, 태자 도는 태자비와 함께 강화도로 압송되었다. 명종은 이후 6년 후에 이질에 걸려 72세를 일기로 생을 마감하였다.

● 제20대 신종
(神宗•1144년~1204년. 재위 기간은 1197년~1204년까지 6년 4개월)

명종의 동생 신종은 인종의 다섯째 아들이다. 이름은 민昄이었으나 왕위에 오른 후 금나라 왕의 이름과 같아 탁晫으로 바꾸었고, 자는 지화至華이다. 최충헌 형제에 의해 왕위에 오른 때 명종은 54세였다.

최충헌은 상장국 주국에 오르고, 최충수와 최충헌의 외조카 박진재, 조명인 등은 응양군대장군, 형부시랑, 판이부사 등을 차지하고 병권과 인사권을 장악하였다.

최충헌이 금나라에 왕이 바뀐 사실을 통보하자 금나라에서는 찬탈의 의혹이 있다면서 명종을 대면하고자 하였다. 최충헌은 명종이 요양을 떠나 먼 곳에 있다고 거짓말을 하여 어렵게 금나라 왕의 책봉을 받았다.

최충헌은 최충수와 함께 봉사 10조를 올려 정치 개혁을 단행하였으나 자기 권력을 키우는 일에만 여념이 없었다. 최충헌은 침착한 성격이고 최충수는 괄괄한 성격이라 두 형제는 서로 마음이 맞지 않았다. 최충수가 태자비를 폐비시키고 자신의 딸을 태자비로 삼으려 하자 최충헌은 이를 반대했다. 그럼에도 일을 진행시키려다 최충수는 최충헌에게 죽임을 당했다. 최충헌은 이렇듯 권력을 위해서 혈육을 가차없이 죽였고, 항상 3,000명 이상의 사병들을 거느렸으며, 평상복으로 대궐에 출입하고, 자기 집 안방에서 국가 대사를 결정하는 등 마음대로였다. 이에 원로들이 반발하자 1199년 평장사 최당, 우술유 등의 벼슬을 빼앗고, 20여 명의 대신들을 강제로 퇴직시켰다.

부패가 심했던 이 시기에 반란이 곳곳에서 일어났는데, 1198년에는 최충헌의 종 만적이 나무를 하러 다니며 친하게 지내던 종들을 모아 '왕후장상의 씨가 따로 있느냐'며 난을 일으킬 것을 모의하였는데 한충유의 노예 순정이 상전에게 일러바쳐 만적을 비롯한 100여 명이 매를 맞고 강물에 던져져 죽임을 당했다. 1199년에는 명주(강릉)와 동경(경주)에서 도적이 일어났고, 1200년에는 진주, 밀성, 동경, 김해 등지에서 민란이 일어났다.

이에 신종은 낭자 오응부와 합문지후 송공작 등을 명주에 보내고 장작소감 조통과 낭장 한지 등을 도경에 보냈다. 또 최충헌은 신종에게 죄수들을 석방하도록 하고 과거를 실시하여 인재를 뽑는 등 백성들을 회유했으나 1202년에는 탐라에서 독립운동이 일어났다. 소부소감 장윤문과 중랑장 이당적이 탐라에 파견되어 가까스로 난을 진압하였다.

그 외에도 여기저기서 난이 일어나는 가운데 최충헌의 벼슬은 계속 올라가 1203년에는 중서시랑평장사 및 이부상서 판 어사대사 태자소사에 올라 조정의 병권과 인사권 행정권을 완전히 장악하였다. 그럼에도 최충헌은 목숨에 위협을 느껴 자기 집에 도방을 차리고 군대를 주둔시켰다.

권력을 잃어 힘이 없는 존재로 있던 신종은 1203년 등창으로 자리에 누워 태자 덕에게 왕위를 넘기고 둘째 아들 덕양후의 집에서 61세를 일기로 생을 마감하였다.

● 제21대 희종

(熙宗•1181년~1237년. 재위 기간은 1204년~1211년까지 약 8년)

희종은 신종과 신정왕후의 맏아들로 이름은 영瑛이고, 자는 불피不陂이다. 스무 살 때 태자로 책봉되었다.

최충헌의 실권은 희종 때에도 이어져 1204년 장군 이광실을 비롯한 30여 명이 최충헌 부자를 살해하려고 모의하다 발각되었고, 1209년에는 청교역리 세 명이 최충헌 부자를 살해할 계획을 세웠다가 귀법사 승려가 고발하여 실패하였다. 최충헌은 이때 교정도감을 설치하여 범인을 색출하여 주도자는 죽이고 공모자는 섬으로 유배시켰는데, 그 후 교정도감은 그의 권력을 휘두르는 기관이 되었다. 1210년에도 최충헌을 없애려는 사건이 있어 또 한 차례 피바람이 일었다.

이런 사건들로 최충헌의 세력이 얼마나 컸는지를 짐작해 볼 수 있다. 최충헌은 민가 100여 채를 허물고 대궐과 맞먹는 규모로 자기 집을 지었고, 저택 북쪽에 십자각이라는 별당을 지을 때, 백성들 사이에서 최충헌이 남자 아이 5명과 여자 아이 5명을 잡아 오색 옷을 입혀 집터의 네 귀퉁이에 묻었다는 소문이 돌아 아이 가진 부모들이 먼 곳으로 이사가고 건달들이 아이를 유괴하여 부모에게 돈을 뺏는 일까지 벌어졌다.

이런 분위기 속에서 희종 또한 최충헌을 제거하기 위해 대신들과 모의하였다. 1211년 12월, 왕을 배알하기 위해 수창궁으로 온 최충헌을 희종은 내전으로 데리고 들어가고, 중관의 내관들은 왕이 내린 음식을 함께 먹자며 그의 수하들을 다른 곳으로 유인하였다. 그때 미리 잠복해 있던 10여 명의 승려와 무사들이 그들을 습격하였다. 밖이 소란하자 최충헌은 자객이 들이닥친 것으로 알고 희종에게 살려달라고 애원하였다. 그러나 희종은 내실의 문을 닫아 최충헌을 내실로 들이지 않고 내시들이 최충헌의 목을 베기를 기다렸다. 다급해진 최충헌은 지주사의 다락에 몸을 숨겼고, 최충헌을 죽이기 위해 왔던 승려들은 최충헌을 찾지 못했다. 그 동안에 김약진과 정숙침이 변고가 발생했다는 소식을 듣고 달려와 최충헌을 구해냈다.

교정도감 군사들도 소식을 듣고 궁궐로 달려왔다. 대궐 지붕으로 올라가 최충헌과 동행했던 노영의에게 최충헌이 무사하다는 소리를 들은 군사들이 궁궐 안으로 밀려들어갔고, 김약진이 임금과 내인들을 죽이자고 하였으나 최충헌은 만류하였다. 최충헌은 주모자가 왕준명임을 밝혀냈고, 그 외 공모자들을 죽이거나 유배시키고, 희종은 31세의 젊은 나이로 폐위되어 강화도에 유배되었다.

희종은 그 후 자연도로 이배되었고, 나중에 법천정사로 옮겨 살던 중 1237년, 26년간의 유배 생활을 마치고 57세를 일기로 생을 마감하였다.

● 제22대 강종
(康宗•1152년~1213년. 재위 기간은 1211년~1213년까지 약 2년)

강종은 명종의 맏아들로 이름은 오이고, 자는 대화大華이다. 22살 때인 1173년 태자로 책봉되었다가 1197년 명종이 강화도로 유배되었을 때 함께 유배되어 강화에서 지내다가 1210년 개경으로 돌아와 1211년 한남공에 봉해졌다가 1211년에 왕위에 올랐을 때 그의 나이는 60세였다.

무신정권의 틈바구니에서 기가 눌려 지내며 14년 동안이나 강화도에서 유배생활을 하다 병든 몸으로 왕위에 올랐으나, 1213년 자리에 눕게 되어 태자 진에게 왕위를 물려주고 숨을 거두었다. 왕위에 오른 지 1년 8개월 만의 일이었다.

● 제23대 고종
(高宗•1192년~1259년. 재위 기간은 1213년~1259년까지 약 46년)

고종은 강종의 맏아들로 원덕왕후 유씨와의 사이에 태어났으며 이름은 철瞰이고, 자는 대명大明이다. 강종이 강화로 유배될 때 철은 안악현에 유배되었고, 강종이 즉위한 이듬해인 1212년 7월, 22세의 나이에 태자로 책봉되었다.

이 시기에 중국 대륙에서는 몽고의 세력이 강성하였다. 희종 2년 때인 1206년에 여러 부족을 통일하여 칭기즈칸에 추대된 테무진에 의해 금나라가 위협을 받고 있었다. 만주에서 금나라의 지배를 받고 있던 거란이 몽고에 항복하고, 아얼과 걸노가 몽고 세력에 밀려 압록강을 건너왔다. 이에 고려는 상장군 노원순을 중군병마사로, 상장군 오응부를 우군병마사로, 대장군 김취려를 후군병마사로 삼아 거란을 막게 하였으나 김취려의 눈부신 전공에도 거란군은 개성 근처까지 밀려들어왔다.

밀고 밀리는 전투가 2년 동안 계속되었다. 고려는 몽고와 동진, 금과 연합하여 강동성을 에워싸 마침내 거란은 1219년 정월에 항복하였고, 고려와 몽고는 형제지국의 관계를 맺었다. 몽고의 합진은 몽고로 돌아가면서 40여 명의 부하를 의주에 남겨두었고, 몽고군과 동진군은 변방에서 무력시위를 하며 고려에 공납을 독촉하여 고려에는 전운이 감돌았다.

1219년 최충헌이 병에 걸려 죽자 그의 아들 최이(최우)가 동생 향과 세력 다툼을 벌인 끝에 후계자가 되었다. 권력을 잡은 최이는 최충헌이 빼앗은 논밭과 노비를 주인에게 돌려 주고 창고의 보물을 고종에게 바치고 문신들을 등용하였다. 그해 10월 의주 별장 한순이 낭장 다지와 함께 난을 일으켜 북계의 성 대부분을 장악하였다가 1221년 그의 수하 장수 윤장 등 세 명이 체포됨으로써 난이 종결되었다.

몽고가 수시로 사신을 보내 공물을 요구하자 최이는 몽고의 침입에 대비하여 1221년 의주(덕원), 화주(영흥), 철관(철령)에 성을 쌓고 1223년 개성의 나성을 수리하였다. 1225년 정월, 몽고 사신 착고여가 고려에 왔다가 귀국하는 길에 도적들에게 피살당하는 사건이 발생하자, 고려에서 살해했다고 생각한 몽고가 보복하겠다고 하여 한동안 두 나라의 국교가 단절되었다.

1225년 최이는 사설 정치 기관인 정방을 설치하고 인사를 단행하

강화도의 고려 궁터. 몽골의 침입을 받아 1232년에 강화도로 천도하여 지은 궁궐의 터이다.

였다. 고종은 정방에서 결정된 사항에 대해 결재만 하였다. 1227년에는 사제에 서방書房을 설치하여 유학자들을 3조로 나누어 그곳에 숙직하게 함으로써 최이는 문무신을 직접 거느리며 권력을 확대하였다.

마침내 1231년 8월, 몽고의 원수 살리타(살례탑)가 압록강을 건너 고려를 침범해 왔다. 몽고군은 함신진(의주)을 함락하고 귀주, 정주를 거쳐 평산, 12월에는 개경을 포위하였다. 고려에서는 회안공 왕정을 보내 화의를 추진하였으나 몽고군은 착고여 살해에 대한 책임을 물었다. 고려는 금나라 소행이라 주장하고 황금과 백은 등을 예물로 주고 화의조약을 맺었다. 몽고군은 1232년 정월에 고려에서 물러났지만, 서북면 지역의 40개 성에 다루가치(원나라의 지방 감시관의 호칭)를 남겨 두었다. 이것이 1차 몽고 침입으로 이후 몽고군은 28년 동안 7차례에 걸쳐 고려를 침입해 왔다.

최이는 몽고군이 수전에 약하다는 사실을 깨닫고 강화도로 도읍을 옮겼고, 내시 윤복창과 서경순무사 민희 등이 서북면과 서경에서 몽고의 다루가치를 습격하였다. 그러자 몽고는 1232년 9월에 2차 침

수원 처인성에서 몽고군과 싸우는 모습

입을 하였다.

　몽고는 개경 환도를 요구하며 경상도까지 내려가 약탈을 하였고, 고려군은 결사항전을 벌여 12월 김윤후가 수원 처인성에서 몽고 원수 살리타를 사살하자 몽고군은 서둘러 철수하였다.

　1235년, 금나라를 멸망시킨(1234년) 몽고는 살리타의 죽음에 대한 보복을 선언하며 3차 침입을 하여 전 국토를 짓밟았다. 고려는 팔만대장경을 조판하며 곳곳에서 항전을 하는 한편 강화를 요청하였는데 몽고 내부에 권력 암투가 벌어져 몽고군은 화의 요청을 받아들이고 서둘러 철군하였다. 그 후 1247년에 4차 침입을 했던 몽고군은 왕이 죽었다는 연락을 받고 철수하였다.

　1249년 최이가 죽고 그의 아들 최항이 뒤를 이었고, 몽고는 1251년 개경으로 도읍을 옮기고 육지로 나오라는 출륙환도를 요구하였으나 응하지 않자 1253년 5차 침입을 강행하였다. 이에 고종이 몽고의 요구를 일부 받아들여 승천부로 나와 몽고 사신을 맞이하자 몽고군은 철수하였다. 그러나 몽고는 계속 출륙환도를 주장하면서 1254년에 6차 침입을 하였다. 이때는 별초군을 중심으로 한 고려군의 항전으로 몽고군의 피해가 심했다. 고종은 김수강을 몽고에 보내 화의를 받아냈고, 고려는 출륙환도를 약속하였다.

하지만 고려는 출륙환도를 하지 않았고 공물도 중단하였다. 그 무렵 최항이 죽고 그의 서자 최의에게 권력이 넘어갔다. 최의는 나이도 어리고 어리석은 편이라서 최항의 심복 최양백과 선인렬 등이 권력을 쥐었고, 그들을 시기하는 무리들이 권력 전복을 꾀하는 가운데 1257년 6월에 몽고의 7차 침입이 있었다. 고려 왕이 직접 몽고에 오라는 요구에 고려는 태자를 보내겠다고 하였다가 태자가 병이 났다는 이유를 들어 안경공 창을 대신 보내자 쳐들어온 것이다.

1258년 4월, 최의가 유경과 김인준에 의해 피살되어 최씨 정권이 무너졌고, 12월에 고려는 그 사실을 몽고에 알리고 출륙환도와 태자의 입조를 약속하였다. 그래서 1259년 왕태자가 40여 명의 대신들과 함께 몽고에 들어가 두 나라 사이에 화의가 성립되어 28년 계속되던 여몽전쟁이 종결되었다.

재위 기간이 45년 10개월로 고려 왕 중에 가장 오래 왕위에 있었던 고종은 1259년 6월 강화도에서 68세를 일기로 생을 마감하였다.

● **제24대 원종**(元宗•1219년~1274년. 재위 기간은 1259년~1274년까지 15년)

원종은 고종의 맏아들로 안혜왕후 유씨의 소생으로 이름은 식, 자는 일신日新이다. 1241년 23세 때 태자로 책봉되었고, 1259년 몽고와의 화의가 성립되었을 때 몽고에 들어갔다가 그해 6월에 고종이 죽자 왕위에 오르게 되었다. 실권자 김인준은 고종의 둘째 아들 창을 왕위에 올리려 하였으나 대신들이 반대하였다. 원종이 고려로 돌아

해인사 장경각

온 것은 1260년 3월로, 그 동안에 원종
의 아들 심이 김인준의 호위를 받으며
왕위를 지켰다.

장경각 내부

원종이 몽고에 가 있을 때 몽고 헌종
의 아우 쿠빌라이는 30년 동안 정복하
지 못한 고려에 대한 존중으로 원종을
특별 대우해 주었다. 그는 나중에 원종
의 태자 심에게 자신의 딸을 주어 원종
과 사돈 관계를 맺는다.

원종은 몽고의 힘을 빌려 무신들을 쫓아낼 의지를 품고 있었다.
그래서 원종은 몽고의 요구대로 출륙환도를 하려 했으나 무신들이
강하게 반발하여 실행하지는 못했다. 최씨 정권은 무너졌지만 그 뒤
를 이어 김준(김인준)이 권력을 잡고 있어 왕권은 여전히 형식적이었
다. 이에 원종은 궁녀들에 빠져 방탕한 생활을 하였다.

그런 가운데 친몽정책으로 1261년 태자 심을 원에 보내 쿠빌라이
가 나라를 평정한 것을 축하하였다. 1264년 원종은 몽고 왕의 요구

팔만대장경판

로 김준의 동의를 얻고 9월부터 10월까지 몽고에서 머물다 귀국하였다.

1268년 몽고는 송나라 정벌을 위해 고려군의 원병을 요청하며 김준 부자와 아우 김충에게 원병을 이끌고 연도(북경)로 올 것을 요구하였다. 김준은 몽고에 가면 권력을 잃게 될 것을 염려하여 몽고 사신을 죽이려 하였지만 원종이 반대하여 그만두었다. 그때 장군 차송우가 원종을 폐할 것을 김준에게 권고하였다. 그러나 엄수안이 반대하여 뜻을 이루지 못하고 김준은 아우 김충과 몽고에 다녀왔다. 그 이후로 김준은 몽고의 사신을 맞지 않았다.

이 일로 원종과 김준은 사이가 매우 안 좋았고, 원종은 급기야 1268년 12월 임연을 시켜 김준과 김충을 살해하였다. 그리고 원종은 개경환도를 서두르며 친몽정책을 펼치려 하였는데 임연은 원종의 정책을 반대하고 재상들을 모아 원종을 폐립하기로 결정하고 왕의 친서 형식으로 원종이 위독하여 안경공 창에게 선위한다는 내용의 서신을 몽고에 보냈다. 그리고 1269년 6월 원종을 폐위하고 창을 왕으로 세웠다.

몽고에 머물러 있던 태자 심은 그 소식을 듣고 급히 귀국하였는데 개경에 이르렀을 때 정주의 관노 정오부에 의해 임연이 왕을 폐립했다는 이야기를 전해 듣고 연경(북경)으로 되돌아가 쿠빌라이에게 구원을 요청하였다. 몽고에서 왕의 폐립을 추궁하자 임연은 원종의 병 때문이라고 답했으나 몽고는 병부시랑 흑적을 파견하여 원종과 안경공 창, 임연을 연경으로 오라고 하였다. 그러자 임연은 그해 11월 원종을 다시 왕위에 오르게 하였다.

며칠 뒤 원종은 왕창과 함께 몽고로 떠났고, 임연은 두려워 가지 않고 아들 임유간과 심복을 대신 보냈다. 몽고는 임연의 아들 임유간을 옥에 가두고 임연을 오라 요구하였다. 임연은 응하지 않고 야별초로 하여금 백성들을 섬으로 이주하게 하고 몽고와 싸울 것에 대비하였다. 그러다 1270년 2월 등창이 나 죽고 임연의 교정별감직은 임유무가 이어 받았다.

고려로 돌아오자마자 원종은 개경환도를 하려 했다. 그러나 임유무가 반대하여 원종은 어사중승 홍문계를 시켜 임유무를 제거하고 1270년 5월 27일 개경으로 환도하였다. 이로써 100년 간의 무신정권과 40여 년 강화도 궁궐 시대는 끝이 났다. 당시 개경은 몽고의 영향권 아래에 있었기 때문에 개경 환도는 몽고에 복속하겠다는 뜻이나 마찬가지였다.

원종은 이런 배경 속에서 자연히 친몽정책을 폈고, 배중손은 이에 반대하여 1270년 6월 강화에서 삼별초 난을 일으켰다. 배중손은 승화후 왕온을 왕으로 세우고 대장군 유존혁, 상서좌승 이신손 등을 좌우 승선으로 삼았다. 삼별초는 좌별초, 우별초, 신의군을 일컬으며, 최씨 무신정권 말기에 조직된 사병으로 원래는 야간 경비를 담당하던 야별초에서 출발하였다.

원종이 유경 등을 강화도로 보내 삼별초를 달랬으나 반란의 의지를 굽히지 않고 삼별초는 곧 근거지를 진도로 옮기고 순식간에 남해와 전라도 일대를 제압하였다. 당황한 조정에서는 추밀원사 김방경을 전라도 추토사로 삼아 토벌작전을 폈고 몽고군도 함께 나섰다. 그러나 삼별초는 제주도와 남해, 거제, 합포(마산) 등지에 거점을 세우고 위세를 떨쳤다. 1271년 배중손이 진도에서 전사하고, 김통정은 삼별초를 이끌며 탐라에 본부를 설치하고 여몽연합군에 대항하였으나 여몽연합군의 세력에 밀려 1273년 2월 토벌되었다.

삼별초의 항쟁은 무신정권을 수호하려는 군사반란의 성격을 띠었지만, 몽고 세력에 반대하던 고려 하층민들의 지지에 힘입은 대몽자주전쟁으로 확산되었다. 하지만 몽고의 세력이 고려 조정을 더 깊숙이 간섭하게 만든 계기가 된 것도 사실이다.

몽고는 1271년 북경을 수도로 정하고 나라 이름을 원으로 고쳤다. 원은 1274년 매빙사를 보내 남편이 없는 부녀자 140명을 요구하였다. 이에 고려는 결혼도감을 설치하고 혼자 사는 여자와 역적의 아내, 노비의 딸 등을 원에 공녀로 보냈다. 원나라에 들어가 있던 태자 심이 원 세조의 딸과 혼인하여 원의 부마가 됨으로써 원나라의 간섭은 더욱 심화되었다.

1274년 6월 원종은 56세를 일기로 생을 마감하였다.

● **제25대 충렬왕**(忠烈王•1236년~1308년. 재위 기간은 1274년~1308년까지 33년 6개월. 중간 1298년 1월부터 8월까지 충선왕 재위)

충렬왕은 원종의 맏아들로 정순왕후 김씨 소생이고 이름은 거昛이다.

충렬왕은 원종이 죽어 왕위에 오르기 위해 귀국할 때 몽고 풍속에 따라 이미 머리를 변발하고 옷도 원나라의 호복을 입었다. 또 그의 왕후인 원 세조의 딸을 맞이할 때에는 모든 신하들에게 변발을 하도록 명하였고, 변발을 하지 않은 자는 회초리로 쳐서 들어오지 못하게 쫓아내어 고려 조신들은 모두 변발을 하게 되었다.

삼별초 대몽항쟁도

즉위한 지 4개월 만인 1274년 10월, 충렬왕은 원의 요구를 받아들여 일본 정벌전쟁을 단행한다. 그 동안 원나라는 일본에 조공을 요구하였는데 일본이 응하지 않자 고려군을 동원하여 일본을 정벌하고자 하였다. 충렬왕은 김방경, 임개, 손세정에게 군사 8천을 주고, 도원수 홀돈과 우부원수 홍다구 등이 이끄는 몽고군과 한족 연합군 25,000명 그리고 뱃길 안내자 및 수군 6,700명을 동원하여 총 4만의 군사가 900여 척의 배에 나눠 타고 대마도를 장악하였다. 그러나 태풍으로 인해 일본 본토로 가지 못하고 회군하였다.

그러나 원나라는 일본 정벌을 위해 정동행성이라는 관청을 설치하고 15만의 여원 연합군을 만들어 1281년 일본으로 또 떠났지만 역시 태풍으로 인해 본토에 가지 못했다. 그럼에도 원은 지속적으로 일본 정벌을 강요하여 민간에 피해가 극심했다. 이때 설치된 정동행성은 후에 고려의 내정을 간섭하는 기구가 되었다.

1290년에는 원을 괴롭히던 내안의 합단군이 고려를 침략하여 충렬왕은 강화도로 천도까지 하게 되었다. 이 전쟁에서 원충갑, 한희유 등의 활약이 있었지만 원나라의 도움으로 1년 반 만에 전쟁이 끝나자 고려가 원의 지원에만 의존한다는 원나라의 원망을 듣기도 하였다. 또 북방의 야인들과 왜구들이 침입하는 등 고려 사회는 매우 불안했으나 김방경 등의 활약이 있어 그나마 국운을 지킬 수가 있었다.

1293년 원의 세조가 죽음으로써 고려는 조금 안정을 되찾았고, 1294년에는 몽고가 지배하던 탐라를 되찾아 제주로 고쳤다. 원나라는 고려의 행정관제를 격하시킬 것을 요구하여 1295년 중서 문하성과 상서성을 합쳐 첨의부로 어사대를 감찰사로 바꾸었고, 6부도 통폐합하였으며 묘호에 조組나 종宗 대신 '왕'을, 왕의 시호 앞에는 '충忠' 자를 붙이도록 하였다.

그 밖에도 몽고식 관직과 몽고어를 배우게 하는 통문관이 생겼으며, 원 세조의 딸의 시종으로 몽고인을 쓰며 몽고어를 쓰게 하고 몽고 풍속을 따르게 하여 고려 왕실에 몽고 언어와 풍속이 만연하게 되었다.

이런 풍조는 민족성을 고취시키고 자주성을 회복하려는 노력을 하게 만들어 1281년에는 일연이 『삼국유사』를 저술하여 고려 민족의 정신을 일깨워 주었으며, 대학자 안향이 주자학을 도입하여 고려 유학의 새 길을 닦았다.

이런 와중에도 충렬왕은 국고를 탕진하며 사냥과 주색에 빠져들어 그의 총애를 받던 궁인 무비의 횡포가 심했다. 이에 충렬왕과 세자 간에 다툼이 생겼다. 세자는 1296년 원에 가서 진왕 감마라의 딸 계국대장 공주와 혼인하여 원의 부마가 되었다. 1297년 세자의 어머니 제국대장 공주가 죽자 세자는 귀국하여 무비 등을 죽이고 그들의 도당 40여 명을 귀양 보낸 뒤 원나라로 떠났다. 그 일로 원 왕실이 세자를 지지하자 충렬왕은 왕위에서 스스로 물러나겠다는 글을 원에 보내 1298년 1월 세자 원이 충선왕으로 즉위하였다. 충선왕은 고려에 자주적인 기틀을 마련하려다 왕비가 원에 알리는 바람에 즉위 7개월 만에 원나라로 끌려갔다.

다시 왕위에 오른 충렬왕은 충선왕을 제거하기 위해 1305년부터 2년간 원나라에 머물렀지만 1307년, 원나라 성종이 죽고 무종이 옹립하는 데 충선왕이 공을 세워 힘이 생기는 바람에 계획을 행하지 못했다.

1307년 귀국한 충렬왕은 이듬해 1308년 73세를 일기로 생을 마감하였다.

● **제26대 충선왕**(忠宣王•1275년~1325년. 재위 기간은 1298년 1월~8월까지 7개월, 1308년 7월~1313년 5월까지 총 5년 3개월)

충선왕은 충렬왕의 셋째 아들이자 제국대장 공주 장목왕후의 소생이다. 장목왕후는 원 세조 쿠빌라이의 딸로 충렬왕이 태자의 자격으로 원에 입조하였을 때 혼인하여 충렬왕이 왕위에 오르자 고려에 왔다. 충렬왕에게는 정화궁주와 그녀와의 사이에 1남 2녀를 두고 있었는데 고려에 온 제국대장 공주가 제1왕비의 자리를 차지하였다. 그래서 정화궁주는 제국대장 공주를 대할 때 아랫자리에서 무릎을 꿇고 앉았다고 전한다.

충선왕의 초명은 원謜, 이름은 장璋이고, 자는 중앙仲昻, 몽고식 이름은 '이지리부타'이다. 1298년 정월에 태상왕으로 물러난 충렬왕의 뒤를 이어 8월까지 왕위에 올랐다가 충선왕과 조비와의 사이를 질투한 왕비 계국대장 공주가 꾸민 일로 마찰을 빚어 왕위에서 쫓겨나 원나라로 압송되었다. 그러다 1308년 충렬왕이 죽자 다시 왕위에 올랐다.

충선왕은 어려서부터 매우 총명했던 것으로 전한다. 사냥과 주색에 빠져 정사를 잘 돌보지 않았던 충렬왕과 어머니 장목왕후와의 갈등을 보며 어린 시절을 보냈던 충선왕은 즉위하자마자 정치를 개혁하였다. 조신들의 기강을 확립하고, 조세를 공평하게 물도록 하였으며, 농업을 장려하고, 동성결혼을 금지하고, 인재 등용을 개방하고, 귀족의 횡포를 엄단하는 조취를 취하였다. 그러나 즉위한 지 두 달 만에 숙부 제안공 왕숙에게 정권을 대행시키고 원으로 들어가 개혁안들은 물거품이 되었다.

일연 영정

고려 조정은 연경에 머물러 있는 충선왕의 전지(멀리 떨어져 있는 왕이 전달자를 통해 신하들에게 내리는 교지)를 받아 국정을 운영해야 하는 어려움을 겪었다. 전승 최유엄이 귀국할 것을 강력하게 상소하였으나 듣지 않았다. 당시 충선왕은 심양왕에 봉해졌고, 원의 무종은 충선왕을 거치지 않은 청원이나 보고는 받지 않겠다 할 정도로 원의 왕실에서 후한 대접을 받고 있었다.

그래서 고려가 세자 감을 왕으로 옹립하려 하자 1310년 5월, 충선왕은 세자 감과 그의 측근 김의중을 죽여 버렸다. 하지만 충선왕을 위해 매일같이 연경으로 물자를 이송하는 등 어려움이 계속되면서 환국에 대한 간청이 끊이지 않자 충선왕은 1313년 3월 둘째 아들 왕도에게 왕위를 물려주고 이복형 강양공의 둘째 아들 왕고를 세자로 삼았다.

충선왕은 연경에 만권당이라는 저택을 세워 요수, 염복, 조맹부, 원명선 등 당대의 학자들과 교류하며 고려에서 이제현을 불러들여

그들과 교류하게 하여 고려의 학문 발전에 영향을 끼쳤다. 또 1316
년에 심양왕의 자리를 조카 왕고에게 물려주고 티베트 승려를 불러
계율을 받기도 하였다.

원에서 무종, 인종대에 걸쳐 대접을 받다가 영종이 즉위하자 입
지가 약화되었고, 고려 출신 환관의 모략으로 토번으로 유배까지 갔
다가 1323년 태정제에 의해 겨우 풀려나 연경으로 돌아가 그곳에서
1325년 51세를 일기로 생을 마감하였다.

● **제27대 충숙왕**(忠肅王·1294년~1339년. 재위 기간은 1313년 3월~1330
년 2월, 1332년 2월~1339년 3월까지 총 24년)

충숙왕은 충선왕의 둘째 아들이자 몽고녀 의비 소생으로 초명
은 도燾, 이름은 만卍, 자는 의효宜孝, 몽고식 이름은 '아라눌특실
리'이다. 형 심이 충선왕에 의해 죽임을 당해 그가 왕위에 오르게
되었다.

충숙왕은 충선왕과 함께 원나라에 오래 머물러 있었던 데다가 어
머니가 몽고 여자라서 원나라에 익숙해 있었다. 그리고 즉위했을 때
도 아버지 충선왕이 살아 있었기 때문에 왕권을 제대로 행사할 수
없었다.

충숙왕이 즉위한 후 충선왕은 고려에 귀국해 108만 승려에게 음
식을 먹이고 108만 개의 등에 불을 켜겠다고 공헌하고 이를 실천하
기 위해 만승회라는 행사를 치르는 바람에 국고가 비게 되었다. 또
궁궐을 중수하고 민지와 권보를 시켜 태조에서 원종에 이르는 왕의
실록을 7권으로 줄여 '본국편년강목'을 편찬케 하였다. 그리고 충선
왕이 다시 원나라로 돌아가자 충숙왕은 그제서야 독자적인 힘이 생

졌으나 고려는 원나라 속국의 처지였다.

1315년에 원나라의 강요로 귀족과 천민의 옷 색깔을 다르게 하였고, 1316년에는 충선왕이 심양왕의 지위를 세자 왕고에게 넘겨주어 왕위가 다시 불안해졌다. 그해 7월 충숙왕은 충선왕의 주선으로 원나라 영왕의 딸 복국장 공주와 결혼하였다.

충숙왕은 복국장 공주가 고려에 옴으로써 왕비 자리에서 밀려난 덕비 홍씨를 잊지 못하고 사냥과 주색을 즐겼다. 복국장 공주가 이를 질투하자 충숙왕은 그녀를 때려 복국장 공주는 1319년 9월에 죽게 되었다. 이 일로 충숙왕은 원의 불신을 받은 반면, 심양왕 왕고는 원의 신임을 받았다. 충숙왕이 술과 여자에 빠져 국고를 탕진하여 고려 조정은 엉망이 되었다.

충선왕이 본국으로 돌아가라는 원나라 영종의 명령에 따르지 않아 유배되어 있었던 때인 1321년, 충숙왕은 원의 명령으로 원나라에 들어가 3년 동안 그곳에 붙잡혀 있었다. 1322년 권한공 등이 왕고를 고려 국왕으로 세울 것을 원에 요청하려 하였으나 윤선좌 등의 반대로 무산되고, 왕고 지지 세력인 유청신과 오잠이 '고려의 국호를 폐하고 고려를 원에 편입시켜 성(省)을 설치하라'는 터무니없는 요청을 한다. 원나라는 이 요청을 받아들이지 않았다.

원의 영종이 죽고 태정제가 즉위하면서 충숙왕이 유배에서 풀려 호경으로 오고 1324년 2월 충숙왕은 개경으로 다시 돌아왔다. 그러나 충숙왕은 왕고의 동생 왕훈이 간음하는 사건이 발생하여 그를 감금하였다가 왕고와 다툼이 생겼다. 결국 충숙왕은 왕훈을 원나라로 보냈다. 충숙왕은 왕의 자리가 위태롭자 원나라 위왕의 딸 금동 공주와 결혼하였으나 금동 공주가 아들을 낳고 산고로 18세에 죽자 왕고는 다시 왕위찬탈 음모를 꾀한다.

왕고파인 유청신과 오잠이 원나라에 가 충숙왕이 눈이 멀고 귀 먹어 정사를 돌볼 수 없다고 거짓말을 하였지만 거짓임이 탄로 나 왕고의 측근들을 귀양 보내고 왕권은 일시적으로 강화되었다. 그러 나 몸이 약해져 1330년 2월 세자 정에게 선위하고 원나라에 가 머 물렀다.

충혜왕이 된 정이 정사를 돌보지 않고 주색에 빠져 1332년 2월 폐 위되자 충숙왕이 다시 복위하였다. 충숙왕은 1333년 3월에 몽고녀 경화 공주를 데리고 귀국하였지만 대인기피증이 심해 정사를 돌보 지 못하다가 1339년 3월 46세를 일기로 생을 마감하였다.

● **제28대 충혜왕**(忠惠王•1315년~1344년. 재위 기간은 1330년 2월~1332년 2월, 1339년 3월~1344년 1월까지 총 6년 10개월)

충혜왕은 충숙왕과 공원왕후 사이에 태어난 충숙왕의 장남으로 이름은 정禎이고, 몽고식 이름은 보탑실리이다.

몸이 약해진 충숙왕의 뒤를 이어 1330년 2월 16세의 나이로 왕위 에 올랐으나 정사를 돌보지 않고 사냥과 향락, 여색에 빠져 지내자 1332년 폐위되었다가 충숙왕이 죽자 다시 왕위에 올랐다.

충혜왕은 성격이 포악하고 왕으로서 자질을 갖추지 못해 왕고를 국왕으로 삼아야 한다고 원나라 승상 백안 등이 조정에 상소하였으 나 충숙왕은 그에게 왕위를 물려주었다.

충혜왕은 음탕한 짓을 일삼으며 1339년 부왕의 후비 수비 권씨와 숙공휘녕 공주를 강간하는 등, 여자들을 강간하는 패륜 행위를 거듭 하였다. 11월 원나라에서 충혜왕의 복위를 인정하여 개경에 파견한 중서성 단사관 두린 일행이 숙공휘녕 공주를 찾아 왕이 보낸 술을 건넬 때 공주는 충혜왕이 자신을 강간한 일을 고하였다. 그래서 충혜왕은 연경으로 압송을 당해 1340년 3월 형부에 갇혔다가 탈탈대부의 도움으로 곧 풀려나 4월에 개경으로 돌아왔으나 충혜왕의 음행은 끊이지 않았다.

기어이 현효도가 왕을 독살하려다 사형당하는 사건이 발생하자, 기철 등은 원나라 조정에 충혜왕을 소환하여 폐위시킬 것을 건의하였다. 그럼에도 충혜왕은 1343년 신궁으로 옮겼으나 채 한 달도 안 된 어느 날 원에서 보낸 사람들에게 잡혀 압송을 당한다. 그 뒤 기철, 홍빈, 채하중 등이 정권을 잡고 은천옹주를 비롯한 충혜왕의 애첩과 궁인 등 126명을 궁궐에서 추방하였다. 원나라 순제의 제2왕후가 기철의 동생으로, 기철의 형제들은 그녀의 힘에 의지해 고려 조정에 막강한 영향력을 행사한다.

원의 순제는 충혜왕을 '백성들의 고혈을 먹은 그대의 피를 천하의 개에게 먹인다 해도 부족하나 내가 사람 죽이기를 즐겨하지 않아 귀양을 보낸다'는 내용의 유고를 내리고 게양으로 유배를 보냈으나 충혜왕은 그곳으로 가던 중 1344년 정월, 악양현에서 독살되고 말았다. 그때 충혜왕은 죽기에는 너무 이른 30세였다.

충혜왕의 시신은 1344년 6월에 개경에 도착하였고, 8월에 영릉에서 장사 지냈다고 전한다.

● 제29대 충목왕
(忠穆王·1337년~1348년. 재위 기간은 1344년~1348년까지 약 5년)

충목왕은 충혜왕의 맏아들이자 정순숙의 공주(덕녕 공주) 소생으로 이름은 흔昕이고, 몽고식 이름은 '팔사마타아지'이다. 충목왕이 여덟 살 어린 나이로 왕위에 올라 덕녕 공주가 섭정을 하였다. 덕녕 공주는 충혜왕 때 내린 칙첩들을 회수하고 기강을 바로 잡았다. 그리고 신궁을 헐고 그 자리에 학문의 진작을 위해 숭문관을 세웠다.

충목왕은 신하들에게 학문을 배우고 정치와 예의를 익히는 중 1348년 8월 건강이 악화되어 자리에 누웠다. 덕녕 공주는 충목왕의 거처를 건성사로 옮겨 요양을 시키고 기도장을 차렸지만 병이 더욱 악화되어 김영돈의 집으로 옮겨 간호했음에도 1348년 12월 12세의 어린 나이로 생을 마감하고 말았다.

●제30대 충정왕
(忠定王•1338년~1352년. 재위 기간은 1349년~1351년까지 2년)

충정왕은 충혜왕의 둘째 아들로 희비 윤씨의 소생이다. 이름은 저(胝)이고, 몽고식 이름은 '미사감타아지'이다.

1348년 12월에 충목왕이 죽자 덕녕 공주는 덕성부원군 기철과 정승왕후에게 서무를 대행시켰다. 충목왕의 죽음을 전해 들은 원의 순제는 1349년 2월에 왕자 저를 왕위에 올리라고 하였다. 고려 조정에서는 이를 반대하였으나 왕자 저는 원나라로 들어가 고려 국왕의 인정을 받아 그해 7월에 즉위하였다.

충정왕이 12세 어린 나이에 즉위하자 덕녕 공주와 충정왕의 어머니 윤씨 사이에 세력 다툼이 벌어졌다. 덕녕 공주는 정동행성을 기반으로 세력을 넓혀 갔고, 희비 윤씨는 왕을 중심으로 한 측근 세력을 형성하여 1349년 8월에 윤씨를 위해 경순부가 설치되었다.

1350년부터 경상도 일대에 왜구가 쳐들어와 약탈이 심해져 이듬해 8월에는 130여 척의 배를 거느리고 자연도와 삼목도에 쳐들어와 인가를 불사르고 백성들을 잡아 가는 사건이 발생하였다. 조정에서는 몇 차례 군사를 보내 막았으나 나중에는 관리들이 출정 명령에도 응하지 않게 되었다. 그러자 원의 순제는 충정왕을 폐위시키고 1351년 10월 강릉대군 왕기를 왕위에 올렸다.

충정왕은 강화도에 유배되어 몇 개월을 지내다 1352년 3월 공민왕에 의해 독살되었다. 15세의 어린 나이였다.

● 제31대 공민왕
(恭愍王·1330년~1374년. 재위 기간은 1351년~1374년까지 약 23년)

충숙왕의 둘째 아들인 공민왕은 충혜왕의 동복 아우로 공원왕후 홍씨 소생이다. 초명은 기祺이고, 이름은 전顓, 몽고식 이름은 '백안첩목아'이다.

1330년 강릉대군에 봉해졌고, 1341년 원의 순제에 요구에 의해 12살 때부터 연경에서 생활하였다. 1344년 충목왕이 즉위하자 강릉부원군에 봉해졌고, 1348년 12월 충목왕이 죽자 조신들이 그를 왕으로 세우려 하였지만 원에서 충정왕을 세웠다. 그러다 충정왕이 폐위됨에 따라 22세의 나이로 즉위하였다.

공민왕이 즉위했던 때 원은 홍건적의 봉기로 어수선했고, 고려는 왜구의 침입으로 어지러웠다. 공민왕은 1351년 12월에 고려로 들어와 1352년 2월부터 강력한 개혁정치를 펼쳤다.

맨 먼저 무신정권 때 최이가 설치했던 정방을 폐지하고, 개혁교서를 발표하여 토지와 노비에 관한 제반 문서를 해결할 것을 명령하였다. 무신정권 이후 고려의 왕은 허수아비로 전락했고, 이후 원의 간섭 하에 결재권만 가졌으나 공민왕은 각 부서의 안건을 비롯하여 통치기반을 확립하는 데 주력했다.

공민왕은 정치토론장인 서연書筵을 재개함으로써 왕의 친정체제를 구체화하였고, 그 동안 권력에 의지해 부정을 일삼던 관리들을 하옥시키며 관리들의 기강을 바로잡았다.

1352년 9월 공민왕의 과감한 개혁에 위험을 느낀 판삼사사 조일신이 정천기, 최화상, 장승량 등과 함께 기원과 최덕림을 죽이고 정변을 일으켜 요직에 올랐다. 그 후부터 조일신은 함께 거사를 단행한 최화상과 장승량 등을 죽이고 정권을 독차지하였다. 이에 공민왕은 그를 제거할 기회를 노리다 정동행성에서 대신들과 의논하여 김첨수를 시켜 조일신을 연행하는 데 성공한다. 공민왕은 그의 도당을 하옥하고 이제현을 우정승, 조익청을 좌정승으로 임명하여 개혁정권을 수립하였다.

마침 원나라가 홍건적의 봉기로 약해지는 틈을 타 공민왕은 원의 배척운동을 벌이며 1352년에는 변발과 호복 등의 몽고 풍속을 금지시켰고 1356년에는 원의 연호를 폐지하고 문종 때의 관제를 복구시켰다. 그리고 내정간섭을 일삼던 정동행중서성이문소를 철폐하고 기철을 숙청하였으며, 이성계의 아버지 이자춘의 내조에 힘입어 쌍성총관부를 폐지하고 원나라에 빼앗겼던 서북면과 동북면 일대의 영토 회복에 힘썼다.

한편 원나라에서는 고려의 절일사 김구년을 요양성에 가두고 80만 대군으로 고려를 토벌하겠다고 큰소리를 쳤다. 이에 공민왕은 평리 인당에게 서북면 일대 수비를 강화하도록 응원군을 보내고 개성에 외성을 세우는 한편, 남경(한성)으로 천도할 계획을 세우고 이제현으로 하여금 천도작업을 주관토록 지시하였다.

서북면을 지키려는 싸움으로 인당이 전사하고 1356년 7월 동북면

유인우가 쌍성을 함락시키고 고종 말에 원에 빼앗겼던 함주 이북의 땅을 수복하였다. 그러자 원은 쌍성과 삼살 이북을 자유롭게 왕래하게 해달라 요청하였지만 고려는 거부하였다.

1359년 홍건적 모거경이 4만을 이끌고 침범해 왔으나 이듬해 고려군에 밀려 압록강 이북으로 물러갔다. 그러나 계속 풍주, 봉주, 안주 등 해안지방의 백성들을 괴롭혔고 1361년 반성, 사유, 관선생 등이 10만을 이끌고 2차 침입을 해 와 개경이 함락되었다. 이에 공민왕은 경기도 광주를 거쳐 안동으로 몽양을 떠났지만, 1362년 2월 고려군 20만이 그들을 몰아내 위기를 모면하였다.

홍건적의 침입으로 개경의 궁성이 전소되고 각 도의 문화재와 사찰이 불타 공민왕은 한동안 죽주, 진천 등에서 행궁생활을 하게 되면서 반원정책을 포기하고 1361년 정동행성을 다시 설치하였으며 관제도 개혁 이전의 상태로 되돌렸다.

공민왕이 아직 개경에 입성을 하지 못하고 있던 1363년 윤3월에 김용이 반란을 일으켜 공민왕은 하마터면 목숨을 잃을 뻔하였으나 안도적이 공민왕의 침소에 대신 누워 있다 희생됨으로써 목숨을 구했다. 복면을 쓰고 일을 벌였던 김용은 그 후 술책으로 목숨을 유지하고 1등공신까지 올랐다가 나중에 처형당한다.

1364년에는 원의 왕후 기씨의 사주를 받고 최유가 덕흥군 왕혜를 받들고 군사 1만을 이끌고 와 의주가 함락되었으나 최영과 이성계의 활약으로 보름 만에 퇴각하였다가 원의 군사에 의해 고려로 압송되어 11월에 처형당했다.

1365년 2월에 왕비 노국 공주가 아기를 낳다 죽자 절망감에 빠진 공민왕은 왕사(왕의 스승) 편조(신돈)에게 정권을 맡기고 불사에 전념한다. 신돈이 개혁 작업을 펼치며 힘을 행사하자 권문세족들의 반

쌍성총관부

고려 후기 몽골이 고려의 화주(지금의 영흥)에 설치했던 관청이다. 고려의 동북면 지역은 고려의 타처에서 온 유이민과 여진사람들이 섞여 살던 특수한 곳이었다.

몽골이 고려를 침입해 오자 1258년(고종 45년) 12월 이곳 사람 조휘와 탁청 등이 반란을 일으켜 병마사 신집평을 죽이고, 철령 이북의 땅을 가지고 몽골에 항복했다. 그러자 몽골은 화주에 쌍성총관부를 설치하고 조휘를 총관, 탁청을 천호로 임명하여 등주(안변)·정주(정평)·장주(장곡)·예주(예원)·고주(고원)·문주(문천)·의주(덕원)·선덕진·원흥진·영인진·요덕진·정변진 등을 통치하게 하였다. 그리하여 동북면 지역은 쌍성총관부에 예속되지 않은 명주지방으로만 한정되었다. 그 뒤 쌍성총관부는 조휘와 탁청의 일족에게 총관과 천호를 세습시켜 가며 100여 년간 통치를 했다.

그런데 1356년(공민왕 5년) 공민왕이 반원정책을 실시할 때 추밀원 부사 유인우를 동북면 병마사로 임명하여 쌍성총관부 관할 지역을 공격하게 했다. 이때 총관 조소생과 천호 탁도경이 반격했으나, 조휘의 손자인 조돈과 이 지역에 토착해 있던 이자춘이 고려군에 협력해 와 그 지역을 탈환하고 쌍성총관부를 폐지하게 되었다. 그리고 그곳에 화주목을 설치하였다.

발이 심해진다. 하지만 신돈에 대한 공민왕의 믿음은 흔들리지 않아 오히려 비판 세력들이 제거당했다.

중국 대륙에서는 1370년 주원장에 의해 명나라가 세워졌다. 주원장은 공민왕을 고려국왕이라 칭하고 신돈을 상국으로 부를 만큼 신돈의 위세가 높아가자 공민왕은 신돈을 부담스러워하기 시작했다. 그 사실을 눈치 챈 선부의랑 이인이 1371년 7월 익명으로 신돈의 역모를 고하자 공민왕은 신돈을 사형시킨다.

이후 공민왕은 자주 술에 취해 노국 공주에 대한 그리움으로 미행(微行 : 임금이 신분을 알리지 않고 궁 밖으로 나가는 일)을 자주 나가다 정신병적 증세를 보였다. 이때부터 공민왕은 변태적인 행동을 보였다. 예쁜 시녀들과 귀족의 아들들에게 난삽한 음행을 하도록 하고 자신은 문틈으로 엿보고, 동성연애를 즐겼으며, 홍륜과 한안 등을 시켜 왕비를 강간하게 하여 아들이 생기면 자신의 자식으로 삼으려 하였다. 1374년 익비가 아이를 잉태했다는 소식을 듣자 최만생에게 왕비와 같이 잔 홍륜 등을 죽이라고 시켰다. 그러나 최만생은 홍륜 등에게 그 사실을 알리고 그들과 함께 공민왕을 죽일 계획을 세우고 술에 취해 잠들어 있던 공민왕을 죽인다.

공민왕은 45세의 나이로 즉위 23년의 세월을 거두고 비참하게 생을 마감하고 만다.

● 제32대 우왕
(禑王•1365년~1389년. 재위 기간은 1374년~1388년까지 약 14년)

우왕은 공민왕의 유일한 아들로 시비 반야의 소생이다. 아명은 모니노, 이름은 우禑이다.

공민왕에게 자식이 없자 신돈은 자신의 여종 반야를 공민왕에게 바쳐 공민왕은 반야에게서 아들 우를 얻게 되었다. 신돈은 만삭의 반야를 친구인 승려 능우의 어머니에게 맡겨 그곳에서 아이를 출산하게 하고 1년 뒤에는 반야를 자신의 집에서 기거하게 하였다. 그래서 우는 동지밀직 김횡이 보낸 여종 김장을 유모로 삼아 신돈의 집에서 자라났다. 1371년 신돈이 수원으로 유배되자 공민왕은 백관들에게 아들이 있음을 밝히고 우를 궁궐로 데려왔다.

공민왕은 이인임에게 우를 지켜 줄 것을 부탁했고, 우는 명덕태후

이제현[1287년(충렬왕 13)~1367년(공민왕 16)]

탁월한 유학자로 성리학 발전에 매우 중요한 역할을 한 이제현의 본관은 경주이고, 자는 중사(仲思), 호는 익재(益齋)·실재(實齋)·역옹(翁)이다. 15세 때인 1301년에 성균시에 장원, 이어 대과에 합격했다. 1303년 권무봉선고판관과 연경궁녹사를 거쳐 1308년 예문춘추관 등 여러 관직을 역임했다. 1314년(충숙왕 1) 백이정의 문하에서 정주학(程朱學)을 공부했고, 같은해 원나라에 있던 충선왕이 만권당(萬卷堂)을 세워 그를 불러들이자 연경(燕京)에 가서 원나라 학자 요수·조맹부·원명선 등과 함께 고전을 연구했다. 1319년 원나라에 갔다가 충선왕이 모함을 받고 유배되자 그 부당함을 밝혀 1323년 풀려나오게 했다. 1357년 문하시중에 올랐으나 사직하고 학문과 저술에 몰두했다.

충목왕 때는 개혁안을 제시하였고, 문학에 있어서는 도와 문을 같은 선상에 두면서도 도의 전달에 상대적인 비중을 두는 문학관을 지녔다. 그의 시는 형식과 내용이 조화를 이루면서도 충효사상이나 현실고발의 내용과 주제를 담고 있다. 산문은 앞 시대의 형식 위주의 문학을 배격하고 내용을 위주로 한 재도적(載道的)인 문학을 추구했다.

『익재난고』의 '소악부(小樂府)'에 고려의 민간가요를 7언절구로 번역한 17수가 수록되어 있는데, 이것은 오늘날 고려가요 연구에 귀중한 자료가 되고 있다. 저술로는 『익재난고』 10권과 『역옹패설』 2권이 전한다.

홍씨에게 맡겨졌다. 공민왕은 우에게 강녕부원대군이라는 봉작을 내리고 백문보, 전녹생, 정추에게 학문을 가르치도록 하였다.

우왕은 공민왕을 죽인 최만생과 홍륜 일당을 제거한 이인임 등에 의해 열 살 어린 나이에 왕위에 올랐다. 정권은 자연히 이인임 등에 장악되었고, 이인임의 신임을 얻고 있던 최영도 정계의 핵심 인물이 되었다. 공민왕의 어머니 명덕태후는 종친 중에 적당한 인물을 왕위에 올릴 것을 주장하며 우를 왕위에 올리는 것을 반대하였으나 왕유와 왕안덕이 공민왕의 유지를 받들어야 한다고 주장하여 우를 왕으

신돈(?~1371년)

이제현이 공민왕 초기의 개혁을 주도했다면 신돈은 고려 후기의 개혁을 주도하였다.

법명은 편조이고, 자는 요공이다. 공민왕을 만난 이후 왕에게 청한거사라는 법호를 얻었다. 신돈의 어머니가 계성현 옥천사의 노비여서 그는 어렸을 때 절에서 자라나 출가를 하게 되었다. 당시에는 노비가 중이 되는 것은 금지되어 있었으나, 그의 아버지가 영산의 유력자였기 때문에 승려가 될 수 있었을 것이라고 추측한다.

신돈은 왕의 측근인 김원명의 추천으로 궁중으로 들어가 공민왕을 만나게 되었으나 이승경으로부터 나라를 어지럽힐 중이라는 비난을 받았고, 정세운으로부터 죽음의 위협도 받았다. 그러나 공민왕의 신임이 두터워 왕의 사부로서 정치에 계속 관여하였으며 1365년 노국대장공주가 죽은 뒤에 공민왕은 모든 정치를 신돈에게 맡기고 그녀를 추모하여 불사에만 전심하였다.

공민왕은 신돈을 이해관계로 얽혀 있는 권문세족의 영향에서 벗어나 소신껏 개혁을 추진할 수 있는 사람으로 인식하였다. 신돈은 1365년 5월에 최영 등 무장세력을 비롯하여 이인복·이구수 등 많은 권문세족을 물러나게 했고, 인사권을 포함한 광범위한 안팎의 권력을 총괄했다. 이렇게 강력한 권력을 갖게 되자 중국에서는 권왕으로 알려졌고, 관료들에게는 영공으로 불렸으며, 그가 출입할 때에는 왕과 같은 의례가 행해졌다.

그는 내재추제를 신설하여 선발된 일부 재신과 추밀이 궁중에서 나라의 중대한 일을 처리하도록 하였다. 이것은 권문세족이 중심이 된 도평의사사의 확대에 따른 왕권의 약화를 만회할 수 있는 기구였다. 그가 가장 중점을 둔 것은 노비와 토지개혁이다. 1366년 5월 전민변정도감(田民辨正都監)을 설치하여 부당하게 겸병당한 토지와 강압에 의해 노비가 된 사람들을 원래의 상태로 되돌렸다. 노비에서 풀려난 사람들에겐 '성인이 나타났다'는 찬양을 받았고 양반들은 '중놈이 나라를 망치고 있다'고 비난하였다.

1367년 5월에 숭문관 옛 터에 성균관을 중영할 때 직접 그 터를 살피고, '문선왕(공자)은 천하만세의 스승'이라면서 적극성을 보였다. 성균관의 중영을 전후한 시기에는 이색·정몽주·이존오·이숭인·정도전·권근·윤소종·임박 등 신진 문신세력이 등장하고 있었는데 신돈은 그들과 적극적인 협조를 모색하였다.

그러나 신돈의 개혁은 당시 지배층의 많은 반발을 샀다. 특히 그 기반을 위협받고 있던 권문세족은 신돈이 '도선비기(道詵秘記)'를 근거로 평양천도론을 제기했을 때 그를 제거하기 위해 적극 나섰다. 1367년과 1368년에 신돈을 죽일 것을 모의하다가 계획이 누설되어 실패했지만 그 후에도 신돈을 제거하려는 권문세족의 노력은 계속되었다.

그는 1367년에 사택을 얻어 독립하면서 많은 첩을 거느리고 아이를 낳는가 하면 주색에 빠져있는 일이 잦아 더욱더 그를 경계하게 되었다.

1369년(공민왕 18) 풍수지리설을 들어 왕에게 서울을 충주로 옮길 계획을 세우고 스스로 5도도사심관이 되려다 왕의 불신을 받았다. 1370년 10월 공민왕은 친정할 뜻을 밝혔고, 1371년 신돈은 왕을 살해하려는 역모를 꾸미려다 발각되어 수원에 유폐되었다가 처형되었다.

로 세웠다.

명에 쫓겨 북으로 밀린 북원에서는 우왕이 즉위했다는 소식을 듣고 왕고의 손자 탈탈불화를 고려 국왕에 봉하였다. 1375년 탈탈불화가 즉위식을 하려고 고려로 온다는 보고를 받은 이인임은 그 일행을 저지하였고, 1377년 북원은 우왕을 고려 국왕에 봉하였다. 그리고 1378년에는 명나라에 우왕의 왕위 계승을 인정하는 교서를 내려 달라고 요청한다.

왜구는 그 동안 끊임없이 전국 각지를 침범해 약탈을 해 와 고려는 외교작전과 소탕작전을 함께 펼쳤다. 1375년에 나흥유를 일본에 파견하였고, 1376년에 최영이 소탕작전을 펴 홍산(논산)에서 대승을 거두었다. 1377년에는 정몽주를 보내 고려인 수백 명을 데리고 왔고, 1380년에는 최무선이 발명한 화약과 화포를 사용해 나세 등과 함께 왜선 500여 척을 불사르는 전공을 세웠다. 같은해 백발 백중의 명궁 이성계는 황산에서 왜구를 전멸시켰고, 1383년에는 정지가 서남해에서 수백 척의 왜선을 침몰시켰다.

하지만 이후에도 왜구의 침입과 약탈은 끊이지 않았고, 북쪽에서는 명나라가 북원과의 국교를 끊고 자기네 나라를 상국으로 섬길 것을 요구하면서 1388년 철령 이북의 땅을 자기네 요동부에 귀속시키겠다고 일방적으로 통보해 왔다. 조정은 회의 끝에 최영의 건의대로 요동 정벌을 결정하고 전국 5도의 각 성을 보수·축성하고 군사를 서북 방면에 집중 배치시켜 명나라 급습에 대비한다. 그리고 전쟁시 왕족들을 이주시키기 위해 개경의 방리군을 동원하여 한양의 중흥성을 축조하였다. 또 우왕은 최영을 자신의 확실한 측근으로 만들기 위해 최영의 딸을 영비로 맞아들였다. 그때 우왕은 "나의 아버지가 잠을 자다 해를 당하였으니 나도 경계하지 않을 수 없다."고 말한 것으로 전한다.

1388년 2월, 명나라가 지휘관 두 명에게 병력 1천을 주어 철령위를 접수하기 위해 진격하고 있다는 보고를 접한 우왕은 문하찬서사 우현보에게 개경을 지키도록 명령하고 5부의 장정들을 징발하여 군대를 편성한 후 세자 창과 왕비들을 모두 한양산성으로 옮기도록 하고 서해도로 직접 가서 요동 진격을 준비한다.

한편 이성계는 '사불가론' 즉 첫째, 소국이 대국을 거역하는 것은 옳지 않다, 둘째, 여름에 군사를 동원하는 것은 농사에 지장을 초래한다, 셋째, 원정을 틈타 왜적이 침입할 우려가 있다, 넷째, 장마로 인해 활에 먹인 아교가 풀릴 염려가 있고 군사들이 병에 걸릴 우려가 있다는 네 가지 이유를 들어 요동 정벌을 반대한다.

1388년 4월, 우왕은 최영을 팔도도통사, 조민수를 좌군의 지휘자로, 이성계를 우군의 지휘자로 임명하고 출전명령을 내렸다. 최영

황산대첩비각. 이성계가 황산에서 왜구를 전멸시킨 것을 기념하여 선조 때 세운 비각이다. 일제 말 일본인이 부수었던 것을 광복 후 복구한 것이다.

은 당시 70세의 노인으로 병력을 인솔하지 않고 서경에 머물러 명령을 하달하였다. 5월에 이성계와 조민수는 5만 군사(전투병력 3만 8천여 명과 보급 병력 1만 2천여 명)와 함께 압록강의 위화도에 머물렀는데 마침 장마때라 불어난 물 때문에 진군을 할 수 없어 우왕과 최영에게 회군 허락을 요청하였다. 하지만 우왕과 최영은 이를 허락하지 않았고 이성계와 조민수는 위화도에서 군대를 돌려 그곳을 빠져나왔다. 그날이 5월 22일이었다.

회군 사실을 우왕이 안 것은 그 이틀 후인 5월 24일이었다. 우왕은 좌우군을 반란군으로 규정하고 최영에게 개경으로 급히 돌아와 그들을 진압하게 하였다. 회군이 개경에 도착한 것은 6월 1일이었다. 좌우군은 최영의 급습에 일시적으로 후퇴하였지만 전의를 상실한 진압군은 좌우군에 밀려 결국 개경은 좌우군에게 점령되었다.

이성계는 최영을 귀양 보냈고, 우왕은 허수아비 왕으로 전락하였다. 역전의 기회를 노리던 우왕은 80여 명의 내시를 무장시켜 이성계와 조민수의 집으로 보냈는데 이성계와 조민수는 마침 집에 없었고, 그들 집 앞에는 군사들이 보초를 서고 있어 실패하였다. 이 일 이후 이성계와 조민수는 우왕을 폐위시켜 강화도로 유배를 보냈다. 우왕은 1389년 11월 강릉으로 이배되었다가 12월에 정당문학 서균형에 의해 죽임을 당함으로써 25세를 일기로 생을 마감하였다.

우왕은 신돈의 자식이라 하여 왕으로 인정받지 못해 능이 마련되지 않았고, 실록도 편찬되지 않았다.

최영[1316년(충숙왕 3)~1388년(우왕 14)]

충숙왕 3년인 1316년에 태어난 최영은 기골이 장대하고 용맹이 뛰어났다. 양광도 도순문사의 휘하에서 여러 차례 왜구를 토벌한 공으로 우달치가 되었으며, 공민왕 1년 때인 1352년 안우·최원 등과 조일신의 난을 평정한 공으로 호군이 되었다. 1354년 대호군이 되었는데, 원나라에서 남정군을 요청하여 유탁·염제신 등 40여 명의 장수 및 군사 2,000여 명이 함께 파견되어 원나라의 난군을 토평하고 이듬해 귀국했다.

1356년 공민왕이 반원개혁을 단행하여 영토회복을 꾀할 때 서북면병마사 인당, 부사 신순·유홍·최부개와 더불어 압록강 서쪽의 8참을 공략하여 원을 내몰고 고려의 옛 영토를 회복하였다. 1358년 양광전라도 왜적체복사로 오예포에 침입한 왜구의 배 400여 척을 격파하였고, 1359년에는 서경(평양)을 함락시킨 홍건적 4만 명을 서북면병마사 이방실 등과 함께 물리쳐 이듬해 평양윤 겸 서북면순문사가 되었다. 이어 서북면도순찰사·좌산기상시를 지냈으며, 1361년 홍건적이 재침입하여 개경까지 점령하자 이방실·안우 등과 이를 격퇴하고 수도를 수복하여 도형벽상공신 1등으로 논과 토지와 노비를 하사받고 전리판서에 올랐다. 1363년에는 김용의 난을 진압해 진충분의좌명공신 1등이 되었다. 이어 판밀직사사·평리를 거쳐 찬성사에 올라 제조정방을 겸하여 가장 유력한 권력자로 부상했다.

1364년 원나라에 있던 최유가 덕흥군을 왕으로 추대하고 군사 1만 명과 함께 쳐들어오자 도순위사에 임명되어 이성계 등과 함께 정주 달천에서 섬멸했다. 이어 동녕로만호 박백야대가 연주에 침입하자 부하 장수를 보내 격퇴시킨 뒤 공민왕으로부터 국청사에서 개선주연을 받았다. 다음해 강화와 교동에 왜구가 쳐들어오자 동서강도지휘사가 되어 동강을 진수했다.

신돈이 집권하여 새로운 개혁정치가 시도되면서 계림윤으로 좌천되었으며 이어 훈작을 삭탈당하고 유배되었으나 신돈이 처형된 1371년, 6년 동안의 유배생활을 마치고 문하찬성사로 복귀하여 1375년에 판삼사사가 되었다. 이듬해 왜구가 삼남지방을 침입했을 때 원수 박인계가 연산에서 참패하자 고령임에도 불구하고 출정을 자원하여 홍산 전투에서 왜를 섬멸한 공으로 시중에 임명되었으나 사양하였다. 1378년 승천부를 침입한 왜구를 이성계가 무찌르는 등 그는 계속 왜구 방비에 힘썼다. 또 승도를 모집하여 전함 130여 척을 만들어 수군의 전력 강화에 노력했는데, 이는 이후 수군의 해상활동에 튼튼한 기초가 되었다. 1384년 판문하부사·문하시중이 되었으나 이를 모두 사퇴하다가 1388년 수문하시중이 되었고 딸을 우왕에게 시집보냈다.

명나라가 철령위의 설치를 통고하여 북변 일대를 요동에 귀속시키려 하자 요동정벌을 계획하고 군사를 일으켜 팔도도통사가 되어 왕과 함께 평양에 갔으나, 우군도통사 이성계 등이 위화도에서 회군함으로써 요동정벌이 좌절되었다. 이성계 일파와 개경에서 맞서 싸우다 체포되어 고봉(고양)에 유배되었다 합포로 옮겨졌고 다시 개경에 압송되어 참형을 당했다.

"황금 보기를 돌같이 하라"는 아버지의 유훈을 명심하여 청렴하게 살았던 최영은 이성계에 의해 제거되었고 이로써 조선 건국을 위한 이성계의 지위는 확고해졌다. 참형된 지 8년 만에 이성계에 의해 무민(武愍)이라는 시호가 내려졌다.

그는 죽으면서 "나에게 조금의 사심이 있었다면 내 무덤에 풀이 날 것이고, 그렇지 않다면 풀이 나지 않을 것이다"라는 말을 남겼다. 그런데 그의 묘에서는 풀이 나지 않았고, 경기도 고양군에 있는 그의 묘는 풀이 나지 않는다고 하여 적분(赤墳)이라 불린다.

이성계는 최영을 죽이면서 '나의 본심이 아니라'는 말을 했다고 전해진다. 그만큼 최영은 온 국민에게 존경을 받았던 강직한 장군이었다.

● 제33대 창왕

(昌王•1380년~1389년. 재위 기간은 1388년 6월~1389년 11월까지 1년 5개월)

창왕은 우왕의 외아들로 근비 이씨 소생이다. 창왕은 아홉 살 어린 나이로 왕위에 올랐다.

위화도 회군으로 최영을 축출한 이성계와 조민수가 조정을 장악하지만 조민수와 이성계 세력은 곧 대립하게 된다. 이성계는 종친 중 한 사람을 왕으로 세우자 하였고, 조민수는 창을 왕으로 세우자고 하였다. 조민수는 당시 명망이 있던 이색을 찾아가 의논한 끝에 창을 왕으로 세운다. 이성계는 병을 핑계로 사직서를 냈으나 받아들여지지 않았다. 이성계는 정도전, 조준 등과 함께 개혁을 하려 했고 많은 신진 관료들이 이에 찬성을 하고 있었다.

이성계파의 개혁을 주도하고 있던 조준이 1388년 7월 토지제도에 대한 개혁안을 조정에 올렸다. 조민수는 이에 거부반응을 보이다가 이인임과 친척관계로 한때 부정을 저질렀다는 조준의 탄핵을 받아 8월에 창녕으로 유배되었다. 이에 타격을 받은 문하시중 이색은 이림, 권근 등과 함께 가까스로 정권을 유지해 가다 10월 대폭적인 개편이 이루어지면서 대세는 이성계 세력이 쥐게 되었다.

이색은 명나라의 힘을 얻기 위해 창왕을 명나라에 입조시키려 했는데 이것이 실패하자 사직서를 내고 고향 장단으로 내려갔다. 창왕의 등청 요구에도 이색은 끝내 응하지 않았고, 조정은 이성계 일파에게 넘어갔다.

1389년 11월 김저, 정득후 등이 곽충보를 매수하여 이성계를 없애려 한 사건이 발생한다. 그들은 곽충보를 매수해 이성계를 죽이려 했지만 곽충보가 이성계에게 고하는 바람에 들통이 나 정득후는 자살하고 김저는 척결되었다. 김저가 척결될 때 이성계의 반대파가 거의 척결되었다.

1389년 11월 창왕은 폐위되어 강화도로 유배되었고 12월에 대제학 유구에 의해 죽임을 당함으로써 10살 어린 나이로 생을 마감하였다.

우왕이 그랬던 것처럼 창왕 역시 신돈의 후손이라 하여 능도 없고 실록도 편찬되지 않았다.

●제34대 공양왕(恭讓王•1345년~1394년. 재위 기간은 1389년 11월~1392년 7월까지 2년 8개월)

공양왕은 제20대 신종의 7세손으로 아버지는 정원부원군 왕균이고 어머니는 왕균의 정실 왕씨 부인이다. 이름은 요瑤로 이성계 세력에 의해 왕위에 올랐을 때 그의 나이는 45세였다.

이성계를 포함한 9명의 공신은 의논을 거쳐 표 대결을 벌인 끝에 정창군 왕요를 왕으로 결정하고 공민왕의 제3비 익비 한씨에게 창왕을 폐하고 왕요를 국왕으로 결정한다는 교지를 내려줄 것을 요청하여 왕요를 국왕으로 올렸다. 그들은 폐가입진, 즉 가짜를 폐하고 진짜를 세운다는 논리를 내세웠다.

공양왕이 즉위한 후 이성계 등 아홉 대신들이 정권을 장악하고 우왕과 창왕을 죽여야 한다는 이성계의 주장에 공양왕은 대제학 유구를 강화도에 유배되어 있는 창왕에게 보내 창왕을 죽이게 하고, 강릉으로 정당문학 서균형을 보내 우왕을 죽이게 하였다.

이성계, 심덕부, 지용기, 정몽주, 설장수, 성석린, 조준, 박위, 정도전 아홉 공신들 중 이성계와 지용기, 박위는 무장이고 나머지 사람들은 모두 신진유학자들이다. 이들은 조정을 장악하고 경연(임금에게 유학의 경서를 강론하는 것) 제도를 도입하여 정치 논쟁을 활성화시키고 과거에 무과를 신설하였다. 그리고 성종대에 확립된 6조를 부활시키고 유학교수관을 두는 등 유교 중심의 개혁 작업을 시도하였다.

그 외 조준의 주장에 따라 전 현직 관리의 직급에 따라 토지를 지급하는 과전법을 실시하였고, 인물추고도감을 설치하여 노비결송법과 결송법을 정하였고, 도선비기에 따라 1390년에 도읍을 한양으로 옮겼다가 민심이 좋지 않아 1391년 다시 개경으로 환도하였다.

조정의 세력은 온건파와 급진파로 나뉘어져 남은, 조준, 정도전 등 급진파는 역성혁명을 감행하여 새로운 유교국가를 건설하기를 꿈꾸었고, 정몽주, 이숭인, 이종학 등의 온건파는 순차적으로 개혁을 실시하여 고려를 발전시키기를 원하였다. 그러던 중 1392년 3월 명나라를 방문하고 돌아오는 세자 왕석을 마중 갔던 이성계가 황주에서 사냥을 하다 낙마하여 등청하지 못하는 일이 생긴 틈을 타 정몽주가 조준, 남은, 정도전, 남재, 오사충 등을 탄핵하여 유배시켜 버렸다. 이 소식을 들은 이성계는 아픈 몸으로 부랴부랴 개경으로 왔고, 이성계의 다섯째 아들 이방원은 정몽주를 찾아가 새 왕조를 세우자고 권했지만 정몽주가 받아들이지 않자 부하 조영규를 시켜 정몽주를 피살하였다.

이로써 이성계를 위시한 급진파의 세상이 되었다. 온건개혁파 김진양, 이확, 이숭인, 이종학 등이 유배되었고, 유배 중이던 조준, 정도전 등이 유배에서 풀려나 중책에 앉혀졌다. 정도전에 의해 역성혁명은 구체화되었고, 1392년 7월 17일 정도전, 남은, 조준, 배극렴 등은 공양왕을 폐위시키고 이성계를 왕으로 추대하여 조선이라는 새 왕조를 세웠다.

공양왕은 즉위 5일 전인 7월 12일 공양군으로 강등되어 원주로 유배되었다가 다시 간성과 삼척으로 이배되었다가 이성계의 명에 의해 1394년 4월 죽임을 당해 50세를 일기로 생을 마감하였다.

이로써 지방의 호족 세력이 왕권을 잡은 최초의 왕조 고려는 34왕 475년의 세월을 역사 뒤편으로 하고 사라져 갔다.

고려의 건국은 외국의 세력에 기대지 않고 분열된 사회를 통합하여 중앙집권을 강력하게 다졌다는 데 큰 의미가 있으며, 그러한 고려 사회의 특징은 한마디로 다원적이고 개방적이라고 말할 수 있다.

정몽주[1337년(충숙왕 복위 6)~1392년(공양왕 4)]

지방에 거주하는 사족 집안에서 1337년에 태어난 정몽주의 초명은 몽란 또는 몽룡이고 호는 포은이다. 1357년 21세 때 감시에 합격하였고, 1360년에 문과에 장원하였다. 1362년 예문검열이 되었고, 1364년 이성계를 따라 삼선·삼개를 쳤다. 부모상 때 분묘를 지키고, 애도와 예절이 극진하여 왕이 그의 마을을 표창하였고, 1367년에 성균관박사에 임명되었다. 당시 유종(儒宗)으로 추앙받던 이색에게 우리나라 성리학의 시조로 평가받아 '동방이학의 원조'라 칭송받을 정도로 주자학에 뛰어났다.

1372년 서장관으로 홍사범을 따라 난징[南京]에 다녀올 때 풍랑을 만났으나 구사일생으로 살아 돌아왔다. 1375년(우왕 1) 우사의대부를 거쳐 학문직의 최고 영예직인 성균관대사성으로 임명되었다. 명나라가 처음 건국되었을 때 정몽주의 요청으로 국교를 맺었는데, 당시 공민왕이 피살되고 김의가 명의 사신을 죽인 일로 나라가 뒤숭숭하여 명에 사신으로 가는 것을 꺼리자, 사신을 보낼 것을 주장하여 관철시켰다. 얼마 후 북원에서 사신이 오고 이인임·지윤 등이 사신을 맞이하려 하자 명과의 관계를 고려하여 이에 반대했다가 언양에 유배되었으나 이듬해 풀려났다.

또 왜구가 자주 내침하여 피해가 심하자 권신들이 그를 곤경에 빠뜨리기 위해 그를 일본에 보냈는데 오히려 이웃나라 간의 국교의 이해 관계를 잘 설명하여 일을 무사히 마치고, 고려인 포로 수백 명을 구해 돌아왔다. 이어 여러 벼슬을 역임하고 1384년 정당문학이 되었다. 명나라와 관계가 악화되어 있을 때, 명 태조의 생일을 축하해야 하는데 모두 가기를 꺼려하자 정몽주가 사신으로 가 임무를 무사히 마치고 명에서 유배보냈던 홍상재 등을 풀려나오게 했다. 1385년에는 동지공거가 되어 과거를 주관했으며 1386년 명에 가 명의 갓과 의복을 요청하고 해마다 보내는 토산물의 액수를 감해줄 것을 요청하여 밀린 5년분과 증가한 정액을 모두 면제받고 돌아왔다. 우왕은 이를 치하하여 옷·안장 등을 주고 문하평리에 임명했다. 1389년에는 이성계와 함께 공양왕을 옹립하여, 이듬해 익양군충의군에 봉해지고 순충논도좌명공신의 호를 받았다.

정도전과 이성계 등이 역성혁명을 계획하던 급진파인 데 반해 그는 고려 사회를 단계적으로 개혁하여 발전시키는 입장이었다. 명나라에서 돌아오는 세자 석(奭)을 배웅하러 나갔던 이성계 가 말에서 떨어져 병석에 눕게 되자 그 기회를 이용하여 조준 등 역성혁명파를 유배 보내고 그들 과 대립하다가 정세를 엿보기 위해 이성계를 찾아가 문병을 하고 귀가하던 도중 선죽교에서 이 방원의 문객 조영규의 철퇴를 맞아 죽음을 맞았다. 정몽주는 변중량(이성계 형인 이원계의 사위) 을 통해 이성계가 자신을 죽이려 한다는 사실을 알고 있으면서도 이성계의 문병을 갔다.

이성계와 그의 아들 이방원은 비록 정몽주를 제거하기는 했지만 그의 충절은 높이 평가하여 조선 선비들의 추앙을 받아 개성의 숭양서원 등의 서원에 제향되었고 그의 학문은 김종직, 조광 조 등의 사림파에게 전승되었다.

고려 시대의 문화

▌청자

　고려 시대에 꽃피웠던 청자는 원래 중국에서 처음 만들어졌으며, 중국에서 한국에 전해진 것이다.

　고려 초기인 10~11세기경에 강진요康津窯와 부안요扶安窯에서 독특한 청자를 만들어 낸 이후 급속도로 성장하여 12세기 무렵에는 비색청자翡色靑瓷라 불리는 청자가 만들어졌다. 이 비색청자는 중국의 청자를 능가하는 뛰어난 것이었다. 이어서 가장 뛰어난 것으로 평가받는 상감청자를 내놓았다.

　자기가 마르지 않았을 때 문양을 음각하고, 그 부분에 백토 또는 자토를 메우고 구운 다음에 청자유를 바르고 다시 구워내는 기법으로 만든 것이 상감청자이다. 고려 상감청자는 다른 나라의 도자기 제품에 유례가 없는 기법으로 그 진가가 세계에 알려졌다. 의종대에 창안되어 고려청자에 응용된 것으로 전해진다.

　상감청자의 문양으로는 운학雲鶴·양류楊柳·보상화寶相華·국화菊花·당 唐草·석류石榴 등 여러 가지가 쓰였으며, 특히 운학무늬와 국화무늬가 가장 많이 쓰였고, 이 중 국화무늬는 조선시대에도 애용되었다.

　상감청자의 특징은 충분한 공간을 남겨두는 데 있고, 또한 문양이 단일문양이라 하더라도 기계적으로 반복을 한 것이 아니라, 중심이 되는 문양을 앞에 크게 내세우고, 그 뒤에 물이나 새, 바위 등을 배치하여 하나의 화폭과 같은 효과를 내는 특징이 있다.

고려분청사기철회어문병   고려상감운학문청자

대표적인 상감청자로는 이화여자대학교에 소장되어 있는 죽문병竹文甁, 국립중앙박물관에 소장되어 있는 모란문매병牧丹文梅甁, 간송미술관에 소장되어 있는 천학문매병千鶴文梅甁 등이 있다.

상감청자에 있어서는 타의 추종을 불허할 만큼 크게 발전하여 13세기에는 금채金彩를 가한 화금청자畵金靑瓷, 진사辰砂를 시유한 청자진사채靑瓷辰砂彩 등 기교가 뛰어난 청자를 만들어 냈다. 그러던 것이 13세기 후반부터 점차 저하되어 갔다.

▎팔만대장경

팔만대장경은 고려 시대에 간행되었다고 해서 고려대장경이라고

도 하며, 판수가 8만여 개에 달하고 8만 4천 번뇌에 해당하는 8만 4천 법문을 실었다고 하여 8만대장경이라고 부르는 것이다. 이 대장경은 고려 고종 24년~35년(1237년~1248년)에 걸쳐 간행되었다.

이것을 만들게 된 동기는 현종 때 의천이 만든 초조대장경이 몽고의 침략으로 불타 없어지자 대장경을 다시 만든 것이다. 그래서 재조대장경이라고도 한다.

불교의 힘으로 몽고군의 침입을 막아보고자 하는 뜻으로 국가적인 차원에서 대장도감이라는 임시기구를 설치하여 새긴 것이다. 새긴 곳은 경상남도 남해에 설치한 분사대장도감에서 담당하였다.

원래 강화도성 서문 밖의 대장경판당에 보관되었던 것을 선원사를 거쳐 조선 태조 7년(1398) 5월에 해인사로 옮겨 보관한 것이 오늘날까지 이어지고 있다. 현재 해인사 법보전과 수다라장에 보관되어 있는데, 일제시대에 조사한 자료에 81,258장으로 되어 있지만 여기에는 조선시대에 다시 새긴 것도 포함되어 있다.

경판의 크기는 가로는 70㎝ 내외 세로는 24㎝ 내외이고, 두께는 2.6㎝ 내지 4㎝, 무게는 3㎏ 내지 4㎏이다.

모두 1,496종 6,568권으로 되어 있는 이 대장경은 사업을 주관하던 개태사 승통인 수기대사가 북송관판, 거란본, 초조대장경을 참고하여 내용의 오류를 바로잡아 제작하였다. 북송관판이나 거란의 대장경은 현재 전해지지 않아 그것들을 알 수 있는 유일한 것으로도 가치가 높으며, 수천만 개의 글자 하나 하나가 오자·탈자 없이 모두 고르고 정밀하다는 점에서 그 가치가 더욱 크다. 또 현존하는 대장경 중에서도 가장 오랜 역사를 가지고 있고 내용의 완벽함으로도 세계적인 명성을 얻고 있다.

1995년, 유네스코에서 지정하는 세계문화유산에 등재되었다.

02
조선 시대

조선 시대

　지방의 호족 세력이 왕권을 잡은 최초의 왕조 국가인 고려가 멸망하고 위화도 회군으로 실권을 잡은 이성계가 세운 나라가 조선이다. 이성계는 1392년 7월 17일에 조선의 태조로 즉위하였다.

　그 이튿날 이성계는 왕조의 교체 사실을 승인받기 위해 명나라에 사신을 보냈다. 명나라 홍무제는 '고려 정치를 알아서 할 것이며, 공문이 고려에 도착하는 날 고려의 국호를 무엇으로 바꿀지 즉시 보고하도록 하라'고 하였다.

　도당에서는 새 왕조의 국호로 '조선朝鮮'과 '화령和寧'을 내놓았다. 조선이라는 국호는 오래된 국호이고, 화령은 이성계의 출생지였다. 두 이름을 들고 사신 한상질이 11월 29일에 명나라에 갔다. 명나라 예조는 두 이름 중 '조선'을 국호로 삼을 것을 결정한 공문을 보냈고, 그 공문이 조선에 전해진 것은 1393년 2월 15일이었다. 그에 따라 1393년부터 조선이라는 국호가 사용되었고, 그 이듬해인 1394년에 수도를 한양으로 정하고 궁궐을 조성하기 시작했다. 새 궁궐 경복궁으로 수도를 옮긴 것은 1395년으로 그때까지도 경복궁은 완공되지 않았다.

　조선의 건국은 새왕조의 건설이라는 의미도 있지만, 우리나라 중세사회의 재편이라는 의미도 크다.

　고려 말기에는 농민들의 경제생활, 계층 구조의 변동 등 사회 변화가 심하게 나타났다. 권문세족들이 농장 규모를 확대시키고 농민을 지배하면서 농민의 저항과 함께 지배층 내부에서도 갈등이 일어 사회개혁이 필요하게 되었다. 당시 중국 대륙에서는 원나라가 무너지고 명나라가 일어난 원·명 교체기였다. 공민왕대에 중앙 정계에 새로 등장하게 된 신흥사대부들은 성리학이라는 새로운 사상을 받아들여 새로운 정치 이념으로 권문세족과 부원세력(부원배·附元輩라고도 하며 원을 등에 업고 출세한 자들을 가리키는 말)을 공격하였다.

한편, 원과의 문제나 왜의 침략으로 전쟁이 많이 일어나면서 신흥 무장세력이 성장하였는데 이성계가 그 대표적인 인물이다. 그는 홍건적과 왜구의 침략을 방어하는 데 공을 세우면서 두각을 나타냈다.

우왕과 최영을 제거하고 정국을 장악한 이성계의 세력에 동조한 사람들은 신진사대부 중 급진개혁파인 정도전, 조준 등이다. 그들은 권문세족과 이색, 정몽주 등 온건파를 몰아내고 개인 소유의 논밭인 사전私田제도 개혁을 통해 경제적 기반을 확보하였다.

과전법이라는 토지분급제도를 실시하여 중앙에 거주하는 관인층과 지방의 유력자층에게 토지를 나누어 주고 그들에게 토지세를 받을 수 있는 권리인 수조권收租權을 주었다. 수조율은 1/10로 한정하여 수조권자가 수조지의 농민을 수탈하지 못하도록 하였다. 사전을 제외한 토지는 공전으로 국가가 농민에게 직접 수조하는 토지이다. 그 외 전세田稅제도를 정비하였다.

위화도 회군으로 실권을 잡았기에 이성계는 회군을 뒷받침할 명분으로 친명정책을 펼쳐나갔다. 원의 연호를 폐지하고 명나라의 연호인 홍무를 사용하고, 원나라의 의복이나 변발을 금지시켰다.

왕의 치사로 본 조선 역사

●**제1대 태조**(太祖•1335년~1408년. 재위 기간은 1392년~1398년까지 6년)

태조 이성계는 백관의 추대를 받아 1392년 7월 17일에 수창궁에서 즉위하였다.

이성계는 1335년 10월 11일 이자춘의 둘째 아들로 태어났다. 이자춘은 공민왕의 반원정책에 적극적으로 협력했던 사람으로 쌍성총관부를 탈환하는 데 결정적인 공헌을 하였다.

전주 이씨 조선 왕실의 뿌리는 이한으로부터 시작되는데, 그의 후손들은 누대에 걸쳐 전주 지역의 실력자로 군림했던 것으로 전한다. 이성계의 6대조 이린은 무신란 때 실력자 이의방의 동생으로 형 이의방의 몰락과 함께 함경도 지역으로 귀양을 가게 되었다.

태종대에 목조로 추존된 4대조 이안사는 강원도 삼척 지역으로 망명길에 올랐다가 결국 고려의 영역을 벗어나 원나라의 권력이 미치는 함경도 지역으로 피난을 하였다. 원나라의 관직을 받고 이름도 개명한 목조는 동북면 지역(함경도 지역)에서 기반을 다져 이후 익조로 추존된 이행리, 도조로 추존된 이춘, 환조로 추존된 이자춘에 이르도록 탁월한 능력을 발휘하며 동북면에 뿌리를 내렸다.

그러다 원나라가 쇠하고 명나라가 일어서자 공민왕은 반원정책을 펼치며 이자춘을 개경으로 불러 고려의 소부윤 벼슬을 주고 쌍성총관부를 공격하는 데 협조할 것을 부탁하였다. 이자춘은 자신의 군사를 이끌고 쌍성총관부를 탈환하는 고려에 적극적으로 협조하였다. 이 공로로 이자춘은 종2품의 영록대부를 받고 동북면 병마사로 제수되었다.

무예에 탁월한 재능을 갖고 있었던 이성계는 아버지 이자춘이 1360년에 병사하자 그 뒤를 이어받아 세력을 키워 나갔다. 이성계에게 형이 있었지만 사냥을 나갔다가 호랑이에 물려 죽었다. 이자춘이 죽은 해 10월에 독로강의 만호 박의가 일으킨 반란을 진압하면서 공민왕의 신임을 얻게 된 이성계는 1362년 여진족 장수 나하추가 홍원 지방을 쳐들어오자 동북면 병마사로 제수되어 그를 격퇴시켜 더욱 주목을 받게 되었다.

1369년과 1370년에 이성계는 공민왕의 명을 받아 만주 지역을 점령하기 위해 동녕부를 공격하였으며, 1376년에는 왜구에 의해 공주가 함락당하고 개경이 위협을 받자 왜구 토벌에 나섰다. 이후 이성계는 경상도, 전라도 일대를 비롯하여 여러 번 왜구를 토벌하였는데, 백전백승이었다. 1388년에는 문하시중의 바로 아래 벼슬인 수문하시중이 되었다. 그는 1356년 쌍성총관부를 탈환할 때부터 1388년 위화도에서 회군할 때까지 30여 년 동안 전쟁을 겪으면서 계속 승리만 거둔 맹장이었다.

전북 진안의 마이산. 이성계는 고려 우왕 6년에 전라도 운봉에서 왜구를 물리치고 개선길에 오르다 마이산을 보고 깜짝 놀랐다. 옛날 꿈속에서 선인으로부터 금척(금자)을 받았던 곳이었기 때문이다. 그 후 마이산은 조선조 창업의 영산으로 추앙받게 되었다.

정권을 잡자 신료들이 왕씨를 모두 죽이자고 하였고 이에 태조는 강화도와 거제도로 유배 보내는 것으로 끝냈다. 그러나 동래의 현령 김가행과 염장관 박중질이 공양왕과 왕씨의 미래를 점쳐 보니 공양왕이 47세에 운이 일어나 50세 이후에 반드시 대인이 될 것이라는

이성계

점괘가 나왔다는 사실이 알려지면서 왕씨들을 그냥 내버려두어서는 안 된다는 여론이 일었다. 그래서 태조는 강화도에 귀양 가 있는 왕씨들과 거제도에 귀양 가 있는 왕씨들을 바다에 던져버리도록 하였다.

그 후 태조 이성계는 고려 태조 왕건의 꿈을 꾸었다. 왕건은 분에 찬 목소리로 "내가 삼한을 통합하여 이 백성들에게 공이 있거늘, 네가 내 자손을 멸하였으니 곧 보복이 있을 것이다."라 하였다. 이성계는 놀라 왕실 족보에 적혀 있는 일부 사람들을 숙청 대상에서 제외시켰다. 그리고 왕씨를 살해했던 지역에 수륙사라는 절을 세워 죽은 원혼들을 달래 극락으로 환생하기를 기원하였다.

이성계는 즉위하자마자 역성혁명(易姓革命 : 성을 바꾼 혁명이라는 뜻)이 하늘의 뜻임을 선포하고 과거를 통해 관리를 선발할 것과 조세와 형옥 부문의 개혁과 유교 윤리에 입각한 정치를 펼쳐 나갔다.

숭유억불(유학을 숭상하고 불교를 억압하는 정책)과 중농주의(농사를 천하 만사의 근본으로 중하게 여김), 사대교린(실리를 위해 명나라에 머리를 숙이는 정책)을 3대 건국 이념으로 삼았으며, 법제 정비를 서둘러 1394년 정도전의 『조선경국전』을 비롯한 각종 법전을 편찬하였다.

즉위한 직후에 이성계는 왕세자 책봉을 서둘렀다. 이성계는 총명하고 권문세가의 딸로 자신의 힘이 되어 준 둘째 부인 강비를 총애하여 그녀의 소생인 여덟째 아들 방석을 세자로 책봉하기로 결정하였다. 정몽주를 살해하고 이성계 등극에 공을 세운 이방원이 장남

방우를 책봉해야 한다고 주장하였지만 그의 의견은 묵살되었다. 그러자 이방원은 방석을 보필하고 있던 정도전, 남은 등을 제거하고, 세자 방석과 이성계의 일곱째 아들 방번을 살해하였다. 이것이 1398년에 일어난 제1차 왕자의 난(방원의 난)이다.

이성계는 상심하여 그해 9월 둘째 아들 방과에게 왕위를 물려주고 상왕이 되었다.

1400년 정월에는 방원의 바로 위의 형인 방간이 제2차 왕자의 난을 일으켰지만 방원이 진압하였고, 그해 11월에 방원이 제3대 태종으로 등극하자 이성계는 태상왕(太上王 : 선위하여 생존한 왕. 태왕이나 상왕과 같은 말)이 되었지만 방원에게 옥새를 주지 않고 소요산으로 떠났다가 함흥으로 갔다. 이때 방원이 문안차 보내는 차사를 올 때마다 죽여 '함흥차사'라는 말이 생겼으나 1402년 방원이 보낸 무학의 간청으로 한양으로 돌아와 덕안전을 지어 정사로 삼고 염불삼매의 나날을 보내다 1408년 5월 24일 창덕궁 별전에서 74세를 일기로 생을 마감하였다.

▌서울을 한양으로 정한 배경

새 왕조를 연 이성계에게 있어 고려의 상징인 개성은 그리 탐탁한 곳이 아니다. 구세력들이 언제 일어나 반기를 들지 몰랐다. 그래서 그는 새로운 도읍지를 찾아 천도하고 싶어했다. 1394년(태조 2) 1월에 계룡산이 거론되었다. 계룡산은 1393년 11월에 권중화가 태실(궁가의 태를 묻을 곳) 자리로 지금의 진주 일대를 잡고서 계룡산의 도읍지도를 바친 데서 비롯되었다. 1394년 1월에 태조는 곧바로 계룡산 일대를 살펴보고 공사를 지시하였다. 그런데 경기좌우

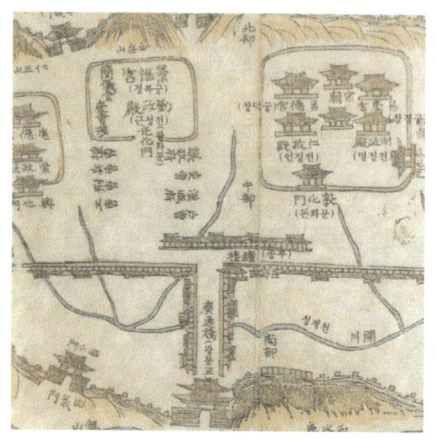
한양도

도 관찰사였던 하륜이 상소를 올려 계룡산은 풍수상 흉지에 해당하므로 도읍으로서 적당하지 않다고 상소를 올렸다. 그 건의가 받아들여져 2월에 공사는 중단되고 다시 도읍지를 물색하게 하였다.

태조는 풍수에 관한 여러 책을 살펴보고 조준과 권중화 등에게 무악의 남쪽에서 찾아보도록 지시하였다. 그런데 답사를 마치고 온 사람들은 무악 남쪽이 협소하여 도읍지로 적당하지 않다 하였고, 하륜은 개성이나 평양보다 조금 넓다는 상반된 주장을 하였다. 그해 8월 태조는 무학 대사를 대동하여 무악의 남으로 직접 행차하였다.

개성으로 돌아온 태조는 도평의사사의 상소를 받아들여 한양을 도읍지로 결정하고 도성을 짓기 위한 신도궁궐조성도감을 설치하여 심덕부와 이직 등을 판사로 임명하였다. 그리고 1394년 9월에 정도전, 권중화 등을 파견하여 종묘·사직·궁궐·도로·시장 등을 구획하도록 하고 12월에 종묘의 터를 닦는 것을 시작으로 공사에 들어갔다. 1395년 1월에는 사직단 공사가 시작되었고, 2월에는 궁궐의 인부들을 농민들 대신 승려들로 대치하였다. 9월에 궁궐이 완성되었고, 경복궁이라는 명칭이 붙여졌다. 그리고 도성축조도감을 설치하여 도성의 축조에 들어갔다.

도성을 축조하려 할 때, 주위의 둘레를 정하지 못하고 있었는데 어느 날 밤 큰눈이 내렸다. 아침에 보니 바깥쪽은 눈이 녹지 않은 채 있었는데 안쪽은 눈이 녹아 있었다. 그에 따라 성을 쌓은 것이 한양

정도전(1342~1398)

정도전은 1342년 3남 1녀 중 장남으로 태어났다. 본관은 봉화이고, 대대로 향리 집안이었다.

그의 외할머니는 우현보의 인척인 승려 김전이 그의 노비의 처와 간통하여 낳은 자식이고, 정도전의 처 최씨도 장인 최습이 첩에게서 낳은 자식이다. 양 부모 중 한쪽이 천인이면 천인 취급을 받던 당시의 풍습대로라면 정도전도 천인의 신분이라고 할 수 있다. 이런 가계는 죽는 날까지 정도전을 괴롭혔다. 이인임, 정몽주, 이방원도 정도전의 천한 신분을 들먹였다. 하지만 그는 한 손에는 붓을 들고, 다른 한 손에는 칼을 쥐고 있다고 스스로 자부하는 영웅호걸형의 선비로 이색의 문하생이 되었다.

그는 아버지 운경이 과거에 합격하여 중앙에서 관직 생활을 하게 되어 개경에서 성장기를 보냈다. 당시 유학자였던 목은 이색의 문하에서 정몽주, 이숭인, 이존오, 윤소종 등의 인재들과 함께 수학하였다. 그가 이색의 문하에 들어간 것은 정도전의 아버지 운경이 이색의 아버지 이곡과 동문수학한 인연이 있어서라고 전한다.

정도전은 1360년(공민왕 9년) 성균관에, 1362년 문과에 합격하여 벼슬길에 올랐고, 당시 부원 세력을 척결하고 있던 공민왕이 새로운 인재를 등용시킬 때 왕의 신임을 얻어 승진을 거듭하게 되었다. 1366년 정도전은 잇따라 부모를 잃어 고향 영주로 내려가 3년간 부모의 시묘살이를 했다. 그러면서 부지런히 책을 읽고 그 지방 사람들에게 주자학을 가르쳤다. 1370년 이색과 동료들이 성균관 책임을 맡으면서 정도전을 중앙으로 불러들였다. 이후 정도전은 성균박사라는 관직을 얻어 5년간 봉직하였다.

그러다 우왕이 즉위하여 반원정책을 펼 때, 김구용, 이숭인, 권근 등과 함께 도당에 글을 올렸다가 파직되어 회진현으로 귀양을 가게 되었다. 2년 뒤에 풀려난 그는 낙향하여 4년을 지내다 한양으로 가 삼각산 밑에 초가집을 짓고 후학을 가르치다 주변 유학도들의 방해로 김포로 옮기는 등 유랑생활을 하다 1383년 이성계를 찾아갔고, 그 후 이성계의 추천으로 벼슬길에 다시 오르게 되었다.

1388년 이성계가 위화도 회군에 성공하자 밀직부사로 승진하여 조준 등과 함께 전제개혁안을 건의하고, 조민수 등 구세력을 제거하여 이성계가 조정을 장악하도록 도왔다. 1389년 정몽주 등과 함께 우왕의 아들 창왕을 폐하고 공양왕을 옹립하여 좌명공신에 봉해지고 1391년 삼군도총제부 우군총제사가 되어 병권을 장악하였다. 1392년 이성계가 사냥 중에 낙마하여 병상에 누워 있는 동안 정몽주, 김진양 등의 탄핵을 받아 다시 유배를 갔다. 그러나 이방원이 정몽주를 제거하자 유배지에서 풀려나와 조준, 남은 등과 이성계를 도와 조선건국의 공신이 되었다.

1398년 제1차 왕자의 난 때 정도전은 이방원에 의해 죽임을 당하고 말지만, 그가 편찬한 『조선경국전』은 조선의 법제도의 틀을 닦았으며 그의 정치 사상은 이방원에 의해 현실화되었다.

정도전은 뛰어난 문장가이자 사상가로서 수많은 저술을 남겼다. 『조선경국전』은 그의 대표적인 정치이론서이자 조선 왕조 최초의 헌법에 해당하며, 정총 등과 『고려사』 37권을 찬술하여 태조에게 바쳤고, 『불씨잡변』 19권은 불교를 비판하고 성리학의 우위성을 주장한 철학서이다. 또 「납씨가」, 「문덕곡」, 「신도가」, 「정동방곡」 등의 악장을 지었으며, 그 외 『삼봉집』 등이 있다.

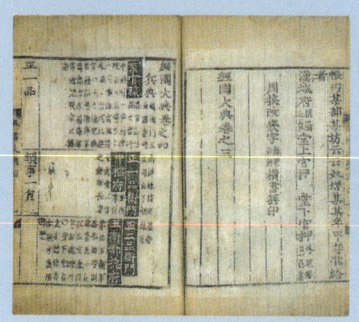

경국대전

도성이라고 전한다.

그러나 경복궁은 왕이 거처하는 궁궐이 되지 못했다. 정종은 도읍을 개경으로 다시 옮겼고, 태종이 한양으로 다시 돌아왔으나 창덕궁을 세워 그곳에 거처하였다. 그 후 임진왜란으로 경복궁은 불타고 지금의 경복궁은 대원군 때 왕실의 권위를 높이기 위한 정책으로 다시 세워진 것이다.

▍태조 이성계와 무학 대사

조선은 유학을 국가 이념으로 하였지만 무학대사는 태조와 긴밀한 관계를 맺었다.

1327년 경상남도 삼기현에서 태어난 무학대사의 이름은 자초自超이고, 호는 무학無學이다. 어렸을 때부터 특출한 재능을 보인 그는 학문을 하는 데 있어 누구도 따르지 못할 정도였다. 18세에 송광사(당시 수선사)로 출가하여 능엄경을 공부하여 깨달음을 얻고 스승으로부터 인정을 받았다.

무학 대사는 당시 중국(원나라)에서 명성을 얻고 있는 인도의 승려 지공을 찾아 중국으로 떠났다. 무학은 지공 스님을 만나 선불교를 배워 그에게 인정을 받았고, 당시 고려의 큰스님으로 원나라에와 유학을 하고 있던 나옹을 스승으로 모시고 함께 여러 지역을 다니면서 견문과 학식을 넓혔다. 원에서 돌아온 무학은 당시 공민왕의 왕사로 있던 나옹을 찾아갔으나 나옹의 제자들이 용납하지 않았다. 그는 나옹에게 전법제자임을 인정하는 시를 한 수 받고 전국을 떠돌아다녔다.

그 무렵 안변에 살고 있던 이성계는, 여러 집의 닭이 한꺼번에 울고 무너지는 집에 들어가 서까래 세 개를 지고 나오고, 꽃과 거울이 떨어지는 꿈을 꾸었다. 잠에서 깬 이성계는 옆집의 노파를 찾아가 물었으나 노파는 장부의 일을 조그만 여인이 알 바가 아니니 서쪽 설봉산 굴 안에 있는 중에게 가서 물어보라고 말하였다. 이성계가 그 중에게 찾아가 꿈에 대해 묻자 '여러 집의 닭이 일시에 함께 운 것은 높은 자리에 오르게 되는 것을 의미하고, 서까래 세 개를 진 것은 임금 왕(王) 자를 가리키고, 꽃과 거울이 떨어진 것은 왕이 될 징조이니 입 밖에 내지 말라'고 말하였다. 그 중이 바로 무학 대사였다.

위의 꿈 이야기는 설화를 듣는 듯한 느낌이 있지만, 이후 이성계는 무학을 스승으로 모셨고, 개국 이후에는 왕사로 받들었다. 왕사 제도는 불교를 믿던 고려 시대에 있던 제도로서, 조선 시대에는 태조대에만 시행되었다. 따라서 무학 대사는 조선조 최초의 왕사이자 마지막 왕사이다.

이성계가 무학 대사를 숭상했던 것은 그가 비록 숭유억불 정책을 내세웠지만 일반 백성들은 불교를 신봉하고 있었으므로, 백성들의 마음을 안정시키려는 의도가 있었던 것으로 보인다.

불교에 대해 반감을 가지고 있던 태종 이방원은 태조 이성계와 무학 대사의 관계를 좋아하지 않아 1405년(태종 5)에 무학이 입적하였을 때에도 이성계의 권고에도 불구하고 무학의 비석을 세우는 일을 중지시켰다. 결국 무학의 비석은 1410년에 정종의 요청으로 변계량에 의해 세워졌다.

● **제2대 정종**(定宗·1357년~1419년. 재위 기간은 1398년~1400년까지 2년)

정종은 태조 이성계와 신의왕후 한씨 소생의 6남 2녀 중 둘째 아들이다. 초명은 방과芳果이며, 왕이 된 뒤의 이름은 경曔이고, 자는 광원光遠이다.

정종은 17세 때부터 이성계를 따라다니며 무공을 세우고 제1차 왕자의 난으로 세자에 책봉되었으나 애초 왕위에 오를 생각은 하지 않았다. 방원의 세력이 너무 커 정종이 왕위에 오른 후에도 정사는 사실 방원의 뜻에 따라 진행되었다.

1399년 수도를 다시 개경으로 옮겨갔으며, 그해 8월 분경금지법을 제정, 관인이 왕족과 외척들에게 의존하는 것을 금지하여 권력을 가진 귀족들의 힘을 약화시켰다. 제2차 왕자의 난이 일어나자 방원을 세제(왕의 아들로 왕위 계승자를 세자라 하고, 방원은 왕의 동생이므로 세제라 함)로 책봉하고, 그해에 왕족 및 권력가들의 사병을 혁파하고 병권을 의흥삼군부로 집중시켰다. 제2차 왕자의 난은 방원의 바로 위의 형 방간

집현전의 학자들

과 방원의 세력 다툼으로 방원이 승리하였으며, 방원은 동복 형제라는 것을 감안하여 방간을 죽이지 않고 토산으로 유배를 보냈다.

1399년 3월 집현전을 설치하여 장서와 경적經籍의 일을 담당하게 했으며, 1400년 6월 노비변정도감을 설치하여 노비의 변속을 관리했다. 재위하는 동안에 정종은 정무보다는 격구 등의 오락을 즐김으로써 방원과의 관계를 유지하다가 1400년 11월 방원에게 양위하고 상왕으로 물러났다.

상왕으로 물러난 뒤에 인덕궁에 거주하면서 주로 격구, 사냥, 온천, 연회 등 유유자적한 생활을 하다가 1419년 63세를 일기로 생을 마감하였다.

● 제3대 태종

(太宗•1367년~1422년. 재위 기간은 1400년~1418년까지 약 18년)

태종은 이성계의 다섯째 아들로 이름은 방원芳遠이고, 자는 유덕遺德이다.

태종은 세제로 책봉되자 병권을 장악하고 중앙 집권의 틀을 다져 나가기 위해 사병을 혁파하고 군사를 삼군부로 집중시켰으며 도평의사사를 의정부로 고쳐 정무를 담당하게 했고, 중추원을 삼군부로 고쳐 군정을 맡도록 하는 등 왕위에 오르기 전부터 왕권안정책을 마련하였다.

1400년 11월 왕으로 등극하자 왕권 강화를 위한 제도를 강화해 나가면서 고려 잔재를 완전히 청산하고, 국사 제도를 정비해 국방을 강화하고 토지, 조세 제도의 정비를 통해 국가 재정을 안정시키는 한편, 교육과 과거 제도 정착에도 역점을 두었다.

국왕 중심의 통치 체제로 6조 직계제라는 제도를 두었는데, 6조는 이조·호조·예조·병조·형조·공조를 말하며, 직계란 육조에서 의정부를 통하지 않고 왕에게 곧바로 업무를 보고하여 결재를 받는다는 뜻이다. 이 제도는 1405년을 전후하여 시행되다가 1514년을 기점으로 대대적으로 단행되었다.

대외정책에 있어서는 명나라를 상국으로 예를 갖춰 조공을 하면서 서적이나 약재, 역서 등을 수입하여 실리를 취하는 동시에 변방을 안정시키는 정책을 썼다. 왜에 대해서는 왜인범죄논결법을 마련하여 왜인들의 범죄행위를 다스렸고, 부산포와 내이포에 도박소를 두어 왜인의 무역을 합법화하였다. 그리고 호구법을 제정하고 호패법을 실시하여 호구와 인구를 파악하였다.

1402년에 대궐 밖 문루에 큰 북을 달아 백성들이 원통한 일을 호소하거나 상소를 할 수 있도록 하는 신문고 제도를 실시하였다. 북을 친 사람의 사연을 임금이 직접 듣고 처리하도록 한 이 제도는 종사나 목숨에 관계되는 범죄, 자기의 억울함을 고발하는 자에 한해 소원을 받아들였다.

1402년 11월에는 조사의의 난이 일어났는데, 그에 앞서 10월에 태조가 동북면으로 행차를 하자마자 난이 일어났고, 태조를 염탐하러 갔던 관리가 조사의의 병사들에게 피살된 것 등으로 보아 태조가 그 난에 개입했던 것으로 전한다. 조사의의 난은 진압되어 조사의와 그의 아들 홍 등 16명이 사형당했고 안우세와 최저 등 도망해 온 사람들에게는 절개를 지켰다 하여 상을 내렸다. 그리고 태조는 12월에 환궁하여 실질적인 연금 상태에 들어갔으며, 조사의의 난은 태종의 왕권을 안정시키는 계기가 되었다.

태종은 태조의 뜻을 이어 등극하자마자 한양으로 천도하려 하였으나 신하들 사이에 의견이 분분해 실행하지 못하다가 1404년 9월에 한양 천도를 단행하였다.

1406년 3월에는 전국의 사찰이 가지고 있던 토지와 노비를 국고로 환수하여 사찰의 토지와 노비가 1/10로 줄어들었고 동시에 12종파였던 불교계의 종파가 7개로 축소되었다. 이 일은 '7종 242사로의 불교교단 정리'라고 하는 태종대에 가장 가혹한 불교정책으로, 불교계의 버팀목이었던 국사 무학대사가 세상을 뜨고 난 후에 일어난 일이다.

1407년 7월에는 민무구와 민무질 형제의 옥 사건이 일어났는데 이는 태종의 외척 제거 정책이었다. 태종은 양녕대군 위로 아들 셋을 두었으나 모두 병으로 요절하여 양녕대군은 태어나자 처가에서 키우도록 했다. 양녕은 그래서 어린 시절을 외할아버지 민제의 집에서 보냈다. 1406년 태종이 양녕에게 왕위를 넘겨줄 뜻을 밝혔을 때 모든 신하들은 어명을 철회할 것을 요구하였는데 민씨 형제들은 희색이 만면했다. 그러다 선위가 철회된 뒤에 그들은 실망하는 기색을 보였다. 그것은 양녕을 통해 정권을 주무르려는 뜻을 가졌기 때문이라고 하여 태종은 민무질과 민무구 형제를 유배 보냈다. 형제는 유배 중에도 허물을 탄핵하는 행동을 하다가 1413년에 자결을 하였다. 그리고 민무휼, 민무회 형제가 두 형에 대한 억울함을 호소하자 1415년에는 그들에게 사약을 내렸다.

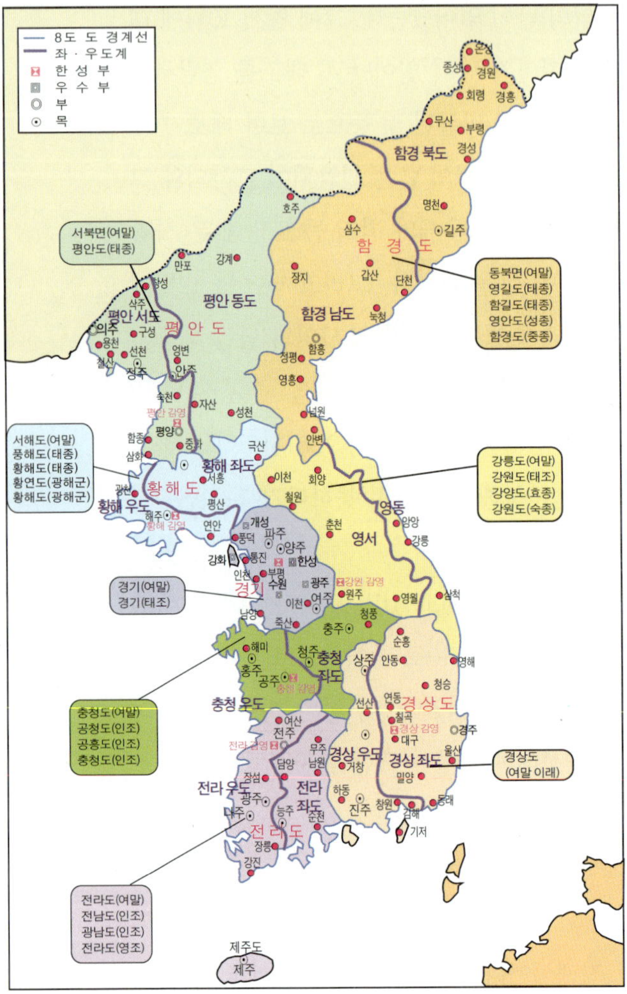
8도 도 경계선
좌 · 우도계
한 성 부
우 수 부
부
목
서북면(여말)
평안도(태종)
동북면(여말)
영길도(태종)
함길도(태종)
영안도(성종)
함경도(중종)
서해도(여말)
풍해도(태종)
황해도(태종)
황연도(광해군)
황해도(광해군)
강릉도(여말)
강원도(태조)
강양도(효종)
강원도(숙종)
경기(여말)
경기(태조)
충청도(여말)
공청도(인조)
공홍도(인조)
충청도(인조)
경상도
(여말 이래)
전라도(여말)
전남도(인조)
광남도(인조)
전라도(영조)
함경 북도
함경 남도
함 경 도
평안 동도
평안 서도
평 안 도
황해 좌도
황해 우도
황 해 도
영동
영서
경기
한성
충청 좌도
충청 우도
경상 우도
경상 좌도
경 상 도
전라 좌도
전라 우도
전 라 도
제주도
제주
조선의 8도와 행정 조직

1418년에는 1404년 11세의 나이로 세자로 책봉되었던 양녕대군이 방종과 음행을 일삼으며 세자로서의 처신을 지키지 못했다는 이유로 추방되고 충녕대군이 세자에 책봉되었다. 당시 양녕대군에게는 다섯 살과 세 살 된 아들이 있어 그의 큰아들을 세자로 세우려고 했으나 신료들이 반대하자 충녕대군을 세자로 책봉하게 되었다.

태종은 충녕이 세자로 책봉된 지 7일 만에 충녕에게 선위하고 세종이 30세가 될 때까지 병권을 맡고 있겠다고 하며 병권을 잡고 있다가 4년 후인 1422년 55세의 나이로 생을 마감하였다.

●제4대 세종
(世宗•1397년~1450년. 재위 기간은 1418년 8월~1450년 2월까지 31년 6개월)

세종은 태종의 셋째 아들로 이름은 도裪이다. 경복궁 근정전에서 즉위식을 가졌다. 어려서부터 학문을 좋아해 책을 읽을 때는 100번을 반복해서 읽었다고 전한다.

세종은 태종조부터 벼슬해 온 원로들은 상층에, 자신이 등용시킨 신진 신료들은 하층에 배치하여 신구세력이 조화를 이루는 정치를 수행하였다. 그리고 중국의 문물들을 조선에 맞게 재창조하여 문화적 융성을 이룩하였다.

태종은 왕권을 강화시키는 제도를 만들고 외척을 배척하여 세종이 안전하게 치세할 수 있도록 기틀을 닦아 놓았다. 그런 발판 위에서 세종은 마음껏 정치력을 발휘하여 수많은 업적을 쌓았다. 그 결과 세종은 조선 역사상 가장 훌륭한 유교정치와 찬란한 민족 문화를 꽃피웠고, 또 모범적인 성군으로 기록되었다.

그 중 한글 창제는 우리 문화를 꽃피우게 한 가장 큰 업적이며, 금속활자들을 비롯하여 역사, 농업, 음악, 과학 등 각 분야를 대표하는 성과물을 책으로 편찬하였다. 또 4군 6진을 개척하여 국토를 확장하였고, 집현전을 통해 우수한 인재를 양성하였고, 인력을 적재적소에 배치하는 인사 정책과 신료들의 의견을 효과적으로 수렴하여 지도력을 행사하였다. 세종의 공덕을 기려 후세 사람들은 세종을 해동의

황희의 영정

화산서원. 황희의 영정을 안치하고 그의 자손들을 배향하는 사당
이자 서원이다.

요순이라고 칭송하였다.

즉위 초에는 태종이 상왕으로 있어 정치는 태종의 영향 아래 있
었다. 세종은 1437년을 전후하여 6조 직계제를 의정부 서사제로 변
혁하여 왕에게 집중되어 있는 국사를 의정부로 넘기고, 세자로 하여
금 서무를 재결하도록 하면서 유연한 정치를 펼쳐나갔다. 세종은 젊
은 시절부터 소갈증(당뇨병)을 앓아 6조 직계제의 과다한 정무를 감
당할 수 없었던 것으로 전한다.

이렇게 왕권과 신권이 조화된 정치 형태는 황희를 비롯하여 맹사
성, 최윤덕, 신개 등 의정부 대신들의 신중하고 치밀한 보좌를 받으
며 이상적인 유교정치를 구현하게 되었다.

1421년에 확대 개편된 집현전은 학문 연구 기관으로 출발하였으
나 국가의 정책을 창안하고 새로운 문화를 창달하는 중심 역할을 하
게 된다. 엘리트 관료들만 임명될 수 있었고, 한 번 임명되면 출세가
보장되었다. 그리고 집현전의 관원들에게 성균관, 4학의 교관을 겸
임하여 후진 양성에 앞장 서게 하였고, 언론기관의 언론활동을 감시
하게도 하였다. 또한 사가독서라는 유급 휴가제도를 두어 오로지 경

전 연구에만 몰두할 수 있게 하였다. 세종대의 문화는 집현전을 통해서 이룩된 것이라 할 만큼 집현전의 역할은 지대하였다.

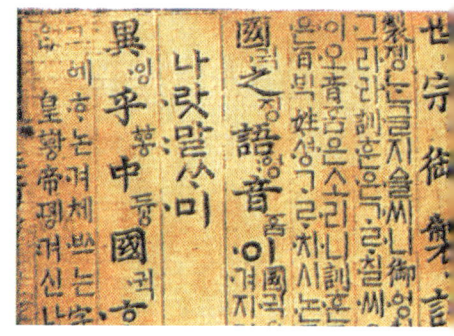
훈민정음

1432년 건주위(여진족)의 추장 이만주가 침입하는 등 여진족의 침입이 빈번해지자 1433년 세종은 최윤덕을 평안도 도절제사로 삼고 황해, 평안도 군사 1만 5천을 주어 이 지역을 정벌하게 하였다. 그리고 자작리에 성을 쌓아 자성군이라 칭했다. 이후에도 여진의 침입이 계속되자 이 지역을 포기하라는 신료들의 주장이 있었으나 세종은 포기하지 않고 공격하게 하여 4군을 설치하였다. 또 1435년에는 김종서를 함경도 도절제사에 임명하여 여진 정벌이라는 책임을

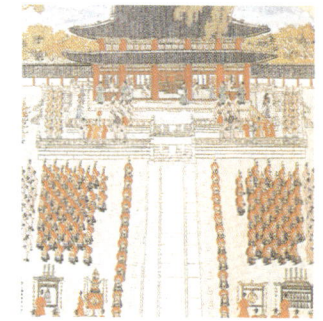
훈민정음 발표

맡겨 종성, 회령, 경원, 경흥, 온성, 부령 등의 6진을 개척하였다.

세종은 "내가 있어도 종서가 없으면 이 일을 할 수 없을 것이요, 종서가 있어도 내가 없으면 이 일을 주장하지 못했을 것이다."고 할 정도로 김종서에게 절대적인 신임을 보여 주었다. 그 지역에 자리잡고 있던 여진족들은 중국 내륙지방으로 근거지를 옮겨갔다. 이 육진을 조선의 영토로 만들기 위해 영남에 거주하던 백성들을 강제로 이주시키는데 이것이 백성들의 원망을 사 후에 이시애의 난의 원인이 되기도 한다. 그에 앞서 이종무는 1419년 대마도를 정벌하여 왜구의 노략질을 소거하였다.

1443년 12월에는 훈민정음이 창제되었다. 훈민정음은 우리나라의 말을 우리글로 표현할 수 있다는 자긍심을 갖게 한 너무나 큰 업

127

적이다. 훈민정음을 만들 당시 요동에는 원나라의 파스파 문자를 연구했던 연구진의 한 사람인 황찬이 귀양 와 있었는데, 성삼문과 신숙주 등은 그에게 음운학을 배우려고 13번이나 왕래를 하였다고 전한다.

세종은 또 음악을 정비하였다. 당시에는 음악이 단순히 듣고 즐기는 것이 아니라 도를 표현하고 백성들의 마음을 순화시키고 바른 정치를 하는 필수적 요건이었다. 의례상정소를 중심으로 오례(길례, 가례, 빈례, 군례, 흉례 등 다섯 가지의 예법)를 정하고 그에 필요한 음악을 제정하였다. 또 박연을 통해 아악을 정리하였고 그 외 악기를 제작하고 향악을 창작하게 하였으며, 용비어천가 등의 신악을 창작하였다.

과학 분야에서 당나라와 원나라의 역서를 연구하여 천문학을 발전시킨 것은 과학 혁명이라 할 만한 업적이다. 천문학은 서운관에서 주관하였고, 경회루 북쪽에 석축간의대라는 천문관측대를 설치하여 매일 밤 천문을 관측하게 하였다. 천문학은 농업과 밀접한 관련이 있는 것으로 천문학의 발달은 농업 기술의 발달을 가져왔다. 또 별을 관측하는 간의와 혼천의, 해시계, 물시계, 측우기 등의 계

물시계 자격루
측우기
해시계 앙부일구
해시계 정남일구 (위로부터)

세종과 소헌왕후의 합장릉인 영릉

량기구를 고안, 발명하였다.

이 밖에 금속활자의 단점을 보완하여 1434년 갑인자라 불리는 활자를 만들어 하루에 몇 장밖에 찍지 못하던 것을 40여 장을 찍을 수 있는 개가를 올렸으며, 기름먹에다 아교를 섞은 먹물을 개발해 인쇄가 한결 선명하고 깨끗하게 되었다.

또 아들이 아버지를 죽이는 사건이 일어나자 백성을 교화시키지 못한 것을 자성하며 『효행록』을 펴냈는데, 백성들이 읽지 못할까 봐 그림을 붙이고 언해하여 『삼강행실도』를 펴내 백성들에게 널리 읽게 하였다.

세종은 왕비 외에 8명의 후궁에게서 18남 4녀를 두었다. 세종의 비 소헌왕후는 심온의 딸로 왕비에 책봉된 후 외척 세력을 견제하는 태종에 의해 심온이 처형당하는 등 친정이 풍비박산되는 일을 겪으면서도 끝까지 왕비로서의 지위와 품위를 유지했다. 세종은 소헌왕후에게서만 8남 2녀를 두었다. 그 큰아들이 문종이고, 둘째 아들이 세조가 되는 수양대군이고, 셋째가 안평대군, 여섯째 아들이 금성대군이다.

세종은 성황당, 무당, 풍수지리에 관대하였고, 불교뿐 아니라 백

장영실 영정

성들의 기타 종교에도 관대하였다고 전한다. 어머니가 학질에 걸렸을 때에는 성황당에 빌기도 하였고, 말년에는 신하들의 반대에도 불교에 심취하여 대궐 안에 내불당을 짓고 부처를 공양하였다. 경복궁이나 창덕궁이 이롭지 못하다 하여 1444년 이후부터 왕자나 종친가로 전전한 것은 풍수지리의 영향이었다.

그러다 결국 세종은 1450년 2월 여덟째 아들인 영응대군의 집에서 54세를 일기로 생을 마감하였다.

● 제5대 문종
(文宗•1414년~1452년. 재위 기간은 1450년~1452년까지 2년 3개월)

세종과 소헌왕후 사이에 태어난 세종의 큰아들 문종의 이름은 향이고 자는 휘지이다. 8세에 세자로 책봉된 문종은 29세 되던 1442년부터 세종을 대신해 섭정을 하면서 정무를 익혔다. 문종은 어린 시절부터 몸이 병약한 데다 세자 시절부터 업무를 맡아 보면서 건강이 악화되었는데, 즉위 후에는 병세가 더욱 심해져 재위 기간의 대부분을 병상에서 보냈다.

학문을 좋아해 학자를 가까이 하였으며, 측우기 제작에 직접 참여했을 정도로 천문과 역수 및 산술에 뛰어났고 서예에도 능했다. 유순하고 자상하여 누구에게나 좋은 평을 받았으며, 거동이 침착하고 판단이 신중하여 남에게 비난을 받는 일이 없었다고 전한다. 그러나 지나치게 착하고 어질어 문약함을 벗어나지 못했다.

세종대의 후반기에는 세종이 병석에 눕고, 수양이나 안평 등 다른 왕자들의 세력이 커져 종친들에 대한 탄핵이 잦아 긴장된 분위기가 이어졌다. 그런 분위기에서도 세종은 1442년부터 문종에게 업무를 대신하게 하였다. 세종은 세자가 섭정을 잘 할 수 있도록 첨사원이라는 기구를 설치하였고 문종은 8년 동안 섭정을 하며 정무를 익혔다. 세종 말기의 정책은 문종의 치적이라 말해도 과언이 아니다.

즉위 후에도 섭정을 할 때와 같이 정책을 추진했고, 군정에 관심이 많아 군을 편제하고 훈련시키는 방법인 '진법'을 완성하고 군제 개혁안을 마련하였다. 신라 시대에는 화령도, 고려 시대에는 김해병서라는 진법이 있었다고 하는데 중간에 없어져 진법이 우리나라 고유의 병법 가운데 가장 오래된 것이다.

문종은 건강이 악화되어 1452년 5월, 39세를 일기로 생을 마감하였다.

● **제6대 단종**(端宗•1441년~1457년. 재위 기간은 1452년~1455년까지 3년)

단종은 문종의 외아들로 이름은 홍위이다. 문종의 어머니 현덕왕후는 홍위를 낳은 지 3일 만에 숨을 거두어 홍위는 세종의 후궁인 혜빈 양씨의 손에서 자랐다. 혜빈 양씨는 단종에게 젖을 먹이기 위해 자신의 둘째 아들을 유모에게 맡기기까지 하면서 단종을 키웠다.

세종은 총명한 홍위를 무척 아껴 8살 때인 1448년에 세손으로 책봉하고, 성삼문, 박팽년, 이개, 하위지, 유성원, 신숙주 등 집현전의 학자들을 불러 앞날을 부탁하였다.

단종이 왕위에 오른 때는 열두 살 때로 조선조 왕 중에 가장 어린 나이로 왕위에 올랐다. 조선왕조 체제에서는 왕이 미성년일 경우에 성인이 될 때까지 보통 서열이 높은 후비가 수렴청정을 하였는데 당시에는 수렴청정할 마땅한 사람이 없어 의정부와 육조가 도맡아 하

강원도 영월에 있는 단종릉

였다. 문종은 죽으면서 김종서와 황보인 등에게 단종을 부탁하였지만 대신들과 종친들 사이의 대결을 중재할 만한 권위를 가진 사람이 없어 단종은 그야말로 허수아비였다.

1453년 10월 단종의 작은아버지 수양대군이 정변(계유정난)을 일으켜 수양대군에게 실권이 넘어갔다. 그리고 수양대군의 강권에 3년상이 끝나기도 전인 1454년에 단종보다 1살이 더 많은 정순왕후 송씨와 혼인을 하였다.

결국 단종은 숙부의 위세에 눌려 왕위를 수양대군에게 물려주고 상왕이 되었다. 이때 성삼문은 옥새를 부여안고 대성통곡을 하여 수양대군이 한참이나 노려보았다고 한다.

단종은 왕위에서 물러난 후 창덕궁으로 옮겼다가 금성대군(세종의 여섯째 아들로 수양대군의 아우)의 개인집으로 옮겼다. 단종의 거처에는 군사 10명을 거느린 삼군진무 2명을 배치하여 주야로 경계와 감시를 했다.

단종이 물러난 지 1년 후인 1456년(세조 2년) 6월, 성삼문이 주축이 되어 단종을 복위하려던 사건이 있었다. 세조가 명나라 사신을

단종 때 축성된 고창읍성

환영하는 잔치 자리에서 성삼문과 박팽년 등은 세조와 세자, 한명회, 권람, 신숙주 등을 없애려고 하였다. 그런데 세자가 병이 나 참석을 못 하고 장소가 좁다는 이유로 운검(왕을 좌우에서 호위하는 무신)을 생략하면서 연회가 조촐하게 거행되는 바람에 실행을 하지 못했다. 그날 마침 성삼문의 아버지 성승과 유응부가 운검을 서게 되어 있어 성삼문 등은 성공을 확신하였다. 다음날 그 사실은 함께 거사를 하기로 했던 김질과 그의 장인 정창손이 세조에게 밀고를 하여 성삼문 일행은 죽임을 당했다. 이때 사육신의 처와 딸들은 공신들의 여종으로 주어졌다. 성삼문의 아내는 박종우에게, 박팽년의 아내는 정인지에게 주어졌다.

또 1457년 6월, 단종의 장인 송현수와 권완이 단종복위를 했다는 주장이 김정수라는 사람에 의해 발설되어 그 사건으로 인해 단종은 노산군으로 강등되어 영월로 귀양을 갔다. 그리고 그해에 또 금성대군이 단종 복위를 도모하는 사건이 있어 단종은 일반인으로 강등되었다가 그해 10월 24일 사약을 받고 17세의 나이로 생을 마감하게 되었다.

계유정난(1453년 10월 10일 일어남)

단종이 열두 살 어린 나이에 왕위에 올랐는데, 수렴청정할 마땅한 사람이 없었다. 문종의 두 비는 과실 때문에 폐위되었고, 단종을 키운 단종의 서조모 혜빈 양씨는 늦게 입궁한 데다 할아버지인 세종의 후궁으로 발언권이 없었다.

종친 중에 서열이 가장 위였던 수양대군(세종의 둘째 아들)은 의정부 대신들의 집중 견제를 받아 수양의 동생 안평대군(세종의 셋째 아들)이 대신들의 지지를 받으며 부상하였다. 대신들은 안평대군을 이용해 수양대군의 세력을 견제하여 종친 세력을 분열시키고 있었던 것이다. 이런 상황에서 수양과 안평은 경쟁자가 되어 갔다. 당시 신료들은 대신들과 집현전 학사 출신의 소장 학자로 대별되었는데, 집현전 학사들은 정국을 독단적으로 운영하고 있는 의정부 대신들에게 불만을 갖고 있었다. 의정부 대신들이 안평대군을 지원하자 집현전 학사들은 수양대군을 지지하였다.

수양과 안평은 같은 형제인데도 성격이 매우 달랐다. 수양은 무예를 좋아하고 결단력이 있었으며 정치적 야심이 대단하여 그의 주변에는 관료들이나 군인 등 여러 계층의 인물이 모여들었고, 안평은 학문과 서예를 좋아하여 학자나 관료들이 주로 모여들었다. 겉으로는 대신들의 지지를 받는 안평대군이 유리한 것 같아 보였다. 그런데 수양의 참모 한명회가 무사들과 결탁하라고 부추겨 수양은 한명회의 꾀에 따라 활쏘기 대회를 열어 무사들을 은밀히 끌어들였다. 수양의 곁에는 한명회뿐만 아니라 정인지, 신숙주, 정창손이 있었다. 반면 안평의 곁에는 황보인, 김종서와 같은 문신들이 있었다.

수양은 명과 유대관계를 맺기 위해 명나라의 사신으로 갔고, 그때를 이용해 안평은 정변을 일으키려 하다가 수양이 올 때까지 결행하지 못했다. 10월 20일경에 안평이 정변을 꾀하고 있다는 소문이 돌자 수양은 10월 10일에 정변을 일으키기로 하였다. 수양의 모의는 누설되어 수양은 그날 아침 일찍 측근들을 집으로 소집하였다. 추종자들은 우왕좌왕하며 일부는 뒷문을 통해 도망가기도 하였다. 한명회와 홍윤성이 결단을 촉구하였고 송석손 등은 수양의 옷자락을 잡으며 만류하였다. 수양은 송석손을 발로 걷어차고 활을 빼들었다.

수양은 제일 먼저 의정부 대신의 중심 인물인 김종서의 집으로 갔다. 김종서가 멀찍이 떨어져 서서 수양에게 방으로 들라고 하자 수양은 날이 이미 어둡다며 다른 이야기를 꺼내려 하는 순간, 수양이 쓰고 있던 사모의 뿔이 떨어졌다. 수양이 김종서의 사모를 빌려 쓰자고 하여 김종서는 아들을 시켜 안으로 들어가게 하였다. 그 순간, 수양의 옆에 있던 임운이 김종서를 쳐서 넘어뜨렸다. 김종서의 아들과 함께 있던 김승규가 김종서를 덮치자 양정이 칼로 베어버렸다. 그 시각 대궐은 이미 수양의 세력에게 장악되어 있었다.

한명회는 거사를 앞두고 죽일 사람과 살릴 사람의 명부를 기록한 '살생부'를 작성해 두었다고 전한다.

수양대군은 계유정난을 통해 의정부 대신들을 모두 죽이고 정권을 장악하였다. 안평대군은 강화도로 유배되었다가 교동으로 옮겨진 후 사약을 받았다. 이후 정국은 한명회를 중심으로 한 공신들에 의해 주도되었다.

이징옥의 난

김종서와 황보인 등 정적을 죽이고 주도권을 장악한 수양대군 눈에 거슬리는 사람으로 이징옥이 있었다. 이징옥은 무과에 장원급제하고 여진족과의 전투로 잔뼈가 굵었고, 김종서를 도와 함경도에 육진을 세워 김종서가 그의 후임으로 추천한 사람이다.

그런데 마침 이징옥이 병기를 보내 안평대군 등과 단종을 제거하고 수양을 죽이려 했다고 홍달손이 고변(반역을 고발함)하였다. 수양은 박호문을 보내 이징옥에게 한양으로 오라고 명령하였으나 이징옥은 자신을 제거하려는 음모가 있음을 알고 박호문을 죽이고 여진에게 병력을 청하러 길을 떠났다. 종성에 다다라 잠을 자던 그는 이행검 등에게 습격을 받아 죽고 말았다.

●**제7대 세조**(世祖•1417년~1468년. 재위 기간은 1455년 윤6월~1468년 9월 까지 13년 3개월)

    세종과 소헌왕후와의 소생으로 세종의 둘째 아들인 세조의 이름 은 유珠, 자는 수지粹之이다. 어릴 때부터 명민하고 학문이 뛰어났고 무예에 능했으며 성격이 대담하였다고 전한다.

    단종을 강제로 폐하고 왕위에 오른 세조는 왕권 강화 정책으로 일종의 내각제인 의정부 서사제를 폐지하고 육조 직계제를 단행하 였다. 그리고 성삼문, 박팽년 등의 단종 복위 사건을 계기로 집현전 을 폐지시키고, 정치 문제를 토론하고 대화하는 경연을 없앴으며 그 곳에 설치된 서적들을 모두 예문관으로 옮겼다. 이로 인해 국정을 건의하고 규제하던 대간의 기능이 약화되고 왕명을 출납하던 승정 원의 기능이 강화되었다.

    또 왕도정치의 기준이 될 법제를 마련하면서 최항으로 하여금 『경

경국대전

    세조는 즉위하자마자 당시까지의 모든 법을 전체적으로 조화시켜 후대에 길이 전할 법전을 만들기 위해 양성지의 건의를 받아들여 육전상정소를 설치하고, 최항·김국광·한계희·노사신 ·강희맹·임원준·홍응·성임·서거정 등에게 편찬작업을 명하였다.

    1460년(세조 6)에 먼저 '호전(戶典)'이 완성되고 이후 형조와 4전(四典)이 만들어졌다. 그리고 수정이 계속되어 1471년(성종 2)에 경국대전이 완성되었다. 1481년에는 다시 감교청을 설치하고 많은 내용을 수정하여 5차 『경국대전』을 완성하였고 다시는 개수하지 않기로 하여 1485년부터 시행하였다.

제육전』을 정비하게 했고, 육전의 체제를
갖춘 법전 『경국대전』을 찬술하게 하였다.
1457년에는 태조, 태종, 세종, 문종대의 치적
을 엮은 『국조보감』을 편찬하였다. 1460년
에는 호구를 파악하고 규제하는 법전인 호
전을 복구했고, 1461년에는 형량을 규정하
는 형전을 개편, 완성하였다.

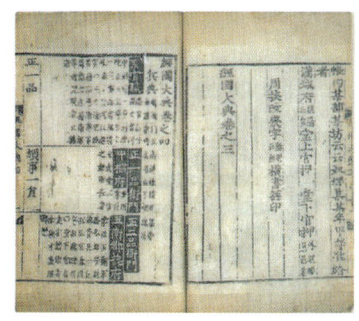

경국대전

관제 개편으로는 영의정부사는 영의정으로, 사간대부는 대사간
으로, 도관찰출척사는 관찰사로, 오위진무소는 오위도총관으로, 병
마도절제사는 병마절도사로 간소화하였다. 또 현직 관원에게만 수

이시애의 난

1467년(세조 13년) 5월 10일, 함경도에서 일어난 이시애의 난은 조선 전기의 가장 큰 국란이
다. 이시애의 집안은 함경도 지방에서 오랫동안 세력을 갖고 살던 토호였다. 그래서 그에게는 많
은 양민들이 예속되어 있었고, 적지 않은 토지와 재산을 소유하고 있었다. 이시애는 강효문을 살
해한 후 중앙으로 사람을 보내 강효문이 한명회, 신숙주, 노사신 등과 연루하여 반란을 획책하여
죽였다고 전했다.

이를 반신반의하면서도 세조는 신숙주와 그의 아들을 잡아들이고 와병 중이던 한명회를 가택
에 연금시킨 후 조카 구성군 준을 총사령으로 하여 강순, 남이 등을 주축으로 하는 진압군을 함
경도로 파견하였다. 의외로 반란군이 극렬하게 저항하자 조정에서는 병력을 더 모으고 종친과
훈신들의 노비와 말을 차출하여 모은 병장기와 군량을 진압군에게 지원해 주었다.

남이 등의 활약으로 결국 난은 두 달 만에 진압되었고, 이시애는 그의 부하 이주와 허유, 황생
에게 사로잡혀 진압군에게 인도되었다. 한명회와 신숙주 등은 열흘 만에 풀려났고, 이후 그들에
대한 탄핵이 이어졌지만 한명회와 신숙주의 정치력은 줄어들지 않았다.

한명회(1415년~1487년)

한명회의 자는 자준, 호는 압구정 · 사우당이다. 1415년 조선 건국 당시 명나라에 파견돼 명나라에서 확정해 준 '조선'이라는 국호를 받아 돌아온 한상질의 손자이다. 그리고 예종비 장순왕후와 성종비 공혜왕후가 한명회의 딸이다.

부모를 일찍 여의고 어린 시절을 불우하게 보냈고, 여러 번 과거를 보았으나 합격하지 못하고 권람과 더불어 산천을 주유하다 1452년 문음으로 경덕궁직이 되었다.

문종이 죽고 단종이 즉위하자 수양대군과 의기투합하여 1453년(단종 1년) 10월 수양대군이 김종서 등을 죽이고 정권을 장악한 계유정난 때 심복 참모로서 큰 공을 세워 군기녹사에 임명되고 수충위사협책정난공신(輸忠衛社協策靖難功臣)의 호를 받았다. 그 뒤 승정원 동부승지가 되었고 1455년 세조가 왕위에 오르자 좌부승지로 승진했으며, 그해 가을 동덕좌익공신(同德佐翼功臣)의 호를 받고 우승지가 되었다.

1456년(세조 2년) 단종복위운동을 좌절시켰으며, 사육신의 주살에 적극 협조했다. 이어 좌승지 · 도승지를 거쳐 1457년 이조판서 · 병조판서가 되었고 상당군(上黨君)에 봉해졌고, 우의정 · 좌의정을 역임하고 1466년 영의정에 올랐으나 곧 병으로 사임했다.

1467년 이시애가 반란을 일으켰을 때 모함을 받아 투옥되었으나 곧 석방되었고, 1469년(예종 1년) 영의정에 제수되었으나 사임했다. 성종 즉위 후 병조판서가 되었고, 1471년(성종 2년) 순성명량경제홍화좌리공신(純誠明亮經濟弘化佐理功臣)의 호를 받았다. 1484년에는 나이가 많아 벼슬을 그만두려 했으나 허락받지 못하고 성종으로부터 궤장(几杖 : 앉을 때 몸을 기대는 방석과 지팡이)을 받았다.

세조의 총신으로 성종대까지 고관요직을 역임하면서 조선 초기의 군국대사에 많이 참여했으며, 부와 영화를 한몸에 누렸다.

조권(토지세를 받을 수 있는 권리)을 주는 직전제라는 토지제도를 시행하여 국비를 튼튼히 하였다.

또 지방 관리들의 모반을 방지하기 위해 지방의 병마절도사를 중

신숙주(1417년~1475년)

본관은 고령. 자는 범옹, 호는 희현당·보한재로서 훈민정음의 창제·보급과 국가 중요 서적의 찬수에 참여하는 등 조선 전기 문물제도의 완비에 기여했다.

학식이 뛰어났고, 문재를 갖추어 조선 초기의 문물을 정비하는 데 크게 공헌하였음에도 세조의 즉위 과정에 가담하고 이후 요직을 두루 거치는 등 사육신과 구별되는 삶을 살아 변절자로 비판을 받고 있다.

세종 때 훈민정음의 창제와 발전·보급에 공헌했음은 물론 『동국정운』, 『사성통고』 등의 운서 편찬에 주도적으로 활약했고, 국가의 기본 질서를 적은 『국조오례의』를 교정·간행한 것을 비롯하여, 세조실록·예종실록·동국통감·국조보감록의 편찬에도 참여했다. 또한 서장관으로 일본에 갔던 경험을 바탕으로 『해동제국기』를 지어 일본과의 교류에 도움을 주고, 오랫동안 예조판서로 있으면서 명과의 외교관계를 맡는 등 외교정책의 입안·책임자로서도 활약했다. 글씨에도 뛰어났으며, 특히 송설체를 잘 썼다고 한다.

신숙주의 영정

신숙주의 글씨

앙의 문신으로 대체시켰다. 이 제도는 지방 호족들의 불만을 일으켜 급기야 1467년에 이시애의 난이 일어났다. 이시애의 난은 조선 전기의 가장 큰 국란으로, 중앙권력에 대한 함경도인의 불만이 원인이었다. 거기에 충청·경상·전라도의 주민들을 강제로 함경도에 이주시키는 사민정책으로 인해 그곳으로 이주한 사람들의 불만도 함께 작용했다.

조카를 폐위시킨 세조는 자신의 약점 때문인지 집현전과 경연을 폐지하는 대신 불교를 숭상하는 정책을 폈다. 승려들에게 승려 신분증인 도첩을 발급하고 1462년에는 원각사를 창건하고, 간경도감(불경을 간행하기 위한 임시 관청)을 설치하고 불경을 우리글로 풀이한 불경 언해를 편찬하였다. 이때 간경도감에서 간행된 언해본으로 능엄경, 법화경, 금강경 등이 전해지는데 이는 국어학적으로 매우 중요한 가치를 지니는 것이다.

세조는 즉위 기간 동안 단종에 대한 죄책감에 시달렸다고 전하는데, 만년에 단종의 어머니이자 형수인 현덕왕후의 혼백에 시달려 맏아들 의경세자가 죽자 현덕왕후의 무덤을 파헤치는 패륜을 범했고, 현덕왕후가 자신에게 침을 뱉는 꿈을 꾼 이후 피부병에 걸려 고생하기도 하였다는 이야기가 전한다.

비록 조카와 형제를 죽인 패륜의 임금이었지만 민생안정책과 유화적인 외교 활동을 벌여 변방의 안정을 꾀했고, 문화사업도 활발히 벌였던 세조는 1468년 52세의 나이로 둘째 아들에게 왕위를 물려주고 세상을 마감하였다.

● 제8대 예종
(睿宗•1450년~1469년. 재위 기간은 1468년 9월~1469년 11월까지 1년 2개월)

예종은 세조의 둘째 아들로 이름은 황晄이고, 자는 명조明照이다. 세조와 정희왕후 윤씨 사이에서 태어났다. 세조의 맏아들 의경세자

남이섬에 있는 남이장군의 가짜 묘

가 스무 살 때 이유 없이 시름시름 앓다가 죽자 예종이 여덟 살 때 세자로 책봉되었다.

예종은 성품이 온화하고 자질이 우수하여 일찍부터 주위의 신망을 받았다고 전한다. 또 효성이 지극하여 세조가 병이 깊어지자 수라상을 직접 챙기고 극진히 간호했다고 한다.

예종의 정비는 한명회의 딸로 일찍 세상을 떠 한백륜의 딸과 재혼하였는데, 그가 안순왕후 한씨이다.

19세의 나이로 즉위한 예종은 아직 미성년인 데다 건강이 좋지 않아 섭정과 함께 세조가 죽기 전에 마련한 원상제도라는 제도의 지원을 받으며 정무를 보았다. 섭정은 어머니 정희왕후가 맡았는데 이것이 조선조 최초의 수렴청정이고, 이 섭정은 성종 7년까지(1476) 이어진다. 원상제도는 신하들의 섭정 제도로서, 예종의 원만한 정사 운영을 위해 세조가 죽기 전에 만든 것이다. 세조는 원상으로 한명회, 신숙주, 구치관을 지목해 놓았다.

예종은 즉위하자 직급에 따라 토지를 나누어주고 당대에 한해 이를 소유하게 한 직전수조법을 본격화하였고, 소작인의 고소권도 인

삼강행실도에 그려진 왜구의 모습

정하는 등, 세력가들에 의한 대토지 소유를 억제하였다. 그리고 부산포(동래), 제포(창원), 염포(울산) 등의 삼포에서 왜와의 개인무역을 금하였다. 정치의 잘잘못을 비평한 『역대세기』를 직접 저술하였고, 『경국대전』과 『국조무정보감』을 찬술케 하였다.

즉위년에 남이의 역모 사건이 일어나 종친과 무신 중심의 불만세력을 제거하였다. 남이는 태종의 외증손자로 이시애의 난을 진압하는 진압군으로 참전하여 공을 세우고 승진가도를 달리게 되었는데, 세조가 죽자 한명회와 신숙주의 견제를 받기 시작하였다. 또 남이는 국상 중에도 술과 고기를 먹고 여자와 동침할 정도로 호방한 성격에다 어머니와 동침했다는 소문이 돌면서 예종은 그를 병조판서직에서 해임하였다.

남이와 이시애의 난에서 공을 세운 유자광은 모사에 뛰어났는데, 남이가 한 말을 모함하는 말로 조정에 보고하여 남이는 의금부로 끌려가 문초를 받게 되고 결국은 옥사를 한다.

남이의 옥 사건은 종친과 무장세력의 입지가 커지는 것을 경계한 일부 훈신들과 예종의 입장이 맞아 떨어져 발생한 사건이다.

수렴청정

　조선조 최초로 수렴청정을 한 정희왕후(세조 비)는 성종이 어린 나이로 즉위하여 신료들이 수렴청정을 권했을 때 자신의 며느리이자 성종의 생모인 한씨를 추천하였다. 그러나 대신들의 계속적인 권유로 예종대에 이어 성종 7년까지 수렴청정을 하였다.

　왕과 신료들이 국사를 논의하는 정전의 동쪽에 자리하여 앞에 발을 드리우고 정사를 보았다. 이 제도는 중국 송나라의 선인태후의 전례를 따른 것이라고 한다.

　수렴청정 기간에 신료들은 왕보다 대비에게 먼저 예를 행했다. 정전에 신료들이 모이면 먼저 대비에게 네 번 절한 후 왕에게 네 번 절했다.

　당시에 대부분의 대비들은 한문을 몰라 한문으로 작성된 공문서나 상소문을 번역·통역해 주는 사람이 필요했다. 중국의 경우는 주로 내시가 담당하였다. 정희왕후는 두대라는 여자종이 그것을 담당하였다. 그러다 보니 노비 신분에 불과한 두대가 영향력을 발휘해 두대의 집에 인사청탁을 하는 사람들의 발길이 끊이지 않았다는 이야기도 전한다.

　1469년 예종은 치세 14개월을 마감하고 20세의 젊은 나이에 의문의 죽임을 당해 생을 마감하였다.

● **제9대　성종**(成宗•1457년~1494년. 재위 기간은 1469년~1494년까지 25년)

　성종은 세조의 맏아들(예종의 형으로 스무 살 때 죽은 의경 세자. 후에 덕종으로 추존되었다)의 둘째 아들로, 이름은 혈이다. 태어난 지 두 달도 안 되어 아버지 의경세자가 죽어 세조의 손에서 키워졌는데 천품이 뛰어나고 도량이 넓고 서화에도 능해 세조의 총애를 받았다. 11살 어린 나이에 한명회의 둘째 딸과 혼인을 하였다.

예종이 스무 살의 젊은 나이에 갑자기 죽자 다음 왕을 지명해야 했는데, 원자 제안군은 당시 다섯 살 젖먹이였다. 적자 외 다음 왕으로 지목되는 사람으로, 덕종(의경 세자)의 큰아들 월산대군과 둘째 아들 자을산군이 거론되었다.

관행으로 본다면 세조의 맏손자인 월산대군이 왕이 되어야 하지만 월산대군이 질병이 많다는 이유로 정희왕후는 자을산군을 지목하였다. 정희왕후가 자을산군을 지목한 배경으로 한명회가 자리해 있다. 한명회는 세조 이후 예종대까지 정치권의 실세로 있었기에 정희왕후는 후계 정국의 안정을 위해 한명회의 사위인 자을산군을 지명했던 것이다.

성종이 열세 살의 나이로 왕위에 오르고 정희왕후의 수렴청정은 계속 이어졌다.

이듬해 1470년에 정희왕후는 종친 구성군을 유배 보내 왕실을 위협할 수 있는 세력을 일단 제거하였다. 이때 제거된 자산군은 세종의 넷째 아들 임영대군의 아들로 이시애의 난 때 세조의 명을 받들어 난을 평정하고 돌아와 오위도총부 총관에 임명된 문무를 겸비한 인물이다.

정희왕후는 그리고 예종의 아들 제안군과 성종의 형 월산군을 대군으로 격상시켰고, 월산대군에게 좌리공신 2등에 책봉하여 불만을 누그러뜨려 주었다.

1469년 12월에 호패법을 폐지하여 관의 감시를 줄였고, 경국대전의 교정 작업을 완료했다. 그리고 숭유억불의 정책을 강화하여 불교의 화장 풍습을 없애고 도성 내의 염불소를 폐지하여 승려들의 도성 출입을 금지하였으며 사대부 집안의 부녀자가 비구니가 되는 것도 금지하였다. 그리고 외촌 6촌 내의 결혼을 금하고, 사대부와 평민의 제사에 차별을 두고 4대 명절에 이를 검사하였다. 유교문화를 강화하여 교생들에게 삼강행실을 강습하게 하였다. 구성군 사건 이후 왕족들의 등용을 금지시켰다.

1476년에 정희왕후의 수렴청정이 끝났다. 정희왕후는 이로부터 7년 후인 1483년에 세상을 떴다.

정사를 직접 담당하게 된 성종은 원상제도를 폐지하여 왕명 출납과 서무 결재권을 되찾았으며, 김종직 등 젊은 사림 출신의 문신들을 가까이하면서 권신들을 견제하였다. 1478년에는 참판 이하의 문무신을 교차시켜 권력의 집중 현상을 막고 임사홍, 유자광 등 공신 세력을 유배시켜 사림 출신의 신진 세력들의 진로를 열어 주었다. 1480년대 중반에는 이러한 정책으로 세력 균형이 이루어진다.

정몽주와 길재의 후손들에게 녹을 주고 그들의 학맥을 잇는 사림 세력들을 대대적으로 등용하여 훈구 세력을 철저히 견제하였다. 그 결과 이른바 사림파가 형성되었는데, 주로 영남과 기호(경기도, 황해도 남부, 충청남도의 북부를 포함한 지역)의 중소지주 출신들로 구성되었으며 도학과 의리를 기치로 내걸었다. 사림파의 대표적 인물이 김종직이다.

성리학에 심취하여 도학적인 조예가 깊은 성종은 경연을 통해 학자들과 자주 토론하고 학문과 교육을 장려했다. 이와 같은 도학정치 사상에 입각하여 1484년과 1489년에 성균관과 향교에 학전(교육 경비를 충당케 하기 위해 지급한 토지)과 서적을 나누어주어 관학을 진흥시켰으며 홍문관을 확충하고 요산 두모포에 독서당을 설치하였다.

이러한 정책은 편찬 사업을 융성시켜 다양한 서적이 편찬되었다. 노사신의 『동국여지승람』, 서거정의 『동국통감』, 『삼국사절요』, 『동문선』, 강희맹의 『오례의』, 성현의 『악학궤범』이 간행되었다.

1485년에는 세조 때부터 편찬해 오던 『경국대전』을 완성하였다. 이 해가 간지로 을사년이어서 일명 경국대전을 을사대전으로 부르기도 한다. 『경국대전』은 조선왕조 통치의 뼈대가 되는 통일법전으로 우리나라 고유법을 유지·계승시킨 중요한 법전이다.

1479년에 좌의정 윤필상을 도원수로 삼아 압록강을 건너 건주야인들의 본거지를 정벌하였고, 1491년에는 함경도 관찰사 허종을 도

김종직(1431년~1492년)

김종직의 자는 계온이고 호는 점필재이다. 본관은 길재가 낙향해 있던 경상도의 선산이다. 그의 아버지 김숙자는 길재에게 수학하였고 김종직은 아버지에게 수학하였다. 체구가 왜소했지만 기억력과 문장이 뛰어나 어려서부터 소문이 자자했던 그는 29세(세조 5년)에 문과에 합격했다. 그는 1465년부터 목숨을 다하기 전까지 수많은 문인들을 길러냈다. 그의 제자들 중에는 경상도 출신들이 많았다. 김종직의 3대 제자로 김굉필, 정여창, 김일손도 그 지역 출신이다. 그 중 정여창은 정종의 손주 사위였고, 김굉필은 조광조의 스승이다.

사림파가 정계의 주도권을 잡으면서 조선의 사림들은 정몽주-길재-김종직-김굉필-조광조-이언전-이황으로 이어지며 조선 후기 도학 학풍을 대표하였다고 말한다.

대의명분을 중요시하는 김종직은 세조에 대한 비판을 상소에 그치지 않고 '조의제문(弔義帝文)'이라는 글을 남겼다. 이 글은 중국 진나라 때 항우가 나라의 의제(회왕)를 폐한 것을 세조가 단종을 폐한 것에 비유하여 단종을 은근히 조위한 글이다. 이 글은 연산군 때 무오사화를 일으키는 발단이 되어 김종직은 부관참시(무덤에서 시체를 꺼내 목을 베는 것)를 당한다.

김종직은 남이를 죽게 한 유자광을 멸시하여 함양군수로 부임할 때 유자광의 시가 걸려 있는 것을 철거하여 태워버렸다. 이 일로 유자광은 김종직에게 원한을 품었고, 후에 이극돈과 함께 무오사화를 도모하게 된다.

원수로 삼아 두만강을 건너 우디거의 모든 부락을 정벌함으로써 조선 초부터 변방을 위협하던 야인 세력들을 소탕하여 변방을 안정시켰다.

성종의 여러 정책으로 조선조 개국 이래 최고의 태평성대를 맞았는데, 성종이 유흥에 빠져 궁 바깥의 규방을 출입하다가 왕비 윤씨가 왕의 얼굴에 손톱자국을 내어 윤씨가 폐비되는 사건이 있었다. 이때가 1479년이다. 폐비 윤씨는 연산군의 어머니로 이 폐비사건은 나중에 갑자사화의 불씨가 된다. 성종은 자신이 죽은 뒤 100년까지 폐비 윤씨에 대해 논하지 말라는 명을 내렸다. 하지만 연산군은 이를 어기고 갑자사화를 일으킨다.

성종은 재위 25년째인 1494년 38세를 일기로 생을 마감하였다.

● **제10대 연산군**(燕山君·1476년~1506년. 재위 기간은 1494년 12월~1506년 9월까지 11년 9개월)

연산군은 성종과 폐비 윤씨의 소생으로 19살의 나이로 왕위에 올랐다.

이때는 어느덧 조선이 건국된 지 100년의 세월이 흐른 뒤로 조선은 사대부들의 양반(문관과 무관을 가리키는 말) 체제로 정착되었다. 명목상으로는 군주제였지만 국정 운영은 양반들에 의해 좌우되었다. 그래서 연산군은 즉위하자 전제왕권을 수립하기 위해 왕권에 장애가 되는 이념이나 제도 및 정치 세력들을 제거하였다.

양반관료들의 이념적 지주인 종묘를 동물원으로 만들었고, 성균관에서 술을 마시고 잔치를 열고, 왕의 일거수 일투족을 간섭하던 사간원은 아예 폐지해 버렸다. 그리고 경서를 강론하는 경연도 폐지하였다.

이런 연산군의 정치는 연산군의 할머니인 소혜왕후 한씨(인수대비)와 성종의 계비로 어머니인 정현왕후 윤씨, 이 두 명의 대비와 충돌을 하였다. 특히 권력욕이 많아 끊임없이 정치에 간섭을 하는 소혜왕후 한씨와 대립하여 연산군은 소혜왕후를 머리로 들이받기도 하였으며 소혜왕후가 죽은 후 3년상을 무시하고 25일로 단축하였다.

연산군은 성종 말기의 퇴폐풍조와 부패상을 일소하기 위해 전국에 암행어사를 파견하여 민간의 동정을 살피고 관료의 기강을 바로잡았다. 변경 지역에 여진족이 침범하자 귀화한 여진인을 이용해 그들을 회유하며 그곳의 안정을 꾀하였다. 또 유능한 문신들에게 휴가를 주어 독서에 전념하게 하는 제도인 사가독서 제도를 부활하여 학문 풍토를 진작시켰고, 세조 이래 3조의 『국조보감』을 편찬하게 하였다.

국정을 운영하는 동안 연산군은 사림파 관료들의 간언을 받고 그들이 학문을 강요하는 것 때문에 사림파들을 꺼려했다. 그러던 중, 1498년 무오년에 훈구파와 사림파가 충돌하는 연산군대의 최대의 사건 중의 하나인 무오사화가 일어났다.

1498년 7월, 『성종실록』을 편찬하기 위해 실록청이 설치되었는데, 당상관에 임명된 이극돈이 사초(사관이 기록해 둔 사기의 초고) 하나를 발견하였다. 사초의 작성자는 김일손이고 내용은 김종직이 지은 '조의제문'이었다.

이극돈이 전라감사로 있을 때 세조비 정희왕후의 초상이 있었는데, 이극돈은 기생을 끼고 유람하는가 하면 뇌물을 받기도 하였다. 김일손은 그 사실을 사초에 기록했고, 그것을 안 이극돈이 김일손에게 삭제해 줄 것을 요청했지만 김일손은 들어주지 않았다. 한편, 유자광은 자신의 시액(시를 써서 걸어놓은 현판)을 불에 태워 버리고 무시한 김종직에게 복수의 마음을 갖고 있었다. 김종직과 김일손은 사림파의 핵심이었고, 이극돈과 유자광은 훈구파의 대표격이었다.

이극돈은 실록청 총재관 어세겸에게 사초의 사실을 알리고 연산군에게 보고할 것을 종용했으나 별로 서두르지 않자 유자광을 찾아갔다. 유자광의 동조를 얻은 이극돈은 세조를 비방한 김종직을 대역죄로 다스리고 관계자를 처벌하라는 상소를 올렸고, 가뜩이나 사림파를 꺼려하고 있던 연산군에게 그것은 충분한 구실이 되었다. 김일손은 혹독한 고문에도 세조의 집권을 부당하게 생각하는 소신을 바꾸지 않았다.

훈구파는 조의제문의 연루자의 범위를 김종직의 문하로 확대시켜 김종직을 칭송했거나 훈구파를 앞장 서서 공격한 이복, 임희재, 이원, 표연말, 홍한, 이심원 등을 잡아들여 국문하였다. 그 결과 김종직은 부관참시되고 김일손은 능지처참(죽인 후 머리, 팔, 다리, 몸통을 자르는 형벌)되었고, 권오복, 권경유, 이목, 허반 등은 참형에 처해졌다. 그 밖의 수많은 인사들이 곤장형, 유배형을 당하고 좌천되었다.

이후 조정은 훈구파의 독무대가 되어 갔으며 연산군의 국정은 방만하게 운영되었다. 연산군은 사치와 향락을 일삼고 패륜적인 행동을 하였다. 국고가 바닥이 나자 연산군은 공신들에게 지급한 공신전을 빼앗고 노비까지 몰수하려 했다. 자신들의 경제적인 기반을 몰수하려 하자 대신들은 연산군의 지나친 향락을 자제해 줄 것을 간청하며 반발하였다.

이때를 이용해 재기하여 정권을 잡으려는 인물이 있었는데, 두 아들이 부마가 되어 예종과 성종과 사돈지간이 된 임사홍이었다. 임사

조선통신사 행렬도

홍은 연산군의 비 신씨의 오빠 신수근과 손잡고 연산군의 어머니인 폐비 윤씨의 사건을 연산군에게 고해 바쳤다. 이에 연산군은 제일 먼저 윤씨 폐출에 간여한 성종의 후궁 엄귀인과 정귀인을 궁중 뜰에서 직접 참하고 정씨의 소출인 안양군과 봉안군을 귀양 보내 죽였다. 그리고 할머니 인수대비를 머리로 들이받아 부상을 입혔고 생모를 왕비로 추숭하고 성종묘에 배사하려 하였다.

윤필상, 한치형, 한명회, 정창손, 어세겸, 심회, 이파, 김승경, 이세좌, 권주, 이극균, 성준은 12간奸으로 지목되어 극형에 처해졌고, 폐비 윤씨에게 약사발을 들고 간 이세좌도 극형에 처해졌으며 그의 가문은 거의 몰사되다시피 했다.

임사홍은 사태의 여세를 사림파의 탄압으로 몰고 가 무오사화 때 화를 입은 박한주, 이수공, 강백진, 김굉필, 이원 등을 유배지에서 사형시켰고, 이미 죽은 정여창, 조위, 남효온 등은 추가로 죄를 입었다.

갑자사화는 1504년 3월부터 10월까지 7개월 동안 피바람을 일으킨 큰 사건이다. 무오사화가 훈구파와 사림파의 대결구도였다면 갑자사화는 궁중세력과 훈구와 사림으로 이루어진 세력의 충돌로

훈구파와 사림파

훈구파 : 조선 제7대 왕 세조의 찬위를 도와 정치적 실권을 장악한 이후 형성된 정치세력을 훈구파라고 한다. 이들은 세조의 공신, 총신 및 어용학자들로 성종대까지 독점적인 지위를 누렸으며 녹전(祿田)과 노비를 많이 소유하여 경제적 기반도 튼튼하였다. 정인지, 신숙주, 서거정, 강희맹 등이 훈구파의 대표적인 인물이다.

훈구파는 문장을 중시하는 사장파이고, 사림파는 도덕적 수양을 내세우는 경학파이다.

사림파 : 훈구파와 대립했던 정치 세력으로, 고려 말의 길재, 김숙자를 시작으로 하여 조선 시대의 김종직, 김굉필, 조광조로 이어진다. 주로 영남 지방 일대를 중심으로 계승되었으며 유학의 주류를 형성하였다. 성종 때부터 정계에 진출하여 훈구파의 정치 질서를 비판하였으며 이상적이고 도학적인 유교정치를 실현하려 했다.

그러나 원래 사림은 사대부의 무리를 지칭하는 용어로, 고려말에서 조선 초기에는 문관과 무관을 통틀어 사대부라고도 했다. 따라서 문무 양반관료와 그 일족, 그리고 벼슬하지 않은 선비들까지 포함하는 말이었다.

본다.

갑자사화 이후 연산군의 폭정은 더욱 노골화되었다. 전국에서 선발한 미녀들을 궁중으로 불러 연회를 거듭게 하고 사냥을 즐기기 위해 도성을 기준으로 30리 안에 있는 민가를 철거하는 등 학정이 이어지자 전국 각지에서 한글로 쓴 투서가 날아들었다. 이에 연산군은 백성이 언문을 이용하여 왕을 욕되게 한다며 훈민정음 사용을 금지하고 한글 관계 서적을 불태웠다. 그러자 전국에서 왕을 축출하려는 움직임이 일기 시작했다.

1506년 9월, 성희안이 박원종, 유순정과 모의하여 드디어 거사를 벌여 연산군을 폐위시키고 진성대군을 중종으로 앉혔다.

연산군은 왕좌에서 쫓겨난 지 두 달 후인 11월 6일, 31세를 일기로 파란만장한 생을 마감하였다. 그는 왕에서 쫓겨나 묘호를 받지 못하고 왕자군의 군호인 연산군으로 불린다.

● 제11대 중종
(中宗·1488년~1544년. 재위 기간은 1506년~1544년까지 38년)

중종은 성종과 계비 정현왕후의 소생으로 성종의 둘째 아들이며 연산군의 이복동생이다. 이름은 역이고, 자는 낙천으로 중종반정에 의해 왕위에 올랐을 때는 19살이었다.

중종은 즉위하자 먼저 연산군의 폭정으로 문란해진 나라 기강을 바로잡고 정치를 정상화시키는 데 주력하였다. 미신타파를 위하여 소격서昭格署를 폐지하고, 왕의 자문을 담당하던 홍문관의 기능을 강화하고, 경연을 중시하여 정책 논쟁의 강도를 높였으며, 문신의 월과, 춘추과시, 사가독서, 전경 등을 시행하여 문벌 세가들을 견제하였다.

중종은 왕도정치를 앞세워 훈신과 척신들의 세력의 균형을 이루려 하였는데, 중종반정에 성공한 공신 세력의 힘이 막강하여 초기에는 조정을 완전히 장악하지 못했다. 그러다 1510년 영의정직에 있던 박원종이 죽자 공신 세력이 어느 정도 줄어들었고, 반정 이후 계속되었던 개혁의 분위기에 힘입어 갑자사화 이후 정치 일선에서 물러났던 사림들에게서 새로운 정치에 대한 여론이 높아졌다.

1515년 중종은 무오사화로 유배 중이던 김굉필에게 수학한 조광조를 끌어들였다. 조광조는 1510년 사미시에 장원으로 합격하여 진사가 되어 성균관에 입학하였다. 조광조는 성리학을 정치와 교화의 근본으로 삼고 도학 사상에 입각한 이상사회를 꿈꾸었다.

중종은 조광조의 주장에 따라 유교 교양을 갖추는 기본 학습서인 『소학』을 널리 보급하도록 했다. 소학의 정신을 실천함으로써 성리학적 인간이 될 수 있기 때문이었다. 또 전국적으로 '향약'을 실시하였다. 향약은 중국 송나라 신종 때 여씨 4형제가 창안한 향촌자치 규약으로 '여씨향약'이라고도 한다. 1517년에 『여씨향약언해』를 간행하여 민간에 보급하였다.

1518년 조광조는 과거제가 경박한 풍습만을 조장한다며 사람들의 천거에 의해 인재를 등용시키는 현량과를 실시하기를 주창한다. 이에 따라 1519년에 신진사류 28명이 선발되었는데 28명 중 대다수가 조광조 추종자들이었다. 그들은 홍문관을 비롯하여 사헌부, 사간원, 승정원, 성균관 등 중요 기관의 요직에 기용되어 조광조와 뜻을 같이하였다.

그런데 향약 실시에 있어서는 너무 급작스럽게 관의 주도로 이루어져 기존의 향촌 세력과 갈등을 빚었고, 현량과에서 등용된 사람들은 거의 조광조를 추종하는 신진 사림파들이어서 공평하지 못하다는 훈구파의 반발을 불러일으켰다. 조광조의 급진개혁은 여러 모로 중종을 압박하여 피곤하게 만들었다.

1519년 중종 14년 11월, 조광조는 중종 반정 공신 중 공을 지나치게 인정받은 76명의 관작을 빼앗기를 요청했다. 중종은 그들의 강한 압박에 밀려 76명의 훈작을 삭탈하였다. 그러자 훈구파에서 조광조가 붕당을 조직해 조정을 문란케 하고 있다고 탄핵하였다. 그들은 나뭇잎에 과일즙으로 '주초위왕走肖爲王'이라고 써 벌레가 그것을 갉아먹게 한 다음 궁녀를 시켜 왕에게 바쳤다. 주초走肖는 조趙 자를

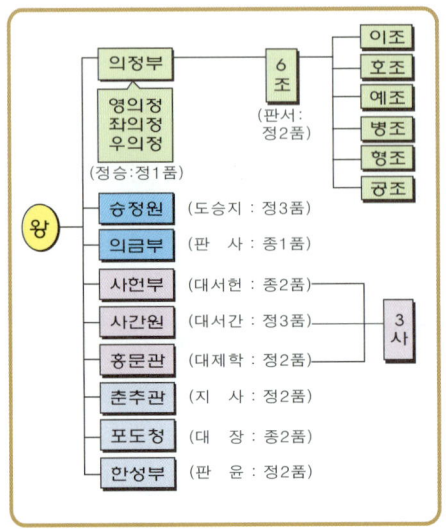

조선의 중앙 관제 구조

나누어 쓴(파자) 글자로 조광조를 가리키며 조씨가 왕이 되려 한다는 뜻이다. 마침 사림들의 기세에 염증을 느끼고 있던 중종은 홍경주, 남곤 등 훈신들의 탄핵을 받아들여 사림과 숙청작업을 벌인다. 이것이 기묘사화이다. 중종은 전교를 내려 조광조, 김정, 김식, 김구 네 사람에게는 사약을 내리고, 나머지는 귀양을 보냈다.

화가 일어난 날 관학의 유생들이 거리마다 들끓고 천여 명은 대궐 밖 광화문에 모여들어 어쩔 줄을 몰라했다. 소를 바치려 하던 유생들은 저지당하자 감정이 폭발하여 문을 밀치다가 상처를 입어 얼굴에 피가 가득했고, 망건이 벗겨지고 울부짖는 유생들로 매우 소란했다.

조광조가 제거되면서 개혁정치는 4년 만에 막을 내렸지만 그의 도학정치는 조선조의 풍습과 사상을 유교식으로 바꾸어 놓는 데 결

붕당

중국이나 우리나라와 같이 제왕에게 권력이 집중된 중앙집권국가에서는 붕당이 원칙적으로 금지되어 있었다. 명나라 법전인 「대명률」에는 붕당을 금지하는 조항이 명문화되어 있고 이 금지조항을 어길 경우 죽음을 면치 못한다. 「대명률」을 쓰고 있었던 조선에서도 이것은 마찬가지였다.

정적인 역할을 하였고, 그 이후 성
리학이 학문적으로 더 발전하게 되
었다. 그 풍토 위에서 퇴계나 율곡
등의 학자가 등장하게 된 것이다.
중종조의 향약 보급은 퇴계와 율곡
에 와서 성립된다.

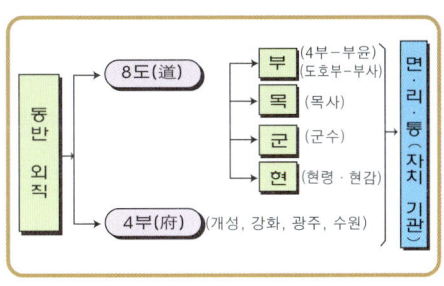

조선의 지방 행정 조직

　1510년에 부산포(동래), 제포(창
원), 염포(울산)의 3포에서 폭동이 일어났다. 3포에 한해 일본인의 출
입과 거주를 허락했었는데, 그곳에 거주하던 일본인들이 조선의 처
우에 불만을 품고 폭동을 일으켰다. 제포에 거주하는 일본인 우두머
리 오바리시와 야스고 등이 대마도주의 아들 종성홍을 대장으로 추
대하여 군사 5천여 명으로 부산포를 공격하여 부산진첨사 이우증을
살해하고 제포첨사 김세균을 납치하고 이어 웅천과 동래를 공격하
였다.

　조정에서는 좌의정 유순정을 도순찰사에 임명하고 황형을 경상
좌도방어사, 유담년을 경상우도방어사에 임명하여 진압하게 하였으
나 그들이 육상 병력 외에 125척의 군함까지 동원하여 수륙 양면에
서 공격을 감행하여 3포가 거의 초토화되었다. 이에 유순정을 경상
도도원수, 우의정 성희안을 도체찰사 겸 병조판서에 임명하여 진압
에 만전을 기했다. 결국 폭동은 진압되어 3포에 거주하던 일인들은
모두 대마도로 도주하였고, 이후 3포는 완전히 폐쇄되었다. 이때 비
변사가 설치되었다. 비변사는 외침이 있을 때 비상시국에 대비하여
만든 임시기구이다.

　1516년에 주자도감을 설치하여 많은 동활자를 주조하여 『사성통
해』, 『속동문선』, 『신동국여지승람』 등이 간행되었다.

1520년에 원자 호(후에 인종)가 세자로 책봉되었는데, 1534년 중종의 제2계비 문정왕후가 경원대군(후에 명종)을 낳음으로써 권력투쟁이 일어났다. 세자의 외숙 윤임과 경원대군의 외숙 윤원로와 윤원형을 중심으로 두 외척 사이에 기득권 싸움이 일어났다. 이 싸움은 인종이 즉위함으로써 윤임의 세력이 승리한 듯 보였지만 인종 즉위 후에도 계속되어 명종 즉위년에 을사사화로까지 번진다.

1524년, 심정·남곤에게 쫓겨났다가 기묘사화 이후 복귀하였던 권신 김안로가 파직되었고, 1525년 유세창의 모역사건이 일어났다. 1527년 김안로의 아들 김희가 심정과 유자광을 제거하고자 작서灼鼠의 변을 일으켜 경빈 박씨가 폐위되고 복성군이 쫓겨나 죽는 등 크고 작은 사건이 연이어 일어났고, 1531년 김안로의 재등장으로 정국은 혼미를 거듭하였다.

중종대에는 기묘사화 이후 간신들이 판을 치는 통에 정국의 혼미가 거듭되는 가운데, 치세 기간은 길었지만 큰 치적을 남기지 못하고 1544년 57세의 나이로 생을 마감하였다.

● 제12대 인종
(仁宗•1515년~1545년. 재위 기간은 1544년 11월~1545년 7월까지 9개월)

인종은 중종과 장경왕후의 맏아들로 태어났으며, 이름은 호이며, 자는 천윤이다. 인종이 태어난 지 열흘 만에 어머니 장경왕후가 죽어 중종의 제2계비 문정왕후의 손에 키워졌다.

문정왕후는 성격이 표독하고 사악하여 인종을 몹시 괴롭히고 몇 번이나 인종을 죽이려 했다고 전한다. 꼬리에 화선을 단 여러 마리의 쥐를 동궁전에 보내 동궁이 불에 탄 적이 있는데, 인종은 빈을 깨위 나가라고 말하고 자기는 조용히 타 죽겠다고 했다. 그러자 빈궁도 함께 죽겠다고 하며 나가지 않았다. 그때 밖에서 중종이 부르는 소리가 들려, 자기가 죽어 주는 것이 문정왕후에게는 효행이 될지 몰라도 아버지에게는 불충이라며 빈궁과 함께 불길을 빠져나왔다고 한다.

인종은 성품이 조용하고, 형제 간의 우애가 돈독하고, 효성이 지극한 효자였다. 중종이 병을 앓을 때에는 한시도 곁을 떠나지 않고 병수발을 들었으며 부왕의 쾌유를 위해 산천에 기도를 드렸다.

1545년 1월 인종은 대윤(인종의 외숙 윤임을 말함)의 거두 유관을 정승에 임명하는 한편 이언적, 송인수, 김인후 등의 사림을 중용하여 친정체제를 모색하고, 또 문정왕후를 위로하기 위해 문정왕후의 동생 윤원형을 공조참판에 발탁하였다. 그리고 사망하기 직전 조광조, 김정, 기준을 복직시키고 현량과를 복과할 것을 명하여 기묘사림에 대한 신원조처를 단행하였으나 급작스럽게 죽는 바람에 이 명령은 시행되지 않았다.

인종은 즉위 8개월 만인 1545년 7월 1일, 서른 살의 나이에 생을 마감하였다.

●제13대 명종
(明宗•1534년~1567년. 재위 기간은 1545년~1567년까지 22년)

중종과 제2계비 문정왕후 윤씨 사이에서 태어난 명종은 인종의 이복 아우이다. 이름은 환이고 자는 대양으로, 태어나자마자 경원군에 봉해졌다.

명종은 열두 살의 나이로 왕위에 올랐기 때문에 어머니 문정왕후가 수렴청정을 하였다. 마침내 소윤(윤원형)의 세상이 되어 윤원형은 명종 즉위년(1545년)에 을사사화를 일으킨다.

윤인경이 인종의 뜻을 빙자하여 기묘 현량과 출신을 기용하자고 요청하여 사림의 청류로 꼽히던 많은 사람들이 조정에 모습을 드러내자 윤원형은 이기, 정순붕, 허자, 임백령, 최보한 등과 대윤 일파를 몰아내기로 모의하였다. 문정왕후는 윤원형에게 밀지를 내려 이기, 정순붕, 임백령 등이 대사헌 민제인, 대사간 김광준 등에게 연락을 하여 양사(사헌부와 사간부)로 하여금 윤임, 유관, 유인숙을 탄핵하도록 했다.

그런데 백인걸, 유희춘, 김난상 등 중종 말기부터 성장해 온 사림계 인물로 구성된 대간은 윤대비의 밀지를 부정한 것이라고 반대하였다. 이에 각 중신들의 의견을 물어 형량을 정하자고 하여 윤임은 성주로 귀양 보내고, 유관은 벼슬을 바꾸고, 유인숙은 파직하는 것으로 결정하였다. 하지만 홍문관에서도 문정왕후의 밀지의 부당성을 지적하며 논박하였고, 백인걸은 소윤의 간담이 서늘할 정도로 용감하게 그 부당함을 따졌다.

다음날 대비는 노하여 백인걸을 의금부에 잡아 가두고 윤임을 해남에, 그의 아들 흥인을 낙안에, 유관은 서천에, 유인숙을 무장에 각각 귀양 보냈다. 그리고 강경한 언론을 행사하였던 사간 이하의 관원들을 파직시키는 것으로 사건이 일단락되는 듯했으나, 권벌이 유관, 유인숙의 억울함을 극력 주장하는 상소를 올림으로써 상황이 악화되었다. 강경론자들의 주장에 따라 윤임, 유관, 유인숙은 사사, 권벌은 체직당했다.

사건은 여기서 끝나지 않고 경기감사 김명윤이 계림군 유(성종의 왕자 계성군 순의 양자로 윤임의 생질), 봉성군 완(중종의 왕자)을 역모로 고변하고 많은 사림파가 연루되어 변을 당하였다. 그 후 윤임, 유관, 유인숙의 아들들과 계림군의 친인척들이 줄줄이 잡혀와 화를 당했다.

무오(1498년, 연산군 5년), 갑자(1504년, 연산군 11년), 기묘사화(1519년, 중종 14)와 함께 조선 4대 사화로 불리는 을사사화는 외척간의 싸움에 사림이 피해를 당한 사건이었다.

2년 후인 1547년, 양재역에서 한 벽서가 발견되었다. '여자 임금이 위에서 정권을 잡고, 아래에서는 간신 이기 등이 권력을 농단하고 있으니 이것은 나라가 망할 징조'라는 내용이었다.

이것을 계기로 윤원형 일파는 윤임파에 대한 처벌이 미흡해서 생긴 일이라며 윤임의 잔당들과 사림 세력을 제거하고 봉성군 완도 사사하였다.

다시 2년 후인 1549년 4월, 양재역 벽서사건으로 사사된 이약빙의 아들 홍남이 양재역 벽서사건에 연루되어 영월에 귀양 가 있던 중 그의 아우 홍윤을 역모로 무고한 사건이 일어났다. 홍윤은 윤임의 사위로 홍윤과 그 관계자들이 처단되었다. 이때 피해 범위가 넓어 한 면面이 텅 비게 될 정도였다. 홍윤의 얼굴도 모르고 죽은 사람도 있었다고 한다.

윤원형 일파는 정적들을 모두 제거하고 조정을 완전히 장악하였다. 명종조차도 그들의 횡포에 눈물을 흘렸다. 윤원형은 평소 자신에게 불만을 토로하던 형 윤원로를 유배시켜 사사했고, 애첩 정난정과 공모하여 정실부인을 독살하고 노비 출신의 정난정을 정경부인 자리에 앉혔다. 정난정 또한 윤원형의 권세를 배경으로 부를 축적하였고, 권력을 탐한 조신들은 정난정의 자녀들과 혼인줄을 놓았다.

윤원형의 세도는 명종이 친정을 한 후에도 이어져 명종은 그를 견제하기 위해 이량을 중용하였다. 이량은 명종비 인순왕후의 외숙으로 그리 청렴하지 못한 인물이었다. 명종의 신임을 얻자 그는 이감, 신사헌, 권신, 윤백헌 등과 정치를 농단하였다. 또 축재를 일삼아 그의 집앞은 항상 시장처럼 사람들로 들끓었다고 한다. 그래서 당시 사람들은 윤원형, 이량, 심통원을 '조선의 3흉'이라 불렀다.

명종은 그를 한때 평안도 관찰사로 내쫓기도 했지만 윤원형의 권력 독점이 심해 그를 다시 이조참판에 제수하였다. 이량의 세도와 권력 남용은 다시 시작되었다. 그러자 사림들이 그를 탄핵하기 시작했고, 그는 기대승, 허엽, 윤근수 등의 사림 세력을 제거할 음모를 꾸몄다. 이 음모가 조카 심의겸에게 발각되어 1563년 그는 삭탈관직되었다.

정만종과 박한종의 추천으로 승려 보우는 문정왕후와 인연을 맺게 되었다. 불교중흥이라는 야망을 품은 보우는 문정왕후의 신임 하에 1551년 유신들의 반대를 무릅쓰고 봉은사에 선종을, 봉선사에 교종을 두어 양종제를 부활시켰다. 당시는 도승법의 폐지로 인해 양민들이 쉽게 중이 되었다. 그리고 승과제가 없어져 승도의 기강이 무너져 있었다. 보우는 여러 가지 폐단을 일소할 수 있는 방법으로 양종을 세우고 도승제를 부활시키려 했다.

1552년 승과가 부활되면서 휴정과 유정 같은 인재가 발굴되었다. 결국 도승법과 승과의 부활로 승과에 합격한 승려들이 도첩을 소지한 승려들을 통령하는 방식으로 불교계를 혁신하면서 불교 세력을 확대시켰다. 그 밖에 승려의 부역 동원 반대, 유생들의 사찰 출입금지, 사원전에 대한 면세조처가 단행되어 내수사(대궐에서 쓰는 쌀, 베, 잡물과 노비 등에 관한 사무를 맡아 보던 관부)와 양종이 먹고 사는 토지가 나라의 반이 된다고 할 정도로 사원 경제의 규모는 급속히 확대되었다. 이러한 불교정책은 성리학 이념에 충실한 관료들의 반발을 사 보우에 대한 탄핵이 끊이지 않았다.

1553년에 문정왕후의 수렴청정이 끝나고 명종의 친정이 시작되었다.

1555년 5월, 왜구가 선박 70여 척을 앞세우고 전라남도 남해안에 침입하여 성을 포위하였고, 어란도, 장흥, 강진, 영암 일대에서 노략질과 약탈을 하였다. 이것이 을묘왜변이다. 조선과 일본은 1547년에 정미약조를 맺고 왜인들의 통교를 허락하였지만, 여러 가지 규제를 받았고, 일본 전역이 전운에 싸이자 왜구들은 명나라 해안과 조선 해안 지방에서 약탈을 감행하였다. 왜구는 조정의 토벌대에 의해 섬멸되고 대마도와의 무역관계가 악화되자 대마도주는 조선을 약탈한 왜구의 목을 잘라 와 사과하며 세견선(무역선)의 증가를 간청해 왔다. 이에 조선은 대마도의 생활 필수품을 돕고자 세견선 5척을 허용하였다.

1565년, 보우는 3년 전에 죽은 명종의 세자의 명복을 빌기 위해 대규모 무차대회를 열 계획이었으나 하루 앞두고 문정왕후가 죽어 불사를 이루지 못했다. 성리학으로 무장된 이황, 기대승, 박순 등의 사림파가 정계에 본격적으로 진출하면서 불교정책을 비판했었으나 문정왕후와 윤원형이 있어 그들의 비판은 크게 받아들여지지 않았다. 문정왕후가 죽자 보우와 소윤 세력이 함께 무너졌다.

1559년 3월부터 임꺽정의 활동에 대한 기록이 처음 나타났다. 그 이전부터 많은 도적떼가 있었지만 도적의 체포 과정이 지나치게 과열되어 오히려 민폐만 끼치고 있어 백성들은 이중의 고통을 받고 있었다. 도적은 임꺽정의 주무대인 황해도 지방에서 더욱 극심했다. 임꺽정은 경기도 양주 출생으로 어릴 때부터 힘이 세 사고를 일으켜

'걱정'시키는 일을 많이 하여 붙여진 이름이라 한다.

황해도 지역은 일찍부터 해택지를 비롯한 땅이 많이 개간되었는데, 대부분 왕실과 지배층이 차지하고 농민들은 소작인으로 전락해 있었다. 특히 황주, 안악, 봉산, 재령 등은 염분이 많고 저습한 지대여서 농경에 적합하지 않고 갈대가 무성하여 노전이라 불렸다. 이 부근의 백성들은 갈대를 채취하여 삿갓과 밥그릇을 만들어 생계를 꾸려나갔다. 그런데 노전이 황무지라는 구실하에 권세가의 토지가 돼 버리는 바람에 주민들은 갈대를 권세가에게 구입해야 했고, 1556년에는 내수사의 소속이 되어 내수사에서 갈대를 구입하게 되어 생존의 어려움을 겪었다.

황해도의 도적을 소탕하려던 개성부 포도관 이억근이 임꺽정 일당에게 살해되면서 임꺽정의 존재가 부상했다. 임꺽정은 일반 민중들의 지지를 받으며 게릴라전을 전개하여 정부에서는 그들을 잡지 못했다. 1560년 11월 엄가라는 가명을 쓰며 서울 숭례문 밖에 숨어 지내던 모주謀主 서림이 관군에게 체포되었다. 그는 자신의 이익만 추구하는 기회주의적인 인물이었다. 그에 의해 임꺽정의 활동과 비밀이 탄로나 관군은 임꺽정 일당에 대한 소탕작전을 개시하면서 치열한 격전이 벌어졌다. 오랜 기간 격전을 벌이다 수적으로 열세인 임꺽정 일당은 토벌과 추위 속에 무기와 식량마저 구하기 어려워 구월산으로 들어가 저항하다 1562년 임꺽정이 황해도 토포사 남치윤에게 잡힘으로써 3년여에 걸친 임꺽정의 난은 일단락되었다. 임꺽정은 체포된 지 15일 만에 처형되었다.

문정왕후의 섭정과 외척 윤원형 일파와 또다른 외척 이량, 심의겸의 세력에 시달리던 명종은 1567년에 치세 22년, 34세를 일기로 생을 마감하였다.

● **제14대 선조**(宣祖•1552년~1608년. 재위 기간은 1567년 7월~1608년 2월
까지 40년 7개월)

선조는 중종의 서자 덕흥군 이초의 셋째 아들로 중종의 서손이다.
명종의 유일한 아들 순회세자가 가례를 올린 지 얼마 안 되어 죽어 명
종에게는 후사가 없었다. 선조의 이름은 처음에 균鈞이었으나, 명종
의 아들 순회세자의 이름 항렬자를 따 연으로 바꾸었다. 왕실의 적손
이 아닌 사람으로 왕실의 방계에서 처음 왕위를 계승한 것은 선조가
처음이다. 선조가 왕위를 이음에 따라 선조 2년에 그의 생부 덕흥군
이 대원군으로 추존되었다. 대원군이란 왕이 후사가 없이 죽어 종친
중에서 왕위를 계승하게 되는 경우 왕의 아버지에 대한 호칭을 일컫
는 말이다.

명종이 여러 왕손을 궁중에서 가르치면서 하루는, 너희들의 머리
가 큰가 작은가 알아보려고 한다며 익선관(임금이 정무를 볼 때 쓰는
관)을 차례로 써보라고 했다. 그런데 나이가 제일 어렸던 하성군(선
조)이 관을 두 손으로 받들어 어전에 도로 갖다놓고 머리를 숙여 사
양하면서 "이것이 어찌 보통 사람이 쓸 수 있는 것이겠습니까" 하여
명종이 기특하게 여겨 마음속으로 왕위를 전할 뜻을 정했다는 일화
가 있다. 명종은 하성군을 불러 학업을 시험해 보기도 하고, 따로 한
윤명, 정지연과 같은 선생에게 가르치게 했다. 하성군은 글을 읽으
면서 남들이 생각하지 못하는 것들을 많이 질문하여 선생들이 대답
을 제대로 못한 적도 있다.

선조가 16세의 나이로 즉위했기 때문에 명종의 비 인순왕후 심씨
가 수렴청정을 했으나 선조가 친정할 능력이 있다는 판단에 이듬해
17세 때 섭정을 그만 두었다.

조선 시대

즉위 초 선조는 학문에 정진하고 매일 경연에 나가 정치와 경사를 토론하였으며 제자백가서 대부분을 섭렵하고 성리학적 왕도정치의 신봉자가 되어 사림의 명사들을 대거 등용하였다.

친정을 하게 된 선조는 제일 먼저 과거제를 개편하여 현량과를 다시 실시하면서 기묘사화 때 화를 입은 조광조에게 영의정을 증직(죽은 뒤에 관직과 품계를 추증함)하고 이후 억울하게 화를 당한 사림들을 신원하였다. 반면 화를 입힌 남곤 등의 관직은 추탈하였고, 을사사화를 일으켜 윤임, 유관 등을 죽이고 녹훈의 영전을 받았던 이기, 윤원형 등의 훈장을 삭탈하였다. 조광조의 추증(나라에 공로 있는 벼슬아치가 죽은 뒤 그 관위를 높여 주는 일)이나 남곤의 추죄(죽은 뒤에 죄를 따지는 일)는 중종 말년부터 주장되었던 것이 이때 이루어진 것이다.

훈구세력이 정치무대에서 사라지고 정권을 장악한 사림은 명종조에 심의겸의 도움으로 관계에 진출해 있던 선배 사림과 사림 정치하에서 새로이 진출한 후배 사림들 사이에 당쟁이 벌어지게 되었다. 후배 사림들은 선배 사림들을 속물이라 하며 소인으로 몰아세우고 자신들은 군자로 자처했다.

명종의 고명 대신으로 선조가 즉위하는 데 결정적인 역할을 담당한 이준경을 필두로 심통원, 민기, 홍섬, 홍담, 송순, 김개 등은 구신을 대표하고 이황, 노수신, 유희춘, 김난상, 이이, 정철, 기대승, 심의겸, 이후백, 신응시, 유성룡, 오건, 김우옹 등은 사림을 대표하는 인물들이다.

1572년 이준경은 임종에 앞서 붕당의 조짐을 시사하고 그 타파책을 강구할 것을 주장하였다. 이이는 이준경의 말을 시기와 질투, 음해의 표본으로 간주했지만 그의 말은 들어맞아 1575년 사림들은 동인과 서인으로 분리되어 당파 싸움을 하게 되었다. 동인은 주로 주리철학적 도학을 펼친 조식과 이황의 제자들로 이루어진 영남학파가, 서인에는 주기철학을 주장했던 이이와 성혼을 추종하는 기호학파 인물들이 참여했다.

1572년 2월 이조정랑正郞 오건이 자신의 후임으로 김효원을 추천했다. 김효원은 이황, 조식, 김근공의 문인으로 명종조인 1565년에 문과에 장원한 수재였다. 그런데 이조참의 심의겸이 오건의 추천을 거부했다.

전랑銓郞은 문무관의 인사 행정을 담당하던 이조와 병조의 정랑과 좌랑을 일컫는 말로서, 이조정랑은 인사권과 언론권이 집중되어 있는 직책이어서 품계는 낮았지만 당상관도 이조정랑을 만나면 말에서 내려 인사를 할 정도로 여러가지 특권을 가지고 있어 전랑의 손에 권력의 향배가 달려 있다고 해도 과언이 아니었다.

심의겸은 윤원형(소윤)의 집에서 김효원을 본 적이 있어 '권신의 집을 드나드는 소인'이라는 선입견이 항상 남아 있었다. 이후 오건이 관직을 버리고 낙향함으로써 조정에 파문을 남기고 심의겸과 김효원의 알력이 심화되었다. 이후에도 김효원은 심의겸의 저지를 받아 정랑의 문턱에서 고배를 마셨지만 마침내 1574년 7월 이조정랑에 임명되었다.

나중에 심의겸의 아우 충겸이 김효원의 후임으로 거론되었는데 김효원은 이발을 추천하면서 다시 파란이 일었다. 조정이 불안해지자 이이가 조정책으로 두 사람을 외직에 임명하자고 하여 심의겸은 개성유수, 김효원은 경흥부사로 파견되었다. 그런데 문제는 더 꼬여 분당을 재촉하는 꼴이 되고 말았다.

동인 서인의 당호는 김효원이 동쪽 건천동(동대문시장 터)에 살았기 때문에 그를 추종하는 계열을 동인, 서쪽 정릉동에 살았던 심의 겸을 추종하는 계열은 서인이라고 하여 만들어진 이름이다.

동인들은 대체로 이황과 조식의 문인들이 많았고, 동인의 영수로 추대된 허엽(허균의 아버지)은 선배 사림이고, 유성룡, 우성전, 김성일, 남이공, 김우옹, 이발, 이산해, 송응개, 허봉, 이광정, 이원익, 홍가신, 이덕형은 동인의 주축을 이룬 소장파 인사들이다.

서인은 허엽과 대립했던 박순을 영수로 이이와 성혼의 제자들이 많았다. 정철, 신응시, 정엽, 송익필, 조헌, 이귀, 황정욱, 김계휘, 홍성민, 이해수, 윤두수, 윤근수, 이산보 등이 주축이 되었다.

1589년에는 전주에 사는 정여립이 반란을 도모한다는 비밀보고가 조정에 올라왔다. 정여립은 전주 동문 밖에 살고 있었는데, 일고여덟 살 때 아이들과 놀면서 까치 새끼를 부리에서 발톱까지 토막낸 일이 있었다. 그의 아버지가 그것을 발견하고 누가 한 일이냐고 묻자 여종이 여립이 하였다고 말하였다. 그날 밤 여립은 잠자는 그 여종의 방에 들어가 여종의 배를 갈라 죽여 버렸다. 어린 시절부터 그의 '악장군' 같은 모습에 사람들은 경악했다.

1570년에 문과에 급제하여 이이와 성혼의 문하를 왕래하며 학문을 논하며 '공자는 익은 감이고, 이이는 덜 익은 감'이라며 이이를 극구 칭찬하다가 동인으로 전향하고부터는 이이를 '나라를 그르치는 소인'으로 매도하여 선조의 눈 밖에 나버렸다. 이발이 그를 계속 천거했지만 선조는 끝내 그를 등용하지 않았다.

고향으로 내려간 그는 동인들과 관계를 유지하며 재기를 노리며 무뢰한들을 불러 모았다. 그리고 황해도로 간 여립은 안악 사람 변숭복과 박연령, 해주 사람 지함두 등과 사귀며 일을 꾸몄다. 그는 전주 금구, 태인 등 이웃 고을의 여러 무사들과 노비 등 계급의 상하를

정여립이 달아났다고 전해진 죽도

막론하고 사람들을 모아 '대동계'를 조직했다. 1587년 왜구가 전라도 손주도에 침범했을 때는 전주 부윤 남언경이 여립에게 군사를 원조 받을 정도였다.

그는 왕위 계승의 절대성을 인정하지 않고 '목자는 망하고(木子亡) 전읍은 흥한다(奠邑鄭興)'는 동요가 떠돌자 그것을 옥판에 새겨 지리산 석굴 속에 감추어 두었다가 나중에 우연히 발견한 것처럼 꾸몄다.

그의 비밀이 누설된 것을 알고 변숭복은 금구로 달려가 정여립에게 알렸다. 여립은 변숭복, 아들 옥남 등과 죽도로 달아났다. 진안현감 민인백은 관군을 이끌고 그들을 추격해 와 여립을 둘러싸자 그는 변숭복과 아들 옥남을 먼저 치고 칼자루를 땅에 꽂고 자결했다.

정여립 사건을 계기로 서인들은 주도권을 장악하고자 했다. 서인의 실세 정철이 우의정에 임명되어 이 사건의 조사관이 되면서부터 역옥은 더욱 가혹하게 다스려졌다. 동인의 유력인사들을 연루시켜 처벌하였고, 김빙은 정여립의 시체를 찢을 때 바람이 차서 눈물이 흘러나오는 것을 닦다가 여립의 죽음을 슬퍼한 것으로 오해받아 죽었다.

기축옥사 때 죽은 사람이 1천여 명이었다 하고, 죽은 사람들은 모두 선조에 대해 비판적인 인사들이라는 특징이 있는 것으로 보아 기축옥사는 서인이 정여립의 모역을 기화로 정계에서 동인을 몰아내고 정권을 장악할 수 있는 계기를 마련한 사건으로 본다.

정여립 모역 사건과 기축옥사는 지금까지도 조작된 것인지 아닌지에 대해 의문으로 남아 있는 사건이다.

1590년, 도요토미의 동태가 수상하다는 말이 여러 경로로 조정에 들어와 조정은 통신사 황윤길과 통신부사 김성일 등을 왜구에 보내 동향을 살피도록 했다. 1591년 3월에 귀국한 두 사람의 보고는 서로 상반되었다. 황윤길은 왜국이 한창 전쟁 준비를 하고 있으니 침략에 대비해야 한다고 했고, 김성일은 도요토미의 인물이 보잘것없고 군사 준비는 하고 있지 않으니 전쟁에 대비하는 것은 민심을 혼란스럽게 하는 일이라고 보고했다. 이때 도요토미는 '정명가도', 즉 명나라를 정벌하는데 조선이 길을 내줄 것을 요구하며 조선을 압박하고 있었다.

두 사람의 서로 다른 보고는 서인과 동인의 정치적 대결 양상에 맞닿아 당시 동인의 세력이 우세했던 관계로 김성일의 주장을 받아들여 전란에 대비하지 않는 쪽으로 결론이 났다. 그런데 1592년 4월 14일 오후 5시에 고니시 부대가 부산포에 도착하였다. 이것이 임진왜란의 시작이었다.

부산을 함락한 왜군은 동래로 갔고 거기서도 왜군은 승리하여 파죽지세로 북상하였다.

당황한 조정은 유성룡을 총사령관 도체찰사에 임명하는 한편, 신립을 도순변상 임명하는 등 임시 변통적인 조처를 취했다. 비장한 심정으로 배수에 진을 치고 일대 결전을 벌인 도순변사 신립이 패전하여 달래강(충주)의 혼이 되고 말았다는 소식은 조정을 크게 실망시켰고, 4월 29일 선조는 유생들의 궐기에도 피난을 결심했다. 임금이 도성을 버리는 순간 백성들의 마음속에 임금을 향한 원망과 분노가 경복궁, 창경궁, 창덕궁에 불을 지르고, 형조, 장례원에 보관중이던 노비 문서를 소각하는 것으로 표출되었다. 극도의 불안 속에 광해군의 세자 책봉과 분조활동이 비상타개책으로 제시되었다. 세조는 평소 아끼던 광해군을 세자에 책봉하고 서울을 떠났다. 그것은 신립의 패전 소식을 접한 4월 29일의 일이었다.

선조는 5월 2일에 한양에 이어 개성과 평양이 함락되고 함경도까지 왜군이 침략하자 요동으로 망명할 채비를 갖추고 의주로 향하기 전 평안도 박천에서 세자 광해군에게 종묘와 사직을 받들고 본국에 머물도록 전했다. 이때 선조의 행재소를 원조정, 세자가 있는 곳을 소조정, 즉 분조라 했다. 광해군의 분조는 공식적으로 1592년 6월부터 1593년 10월까지 약 16개월 동안 활동하였다. 분조에 배속된 관리는 영의정 최흥원 이하 이덕형, 이항복, 한준, 정창연, 김우옹, 심충겸, 황신, 유몽인, 이정구 등 학식과 외교에 뛰어난 인물들이다.

광해군은 평안도, 황해도, 강원도 등지를 돌며 민관군을 위로하고 의병활동을 독려하는 가운데도 관리들의 보필을 받으며 학문과 경륜을 쌓아, 명나라 장수 이여송은 조선의 부흥은 세자에게 달려 있다고 말할 정도였다. 이여송의 신뢰를 기반으로 1593년 1월 조명연합군은 평양성 탈환을 이루었다. 광해군은 분조가 해체된 1593년 이후에도 무군사로 활동하며 국란 극복의 선봉에 섰다.

전국이 왜군에 함락되자 전국 8도에서 의병이 봉기하였다. 의병의 총수는 2만 3천여 명으로 추산되는데, 그 수치가 관군의 25%에 해당한다. 의병활동이 가장 활발하게 전개된 곳은 경상우도였고, 그

남원에 있는 만인의총. 정유재란 때 왜적을 맞아 남원성을 지키다 순절한 민·관·군을 합장한 무덤이다.

지역 출신의 의병장으로 유명한 사람은 홍의장군으로 유명한 곽재우, 정인홍, 조종도, 곽준, 이로 등이고, 호남을 대표하는 의병장으로는 고경명과 고종후 부자와 김천일 등이다. 충청도 지역은 조헌이 있었다. 한편 승려의 의병 활동도 결코 무시할 수 없는 존재들로서 대표적인 승병장들로는 휴정과 유정, 영규, 처영, 의엄이 있었다.

그리고 남해안에서 이순신이 활약함으로써 전세는 서서히 역전되어 갔고, 명나라의 원병이 참전함으로써 반전하기 시작했다. 명나라 1차 원군은 평양전투에서 패전했지만 1592년 12월 이여송이 4만 3천여 명의 대군을 이끌고 압록강을 건너온 2차 원군은 평양성을 탈환함으로써 반전의 결정적인 계기가 되었다. 그러나 지나치게 자신만만하게 추격하다가 서울 북쪽 벽제관에서 왜군의 기습을 받고 기세가 꺾여서는 개성으로 회군하여 평양으로 돌아갔다.

이때 서울을 수복하기 위해 행주산성에 와 있던 전라감사 권율을 중심으로 민관군이 결집하여 전사에 빛나는 대승을 거두었는데, 이것이 행주대첩이다. 이 무렵을 전후하여 화의론, 즉 강화협상이 본격적으로 거론되었다. 명나라 사신 심유경은 화의를 성립시키기 위

행주산성

해 도요토미의 본영에까지 들어갔다. 그 노력은 2~3년 계속되었다. 왜군은 서생포에서 웅천에 이르는 사이에 성을 싸고 화의의 결과를 기다리고 있었다.

도요토미는 명나라에 대해 첫째, 명나라의 황녀를 일본의 후비로 삼을 것, 둘째, 무역증인貿易證印을 복구할 것, 셋째, 조선 8도 가운데 4도를 할양할 것, 넷째, 조선왕 및 대신 12명을 인질로 삼을 것을 요구했다. 이에 심유경은 도요토미를 왕에 책봉하고 조공을 허락한다는 내용의 거짓 내용을 내세워 명나라 조정의 허락을 얻었다.

1596년 명나라에서는 사신을 파견하여 도요토미를 일본 국왕에 봉하는 책서와 금인을 전달하면서 심유경의 거짓화의가 드러나자 도요토미가 분노하여 1597년 정월에 14만 대군을 이끌고 출정하였다. 이것이 정유재란이다.

심유경은 후에 경상남도 의령에서 명나라 장수 양원에게 붙잡혀 죽임을 당했다.

정유재란 때 이순신은 무고로 파직되고 그의 후임으로 원균이 부임해 있었다. 왜군들은 동래, 울산 등지를 점거하여 교두보를 확보

조헌과 의병들. 임진란 때 의병들이 싸우는 모습

한 다음 남해안 일대를 왕래하며 전세를 관망하였다.

결국 원균이 이끄는 수군이 거제전투에서 참패함으로써 이순신에 의해 마련된 수군의 기반이 붕괴되고 말았다. 왜군들은 이를 계기로 육군은 호남과 호서를 석권하고, 수군은 호남 해안을 점령한다는 두 가지 전략으로 본격화되어 사천, 하동, 구례를 거쳐 남원성을 함락하였다. 남원에 이어 전주성이 함락되고 임진왜란 초기의 상황처럼 파죽지세로 무너졌다.

그러나 명나라 장수 양호가 직산 근방의 소사평에서 왜군을 대파함으로써 왜군의 북상이 차단되었고, 해상에서도 이순신이 다시 통제사에 등용됨으로써 전세가 일순간에 반전되어 양호가 소사평에서 대승을 거둔 지 열흘 만에 왜구의 서진을 완전히 봉쇄하였다. 이것

부산진성의 전투

이 이순신의 명량대첩이다.

두 전투에 타격을 받은 왜군이 주춤한 가운데 겨울이 닥쳐와 왜군들은 겨울을 나기 위해 남해안으로 모여들어 울산에서 순천에 이르는 남해안 800리에 성을 쌓고 주둔함으로써 전쟁은 한동안 소강상태를 보였다. 이 과정에서 명나라 제독 진린과 이순신 사이에 알력이 생겼으나 이순신이 용의주도하게 대응하여 연합수군의 총지휘권을 이양받았다.

1598년 7월 양호의 자리를 만세덕이 대신하면서 조명연합군의 총공격이 시작되었다. 그러나 이어 도요토미가 사망하면서 전쟁의 흐름은 바뀌었다. 왜군은 도요토미의 유언으로 비밀리에 회군하고 있었는데, 조명 연합군은 이 사실을 전혀 모르고 다만 왜군의 퇴로를 차단하는 데 전력했다. 해상에서는 이순신과 진린이 퇴로를 봉쇄하였고 육상에서는 유정의 추격전이 실시되었는데, 유정이 왜군의 뇌물공세에 매수됨으로써 왜군을 소탕할 절호의 기회를 놓치고 말았다. 왜군은 진린에게 뇌물 공세를 펴려다 이순신의 저지로 실패

한산도 대첩

여수에 있는 진남관. 임진왜란 때 이순신 장군이 지휘 본부로 사용하던 곳이다. 원래는 일년에 두 번 돌아가신 임금께 제사를 지내던 곳으로, 우리 나라에 남아 있는 가장 큰 목조 건축물이다.

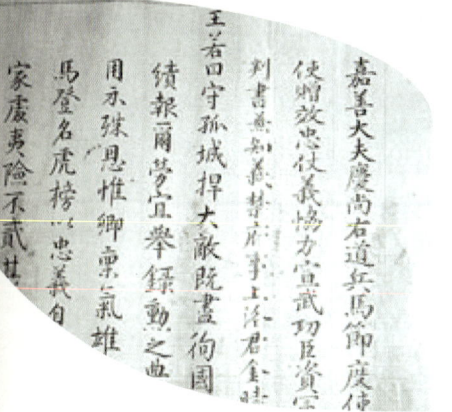

김시민 교서. 선조가 1604년 김시민 장군의 진주성 싸움 등 공적을 치하하고 노비와 토지 등 은급을 내린다는 내용이 쓰여 있다.

하고 독 안에 든 쥐가 되었다. 왜장 고니시는 시마즈에게 구원을 요청하여 1598년 시마즈가 군함 500여 척을 이끌고 노량을 기습했다. 통제사 이순신은 결사항전의 자세로 전쟁에 임해 수많은 적의 군함을 격침시키고 도망가는 적을 추격하다 유탄에 맞아 전사하고 이로써 시마즈는 겨우 50여 척의 군함을 이끌고 도망하였다.

중간에 휴전이 있었지만 7년간 계속된 왜란으로 조선은 상처투성이가 되었다. 수많은 백성들이 생목숨을 잃었고, 농경지의 대부분이 황폐화되었고, 귀중한 문화재가 파손되고 약탈당했다.

명나라도 국력이 소모되어 얼마 있다 멸망하고 말았고, 일본에서는 도요토미 정권이 무너지고 도쿠가와 정권이 들어섰다.

김효원과 심의겸이 대립할 때는 동인 서인 양당만이 있었는데, 정여립의 사건이 있고 난 후 서인이 정계에 진출하였지만 인조반정이 있기 전까지 거의 소외되다시피 하고 동인은 세력이 더욱 성해져 다시 남인과 북인으로 갈라졌고, 북인은 다시 대북과 소북으로, 대북과 소북은 다시 중북, 탁북, 청북, 골북, 육북으로 갈라졌다.

1591년에 선조가 40세를 넘기자 건저(세자를 세우는 일)를 미룰 수 없다는 논의가 신하들 간에서 제의되었는데 이 문제를 제일 먼저 내놓은 이가 좌의정 정철이다. 그런데 선조에게는 적자가 없어 후궁의 소생 중에 세자를 책봉해야 했다. 여러 신하가 논의한 끝에 광해군을 세자로 옹립하기로 결정하고 선조에게 주청을 올리기로 했다. 이 과정에서 이산해는 당시 서인의 거두였던 정철을 제거하기 위해 음모를 꾸몄다. 이산해는 임금이 신성군을 총애하고 있다는 사실을 알고 '정철이 장차 세자 세우기를 청하고 이어서 신성군 모자를 없애버리려 한다'고 거짓으로 알려 임금의 귀에까지 들어가게 했다.

이를 모르고 있던 정철은 경연에서 '세자를 세워야 한다'는 말을 꺼내자 선조는 분노해 정철을 삭탈관직하였다. 이후 세자 책봉 문제는 거론되지 못했고, 임진왜란이 일어나자 분조해야 할 상황에서 광해군을 세자에 책봉하게 되었다.

다시 정권을 잡은 동인들은 서인들에 대해 숙청을 감행하고 이과정에서 동인은 다시 북인과 남인으로 나누어졌다. 정철의 치죄 과정에서 사형을 시켜야 한다는 과격파는 북인으로 이산해와 이발, 귀양을 보내야 한다는 온건파는 남인으로 유성룡과 우성전이 있다. 유성룡이 영남 출신이고, 우성전의 집이 남산 밑에 있어 남인으로, 이발의 집이 북악산 밑에 있어 북인이라는 말이 유래되었다.

1607년 겨울 선조는 병세가 악화되자 밀지를 내려 대신들을 불렀다. 선조가 세자에게 임금의 자리를 물려준다는 전교를 내리자 유영경이 반대하였다. 이이첨, 이경전을 통해 정계의 동정을 파악하고 있던 정인홍이 '유영경이 동궁을 동요시키고 좌의정, 우의정 등이 이를 부추긴다'고 비판하자 선조는 오히려 정인홍, 이경전, 이이첨을 유배 보냈다. 이로부터 선조는 세자 광해군이 문병 올 때마다 심하게 내쳐 광해군은 정신을 잃고 땅에 엎드려 피를 토하기까지 했다. 그러다 선조가 사망하고 광해군이 즉위하자 유영경을 위시한 소북은 궁지에 몰렸다.

외척을 없애고 신권 중심의 뛰어난 정치를 펼쳤지만 임진왜란을 막지 못해 유약하고 우유부단한 왕으로 인식된 선조는 1608년 57세를 일기로 생을 마감하였다.

● 제15대 광해군

(光海君•1575년~1641년. 재위 기간은 1608년~1623년까지 15년)

광해군은 선조의 둘째 아들로 이름은 혼琿이고 어머니는 공빈 김씨이다. 공빈 김씨는 임해군과 광해군을 낳고 27세의 나이로 세상을 떠났다. 그때까지 후사가 없던 의인왕후 박씨가 두 왕자를 길렀다.

광해군은 임진왜란이 일어난 1592년에 분조 체제 아래서 세자에 책봉되어 조정의 일부를 맡아보긴 했지만 정식으로 세자에 책봉된 것이 아니었고, 전시라서 책봉례도 제대로 갖추지 못한 채 세자로서 임무를 수행하였다. 선조는 광해군보다는 신성군을 더 총애했다.

왕위 계승자가 선정되면 중국으로부터 고명을 받는 것이 통과의 례였다. 조정에서는 1594년(선조 27년) 1월부터 1596년까지 여러 차례 광해군을 세자로 책봉해 줄 것을 요청했지만 명에서는 적자도 아니고 서장자도 아닌 광해군을 세자로 책봉하는 것을 쉽게 허락할 수 없다며 허락하지 않았다.

1600년 6월 중전 박씨가 죽고 2년 후 선조는 김제남의 딸인 인목왕후를 비로 맞아 열네 번째 만에 적통인 영창대군을 보게 되었다. 당시 유영경 등 소북 세력은 선조의 뜻을 알아차리고 세자를 영창대군으로 바꾸려고 했으나 선조가 죽는 바람에 광해군이 즉위하게 되었다. 선조는 죽기 전에 유영경, 한응인, 신흠, 허성, 박동량, 서성, 한준겸을 고명대신으로 하여 '영창대군을 잘 보살펴 주길 바란다'는 내용의 서찰을 남겼다.

광해군이 즉위한 후에도 명에서는 예의를 아는 나라라고 자랑하면서 장자를 폐하고 차자를 세우는 일을 마음대로 할 수 있느냐며 여전히 광해군을 왕으로 인정하지 않았다. 명에 사신으로 가 있던 이호민 등이 임해군이 중풍으로 무덤을 지키고 있고 임해군이 왕위를 사양했다고 변명을 하였는데 이 말이 사태를 더욱 악화시켜 명에서는 자초지종을 조사하겠다고 했다. 이에 조정에서는 영의정 이원익 이하 문무관, 종실 등 18,805명의 연명으로 광해군을 추대한 까닭을 적어 북경으로 보냈지만 명에서는 진상조사단을 조선에 파견하였다.

그때 임해군은 왕위를 도둑 맞았다며 노골적으로 불만을 표현하고 있었다. 명의 사신들은 광해군을 먼저 만나보고 당시 유배중인 임해군을 만났는데 대신들은 임해군을 협박하여 각본대로 말하도록 해놓고, 또 명의 사신들에게는 수만 냥의 은과 인삼을 주었다. 이런 우여곡절 끝에 즉위 이듬해인 1609년 6월에 명의 인준을 받아 책봉례를 행하였다. 광해군은 임전 때 분조의 세자로 책봉된 때부터 즉위 초까지 17년 간이나 정통성을 인정받지 못하는 가운데 심적으로 상처를 받게 되었다. 그 상처는 왕위를 지키는 데 위협이 되는 것에 대해 민감하게 만들었다.

광해군은 즉위 한 달 만에 귀양을 가 있던 정인홍, 이이첨, 이경전 등을 불러들여 정계를 개편했다. 적자 영창대군을 지지했던 유영경은 눈치 빠르게 사직을 자청했지만 광해군은 이를 즉시 허락하지 않았다. 그러나 정인홍, 이이첨 등 대북 세력의 아우성에 유영경의 사직을 허락하고 7월에 유영경, 이홍로, 이효원 등 소북의 거물들이 모두 죽임을 당하거나 귀양을 갔다. 대북의 세력 중 이원익, 이항복 등은 형제의 도리를 들어 임해군을 귀양만 보내자 하고 정인홍, 이이첨 등은 역적을 두둔한다고 비난하여 광해군은 임해군을 우선 교동으로 귀양 보냈다. 그러나 임해군은 이듬해 의문의 죽임을 당하였다.

1609년에 임진왜란 이후 단절되었던 일본과 기유조약을 맺어 평화가 회복되었다. 이는 일본의 끈질긴 노력 끝에 체결된 것으로 일본과의 통교를 수락하기 위해 대마도주와 맺은 조약이다. 주요 내용은 대마도주에게 내린 세사미두(조선 세종 때부터 해마다 대마도주에게 내리던 쌀)는 100가마로 하고, 세견선(일본에서 정기적으로 건너오는, 사신을 보내는 사송선이나 무역선)은 20척으로 하고, 특송선은 3척으로 하되 세견선에 포함하고, 수직인(조선의 관직을 얻어 우대를 받은 일본인)은 1년에 1회 조선에 와야 한다는 것 등이다.

1610년, 선조 초반 때부터 논의되었던 사림 5현의 문묘 종사가 이루어졌다. 사림 5현은 김굉필, 정여창, 조광조, 이언적, 이황을 통칭하는 말이다. 선조는 사림 5현에 대해 부정적이었지만 광해군은 관심이 높아 이지굉이 주도하여 5현의 문묘종사를 대대적으로 추진하였다. 1610년 5월 한 달은 이 문제로 조용한 날이 없을 정도로 사림들은 적극적이었는데 드디어 광해군의 허락을 받아 좋은 날을 택해 9월 5일 김굉필, 조광조, 이황은 동쪽에, 정여창, 이언적은 서쪽에 봉안함으로써 절차를 마무리하였다. 이로써 5현이 가지는 도학상의 지위는 확고해졌다.

그러나 정인홍은 이언적과 이황을 5현으로 인정할 수 없었다. 정인홍은 자신의 스승 조식이 4현에도 거론되지 않자 선수를 빼앗겼다는 생각에 1611년 4월 이언적(회재), 이황(퇴계)의 행위와 처신을 조목조목 열거하여 비판하는 이른바 회퇴변척소를 단행하였다.

이언적과 이황은 조식과 함께 당대를 풍미한 사상계의 거장이었다. 이황과 조식은 동갑이고, 이언적은 그들보다 열 살이 위였다. 세 사람은 한자리에 모인 적이 없을 정도로 사이가 가깝지 않았고, 조식의 제자로서 정인홍은 스승과 이황의 불화를 너무도 잘 알고 있었다.

정인홍이 회퇴변척소를 올리자 500명의 성균관 유생들은 곧바로 상소하여 정인홍을 유적儒籍에서 삭제했다. 유적의 삭제는 곧 유림에서 매장되는 것을 뜻하며 엄청난 모욕이고 불명예였다. 그러나 광해군은 정인홍을 두둔하고 주모자를 금고형으로 다스리자 유생들은 단식투쟁을 하였다. 정인홍은 그래서 권력을 유지하였지만 스승을 현양할 목적은 이루지 못하고 정구와 그를 추종하는 사람들이 퇴계학파로 합류하는 바람에 남명학파의 기반을 흔들어 놓았다.

임해군이 죽고 나서 옥사는 계속되었다. 1612년 2월 '김직재의 옥' 사건이 일어났다. 김직재, 황혁, 김백함 등이 진릉군을 왕으로 추대하려는 반역을 꾀했다고 무고를 당한 사건이다. 진릉군은 선조의 여섯 번째 왕자 순화군의 양자로서 임해군의 뒤를 이어 희생된 두 번째 왕족이었다.

1613년 4월 25일 조령에서 동래의 은 장수를 살해하고 수백 냥의 은을 강탈해 여주로 달아났던 일곱 명의 서자들이 체포되었다. 서인의 거두였던 박순의 서자 박응서를 비롯하여 서양갑, 심우영, 박치인, 박치의, 이경준, 허홍인 등이었는데 이들은 서얼금고법으로 벼슬 길이 막혀버린 데 대한 불만을 품고 있었던 불만세력이었다.

　이이첨은 이 사건을 이용하여 영창대군을 없앨 음모를 꾸몄다. 그의　친척 이의숭을 박응서에게 보내 '너는 곧 사형될 것인데 그렇게 죽느니 소를 올려 반역을 고발하면 정훈에 기록될 것'이라는 말을 전한다. 박응서는 귀가 솔깃하여 이이첨이 시키는 대로 '우리들은 단순한 도적이 아니고 국구(국왕의 장인. 부원군이라고도 한다) 김제남과 영창대군을 임금으로 받들려고 도모한 것'이라는 허위자백을 하였다.

　결국 박응서는 사면되었고, 서양갑은 고문을 이기지 못하고 김제남, 영창대군, 인목대비를 얽어넣어 옥사는 돌이킬 수 없게 확대되었다. 서양갑은 자기 어머니가 고문을 당하는 것을 보고 광해군이 자기 어머니를 죽이니 나도 광해군의 어머니(인목대비)를 죽여야겠다는 생각에 말을 꾸몄던 것이다.

　결국 김제남은 서소문 밖에서 사약을 받고. 영창대군은 강화로 유배되어 방에 가두어놓고 아궁이에 불을 지펴 데어 죽게 했다. 그때 아홉 살 어린 나이였던 영창대군은 밖을 향해 어머니를 부르다 죽어갔다.

　그러자 대북 세력은 영창대군의 어머니 인목대비를 단호하게 처리할 것을 주청하였다. 광해군은 형제를 죽이는 것은 전례가 있어 용납할 수 있었지만 모후를 폐위한다는 것은 용납할 수 없었다. 그런데도 폐비론은 끊임없는 논쟁을 되풀이하면서 1617년까지 계속되었다. 마침내 공개토론이라는 형식으로 가부를 물어 대비를 폐출하자는 이이첨 등의 주장이 받아들여졌다. 그에 반대하였던 이항복, 기자헌, 정홍익, 김덕함 등은 귀양길에 올랐다.

대비는 호가 깎여 '서궁'이라 칭해지고 왕족으로서 특권과 대우를 모두 박탈당했고(1618년), 1623년 3월까지 서궁(덕수궁)에 유폐되어 일반 후궁보다 못한 대우를 받았다. 이이첨이 백대형을 사주하여 대비를 죽이려 했을 때 대비의 꿈에 선조가 슬픈 기색으로 나타나 사태를 예고해 주어 대비 침전에 궁인이 누워 있다 대신 화를 당함으로 해서 대비는 변을 면했다. 이 밖에 광해군의 이복 아우 능창군(인조의 아우)도 모역죄로 죽임을 당했다.

1614년 조목이 도산서원의 퇴계 사당에 배향되었다. 퇴계에게 300여 명의 제자가 있었지만 도산서원에 배향된 것은 그가 유일했다. 조목이 도산서원에 배향되기 위해서는 조정의 인가가 필요했고, 정인홍이 협조하지 않고서는 북인 정권의 공식적인 인가를 받을 수 없는 상황이었다. 그런데 정인홍은 그것을 적극적으로 찬성했다. 그것은 조목의 배향을 허용함으로써 정적 유성룡을 제압할 수 있었기 때문이다. 조목은 유성룡의 정치노선에 제동을 걸고 실각시킨 공로가 있었던 것이다.

1616년, 건주위 출신의 누르하치가 58세의 나이로 후금을 세웠다. 여진족은 만주에 기거하면서 1115년 금을 세워 한때 그 세력을 떨쳤었는데 원에 망하고 명나라에 복속되면서 해서위, 건주위, 야인위로 나뉘어 명의 지배를 받고 있었다. 그 중 건주위와 야인위가 우리나라 국경을 자주 침범하였는데 세종 때 4군 6진은 이들을 정벌하고 둔 것이다. 누르하치는 주위 여러 부족을 차례로 토벌하면서 세력을 넓히더니 조선과 명 양국이 팔기제라는 군사 조직하에 임란에 시달리고 있는 틈을 타 만주 지방에 세력을 확장하여 후금을 세운 것이다. 그러더니 명에 선전포고를 하였다. 명은 1만 명이라도 파병할 것을 조선에 요구하였다.

이에 조선은 1618년 7월 형조참판 강홍립을 도원수에, 평안병사 김경서를 부원수에 임명하여 포수 3,500명, 사수 6,500명을 파병하면서 강홍립에게 '대의명분상 어쩔 수 없이 출병하는 것이니 형세를 보아 향배를 정하라'는 밀지를 내렸다. 1619년 2월 조명 연합군 47만은 6만의 후금에게 대패하였고, 강홍립은 은밀히 교섭, 무조건 항복했다. 조정에서는 강홍립을 신하의 절개를 잃었다 하여 그 처자를 치죄하자고 하였지만 광해군은 일축해 버렸다.

얼마 후 누르하치는 조선의 출병이 부득이함을 이해한다는 국서를 보내 광해군도 후금과 우호적 관계를 원한다는 회신과 막대한 물자를 보내 주었다. 그러나 누르하치는 강홍립 등 10여 명을 제외한 포로 전원을 석방해 주었다.

1621년 심양과 요양이 함락된 후 명의 모문룡이 의주로 들어온 일이 있었는데, 후금은 조선이 명을 돕고 있다며 불쾌감을 드러냈다. 광해군은 정충신을 보내 어쩔 수 없는 입장을 변명하였다. 이처럼 광해군은 과단성 있고 실리적인 외교 정책을 펼쳤다.

1623년에는 대동법이 강원, 충청, 전라도로 범위가 확대되었다. 즉위년인 1608년에 그 실효성을 검토하기 위해 경기도에서만 처음 대동법을 실시하였는데 농민들의 호응을 얻자 확대한 것이다. 대동법이란 각 호가 부담하는 공물, 진상 및 지방의 관수 등 잡다한 세목을 토지로 단일화시켜 부과하도록 하여 토지 1결당 흰쌀 12말을 납부하게 한 법이다. 국가는 대동미를 공인들에게 나누어주고 필요한 물품을 구입하여 납부하도록 하였다. 이 일을 맡은 관청이 선혜청이었는데, 이처럼 국가가 일괄적으로 관리하게 됨으로써 방납의 폐해를 시정할 수 있었다.

이 대동법이 전국적으로 실시하는 데는 이후 100년이란 세월이 걸리고, 1894년(고종 31) 세제 개혁이 있기까지 대동법은 계속적으로 실시된다. 대동법이 전국적으로 실시하는 데 100년이 걸린 것은 이권과 관련하여 지방의 토호와 서리 및 지방관리들, 방납(납공자의 공물을 대신 바치고 납공자에게 그 두 배를 받는 것)을 담당했던 상인들, 이들과 연계된 중앙 관리들이 자신의 이권이 사라지자 거세게 반발했기 때문이다. 그러나 대동법은 역사적인 대세였다.

안으로는 부국강병책을 모색하고 밖으로는 실리외교 노선을 걸었던 광해군은 병화로 손실된 서적 간행에도 힘을 써 『신증동국여지승람』, 『용비어천가』, 『동국신속삼강행실』 등을 다시 간행하고, 『국조보감』을 다시 편찬하였고, 실록 보관을 위해 임진왜란 때 소실된 네 곳의 사고를 대신하여 적상산성에 사고를 설치하였다. 허균의 『홍길동전』과 허준의 『동의보감』이 나온 것도 광해군대의 일이다.

대북 세력이 득세하여 정계에서 소외되었던 소북 세력은 계모 인목대비를 유폐하고 사대를 거부하였다는 명분으로 인조반정을 일으켜 광해군은 1623년 폐위된다. 그리고 강화도로 유배되었다가 다시 제주도로 이배되어 심부름하는 사람들에게 멸시를 당하면서도 분개하지 않고 굴욕을 참으며 초연하게 살다 18년간의 유배 생활을 마치고 1641년 67세를 일기로 생을 마감하였다.

●제16대 인조
(仁祖•1595년~1649년. 재위 기간은 1623년~1649년까지 26년)

인조는 선조의 다섯째 아들 정원군의 맏아들로 선조의 서손이다. 그러니까 광해군의 서조카가 된다. 인조의 이름은 종, 자는 화백, 호는 송창으로, 1607년 능양군으로 봉해졌다. 인조는 태어날 때에 붉은 광채가 빛나고 기이한 향기가 진동하였으며 그 외모 또한 비범했다고 전한다. 오른쪽 넓적다리에 검은 점이 많았는데 선조는 이것이 한나라 고조의 상이니 누설하지 말라고 했다. 광해군은 인조가 애지중지 키워지는 것을 보고 그를 별로 좋아하지 않았다.

1623년 3월 12일 밤, 서인의 세력과 함께 무력 정난을 일으켜 왕위에 오른 인조는 맨 먼저 인목대비의 존호를 복원했으며, 광해군의 총애로 권세를 부렸던 김상궁을 참형시키고 그간에 세도를 부렸던 이이첨, 정인홍 등을 처형하고 서인의 미움을 샀던 수백여 명을 유배 보냈다. 특히 이이첨은 평소에 원수진 사람들이 많았는지, 참형을 당하자 도성 사람들이 그의 시체를 난도질하여 온전한 데가 없었을 정도였다.

반정을 주도한 인물은 능양군(인조)이다. 능양군의 동생 능창군은 사람들로부터 군왕의 자질을 갖고 태어난 인물이라는 소리를 많이 들었다. 능양군과 능창군은 선조가 총애했던 신성군의 아들로, 능창군은 신성군의 양자였다. 능창군이 1615년 광해군에 의해 죽임을 당하자 아버지 정원군은 실의에 빠져 지내다 병을 얻어 몇 년 후에 죽었다. 인조반정의 명분은 광해군이 동기를 살해하고 모후(인목대비)를 폐비한 반인륜적 행위와 명에 대해 사대를 하지 않았다는 것이었지만 그 외 여러 사건이 능양군으로 하여금 반정을 일으키도록 부추긴 원인이 되었다.

광해군도 인목대비를 폐비하는 데 있어서는 끝까지 반대하였다. 그리고 명에 대한 사대는 부흥하고 있는 후금의 침략을 사전에 막을 수 있었던 조선의 안정을 위한 실리외교였다. 또 당시는 정태화가 반정공신 중에서 부귀에 마음을 두지 않고 순전히 종묘사직을 위해 일어난 사람은 최명길, 장유, 이해 등 몇 명에 지나지 않았다고 회고할 만큼 당파끼리의 알력이 매우 크게 작용을 하였던 때였다. 결국 반정은 밖으로 드러난 명분보다는 당파끼리의 알력이 더 크게 작용을 한 것이다. 반정이 일어난 지 1년도 채 안 되어 일어난 이괄의 반란은 그것을 반증하는 사건이다.

광해군의 중립적인 외교정책은 후금의 세력을 어느 정도 규제할 수 있었으나 인조가 즉위하면서 표방한 친명정책은 금을 자극해 후금과의 사이에 팽팽한 긴장감이 돌았다. 그래서 인조는 장만을 도원수에 임명하고 이괄을 부원수 겸 평안병사에 임명하여 북방을 수비하도록 했다. 북방수비대의 병력은 1만 5천 정도로, 그 중 주력부대 1만 명은 부원수의 지휘 아래 있었다. 북방의 안녕은 이괄의 손에 있다고 해도 과언이 아니다.

1624년 1월, 중앙의 서인들은 이괄의 병력을 이용해 북인 세력을 제거하기 위한 음모를 꾸미고, 문회, 허통, 이우 등이 이괄과 이괄의 아들 이전, 한명련, 정충신, 기자헌, 현집, 이시언 등이 변란을 꾀하고 있다고 고변하였다. 그러나 확인 결과 무고한 것이 밝혀져 조사 담당관들은 문회, 허통, 이우 등을 사형시켜야 한다고 주장했다. 그러나 서인 집권 세력들의 반대에 부딪쳐 이괄의 아들 이전과 한명련 등을 중앙으로 압송하여 국문하고, 기자헌 등 역모 혐의가 있는 40여 명의 관료들을 하옥시키기로 하였다. 아들을 압송하기 위해 금부도사가 영변으로 오고 있다는 소식을 접한 이괄은 분노했다. 그러잖아도 이괄은 서인 세력을 별로 좋아하지 않았다. 이괄은 아들을 잡아가기 위해 온 금부도사와 선전관을 죽이고 한성으로 압송되던 한명련을 구출해 반란에 가담시켰다. 그리고 다른 주·군도 가담하여 이괄이 1만 2천의 군사를 이끌고 영변을 출발한 때가 1624년 1월 24

일이었다.

반란군의 소식을 접한 도원수 장만은 병력을 동원하여 이를 저지하고자 하였으나 임진강에서 패하였다. 그 소식을 접한 인조는 그날 밤 서울을 떠나 피난길에 올랐는데 인조를 따르는 백성이 없었고, 한강변에 닿았을 때에는 사람들이 배를 언덕에 숨겨놓을 정도로 인심을 잃고 있었다.

이괄은 한양에 입성하여 백성들의 열광적인 환영을 받았다. 관청의 서리와 하인들은 의관까지 갖추고 나왔고, 시민들은 길을 깨끗이 쓸어내고 황토를 깔아주기까지 했다. 이괄은 선조의 열 번째 왕자 흥안군을 새 임금으로 세웠는데, 흥안군은 당시 엉뚱한 짓을 하기로 소문이 나 있던 사람으로 이괄 등에게 버슬을 내리고 군사들에게 술과 고기를 잔뜩 먹이는 등 너무도 당당히 임금 행세를 하자 백성들 사이에 사세가 오래 가지 못하겠다는 말이 나돌았다.

결국 이괄은 장만이 이끄는 관군에게 패하여 이천까지 달아나다 자기와 한편이었던 기익헌, 이수백 등에 의해 죽임을 당함으로써 진압이 되었지만 왕이 도성을 버리고 피난할 정도로 큰 사건이었고, 이괄의 북방 수비대가 도성으로 내려옴으로써 변방의 수비에 허점이 노출되었다. 그리고 반란군의 세력이었던 한명련의 아들 한윤이 후금으로 도망 가 국내 어수선한 상황을 알리며 남침을 종용하여 결국 정묘호란을 초래하고 말았다.

1616년 모든 여진족을 정벌하여 후금을 세운 누르하치는 1619년 사르호산 전투에서 조명 연합군을 물리친 후 명의 세력을 눌렀다. 1627년 후금의 태종은 3만의 대군을 동원하여 조선을 침공하였다. 이른바 정묘호란이었다. 후금군이 의주성을 함락하고 평산까지 진격하자 인조는 강화도로 세자는 전주로 각각 피난하였고, 전국 각지에서는 의병이 일어나 후금군의 퇴로를 위협했다. 이에 후금군은 조속한 화의를 추진하여 '형제의 맹약'을 맺고 정묘화약을 체결한 후 철군하였다.

1636년 4월 국호를 청으로 바꾼 후금은 1616년에 맺은 '형제의 맹약'을 파기하고 '군신의 관계'를 강요하며 군사 3만을 지원하라고 요구하였다. 조선이 이에 응하지 않자 청은 12만 군사를 이끌고 침략하였다. 이것이 병자호란이다.

조선은 청나라가 쳐들어올 것을 예상하여 의주, 안주, 평양, 황주, 평산 등 변방 요지의 방어 병력을 인근의 산성으로 이동시켜 청군의 남하를 지연시키도록 조치하였으나 청군은 산성의 존재가 무력하게 소규모 병력을 잔류시켜 아군의 기동을 막으면서 주력군은 수도권을 향해 빠른 속도로 남하하였다. 1636년 12월 8일에 압록강을 넘은 청군의 선봉부대는 6일 만에 서울 근교에 진출하여 서울과 강화도를 잇는 도로를 차단하였다. 청군이 압록강을 넘어온 지 5일 만에야 보고를 받은 조정은 종묘의 신주와 왕실 및 조정 관료의 식구를 먼저 강화도로 피신시키고 이어 인조와 세자가 강화도로 떠났으나 이미 청군이 그 길목을 점령해 버린 뒤였다. 다시 도성으로 돌아온 인조가 우왕좌왕하는 사이 청군은 홍제원까지 진출하여 최명길이 청군의 진영으로 가서 선봉장 마푸타와 회담을 하면서 청군의 도성 진입을 지연시키는 동안 12월 14일 밤 10시에 인조는 남한산성으로 들어갔다.

다음날 아침, 남한산성에 당도한 청군의 선봉대 4천여 명은 피곤한 몸으로 주력부대와 합류할 시간을 벌기 위해 '왕자를 인질로 하겠다'며 화의를 제기하였다. 이에 정부군은 강경척화노선으로 급선회하는 한편, 산성을 고수하고 각도의 근왕병(왕을 구원하는 병력)을

남한산성

기다려, 반격할 전략을 세움으로써 공격의 기회를 놓쳤다. 이어 청군의 주력부대 중 하나인 좌익군이 19일 산성의 동서·남방 일대에 포위망을 구축하고 12월 22일 대규모 공격을 시작하였고, 다음날에는 두 배나 되는 청병이 공격을 하였다. 이에 인조는 청병이 진용을 갖추기 전에 성문을 열고 나가 공격하여 전과를 올렸다. 관군은 사기가 충천해졌는데 12월 24일 진눈깨비가 내려 인조는 향을 사르고 절하며 날씨가 개기를 기원하였다. 인조의 어의가 다 젖어 추위로 안색이 창백해지자 주위 모든 신료들이 함께 울었다.

청병이 전과를 거두지 못하자 전략을 바꾸어 산성으로 통하는 모든 도로를 봉쇄하여 아군은 성에 고립되었다. 충청, 전라, 경상에서 올라온 근왕병도 수도권 지역으로 진출하였으나 청군의 공격을 받아 패퇴하거나 전진하지 않고 형세를 관망하느라 산성의 위기는 심각해졌다. 12월 29일 아군은 무모한 출성을 시도하였지만 청군의 기만책에 빠져 참패를 당했다. 그러는 사이 12월 30일 청 태종 본대가 서울을 거쳐 산성으로 진군했다. 청군은 삼전도에 지휘소를 설치하고 포위망을 구축하는 한편 근왕병의 지원을 차단하여 산성의 상황

송파구 삼전동에 있는 삼전도비

은 더욱 악화되었다.

　1637년 1월 23일 밤부터 이튿날 새벽까지 청군은 네 차례에 걸쳐 대공세를 해 왔다. 25일 아침 청군은 산성에서 500보까지 근접하여 계속 강화를 요구하였고, 다른 한편으로는 강화도를 공격하였다. 청군은 수전에 경험이 풍부한 한인 사병을 보유하고 있어 수전에 약하지 않았다. 험준한 요새 갑곶을 버리고 강화성으로 물러나 수성하겠다는 검찰사 김경징의 오판은 청군이 강화도에 쉽게 접안할 기회를 주었고, 김경징은 퇴각 명령을 내린 후 육지로 도망하고 남아 있던 100여 명의 장졸은 모두 전사했다. 청군이 강화성을 대대적으로 공격하자 남문을 지휘하던 김상용은 문루에서 화약상자에 불을 붙여 자폭하고 강화성은 함락되었다. 1월 26일 아침 왕비와 왕자, 관료 및 그 가족들은 청군의 경비 하에 삼전도의 청태종 본진에 수용되었다. 청군은 이 사실을 남한산성에 보내어 국왕의 항복을 독촉하였다.

　인조는 항복할 결심을 하고 산성에 들어와 진을 친 지 45일 만인 1월 30일 산성을 나섰다. 남색의 군복을 입고 세자, 대신, 승지 등 500여 명의 신료들과 함께 삼전도로 향했다. 수항단(항복을 받기 위

청 태종에게 머리를 조아린 인조

해 청군이 설치한 건물)에서 인조를 기다리고 있던 청 태종은 국왕이 도착하자 자리에서 일어났고, 인조는 말에서 내려 단 아래로 나아가 단상을 향해 세 번 절하고 아홉 번 머리를 조아리는 '삼배구고두(여진족이 천자를 배알할 때 행하는 의식)'를 하여 강압적인 항복 조건을 모두 수락하였다. 청 태종은 인조를 좌측 상석에 앉도록 하여 모든 제후 중에 가장 우선한다는 것을 보여 주어 조선의 반감을 최소화하였다. 인조는 소파진을 경유하여 배를 타고 한강을 건너 늦은 밤 서울에 당도하여 창경궁 양화당으로 나아갔다.

청 태종은 삼존도에 '대청황제공덕비'를 세워 자신의 공덕을 찬양하도록 강요했다. 이것이 우리에게 잘 알려진 삼전도비이다.

삼전도에서 인조가 굴욕적으로 청에 항복을 한 후 청은 인조의 첫째 아들 소현세자와 빈궁, 둘째 아들 봉림대군, 셋째 인평대군 그리고 척화론자(청과 화친하기를 반대하는 사람들)인 오달제, 윤집, 홍익한을 심양으로 끌고 갔다.

청군은 철수하는 도중에 단도의 동강진을 공격하면서 조선에게 병선을 요청하였고, 도적질을 일삼으며 50만에 달하는 조선 여자들

삼전도비

인조가 청 태종에게 항복한 장소인 서울특별시 송파구 삼전동에 세워져 있다.

현재는 사적 제101호로 지정되어 있으며, 높이는 395㎝, 너비 140㎝의 크기이다. 비문은 이경석(李景奭)이 짓고, 오준(吳竣)이 해서로 썼으며, 여이징(呂爾徵)이 새겼다. 비의 왼쪽에는 몽골문으로, 오른쪽에는 만주문으로, 그리고 뒷면에는 한문으로 사방 7품의 해서로 쓰여졌다.

비의 단이 완공되었을 때 마부대 등 청나라 사신이 비단을 검수하여 만족을 표시한 후 다음 공사를 순조롭게 진행하였다.

비문을 찬할 사람을 정하기 위해 인조는 고민을 해야 했다. 문장과 학식이 출중하고 지위도 높은 인물 중에서 물망에 오른 이경석, 장유, 이경전, 조희일 4명에게 비문의 찬술을 명령하였으나 모두 사퇴의 상소를 올렸다. 이경전은 마침 갑작스럽게 병이 나 책임을 면하고 인조의 독촉에 이경석은 이틀 만에, 장유는 사흘, 조희일은 나흘 만에 비문을 완성하여 올렸다. 인조는 일단 조희일의 비문을 제외시키고 장유와 이경석의 비문은 청나라 사신의 검열을 거친 다음 심양으로 발송되어 이경석의 비문이 채택되긴 했는데, 내용을 고치라는 지시를 받고 인조는 이경석에게 간곡하게 부탁을 하여 청나라의 비위에 맞게 비문을 개찬하였다. 모두 1,009자에 달하는 굴욕의 삼전도비문은 그렇게 해서 완성되었다.

을 끌고 갔다. 이들은 돈을 받고 여자들을 조선에 돌려주었는데, 대부분 빈민 출신이라 돈을 치르고 찾아올 입장이 못 되었고, 더러는 비싼 값을 치르고 찾아오는 경우도 많았지만 돌아와서는 순결을 지키지 못했다는 이유로 이혼을 하게 되어 정치·사회 문제로 대두되기도 했다.

이러한 상처는 인조와 서인이 대명 사대주의에 빠져 광해군의 중립외교의 실리 노선을 제대로 파악하지 못한 것이 원인이었다.

인조는 1649년 5월, 55세를 일기로 생을 마감하였다.

소현세자

병자호란 후 청에 인질로 갔던 소현세자는 8년 만인 1645년에 조선으로 돌아왔다. 그러나 귀국한 지 두 달 만에 자리에 누웠고, 누운 지 3일 만에 34세의 젊은 나이로 죽고 말았다.

당시 종실이었던 진원군 이세완은 세자 염습에 참여했다가 세자의 온몸이 마치 사약을 받고 죽은 사람처럼 검은 빛이었고, 이목구비 일곱 구멍에서 피가 흘러나와 그 얼굴빛조차 분별할 수 없을 정도인 것을 목격하였다.

소현세자는 1612년 1월 4일 인조의 장남으로 태어나 1623년 인조반정이 이루어지자 세자로 책봉되었고, 1627년 12월에 강석기의 딸을 빈으로 맞이했다. 세자빈은 소현세자가 청에 갈 때 함께 갔다.

소현세자는 대사관과 같은 기능을 하는 심관에 거주하며 대사와 같은 임무를 맡아 수행하였다. 소현세자는 청과 원만한 관계를 갖기 위해 그 나라 고관들과 친분을 맺으며 뇌물외교에 필요한 자금을 마련하고자 영리에도 관심을 가졌다.

인조는 심관에서 청을 부추겨 조선왕을 세자로 교체하고 인조를 심양으로 들어오게 공작하고 있다는 소문을 듣고 심복 내시들을 심관에 파견하여 동태를 감시하게 했다.

소현세자가 귀국하자 인조는 청국으로부터 세자에게 왕위를 물려주라든가 심양으로 들어오라고 할지 몰라 불안하였다. 게다가 소현세자가 귀국한 후 청은 조선과 의논할 문제가 있으면 소현세자와 상대하기를 원했다. 그리고 소현세자는 귀국할 때 청나라 물건들을 많이 가져왔는데 그것을 보고 많은 사람들이 실망을 하였다.

인조는 소현세자가 청의 내부 사정이나 서양 문물에 대한 이야기를 늘어놓으며 조선이 변해야 한다고 역설하였는데 인조는 그것을 몹시 싫어하였고, 서양의 책과 기계를 보여주자 몹시 분개하여 벼루로 소현세자의 머리를 내리치기까지 했다.

소현세자가 병을 얻었을 때, 인조의 애첩 조소용의 친정에 출입하던 이형익이 연이어 침을 놓았다. 소현세자가 침을 맞은 지 사흘 만에 죽자 이형익에 대한 비난이 끊이지 않았는데, 인조는 처벌하지도 않았고 사인에 대해 관심을 보이지도 않았다. 그리고 상례에 대해서도 박대에 가깝게 소략을 하여 삼사(사헌부, 사간원의 양사와 홍문관을 말함)에서 간쟁을 하였으나 전혀 개의치 않았다.

이런 여러 정황으로 소현세자는 인조에 의해 독살되었을 것이라고 추정하고 있다.

소현세자가 죽자 인조는 소현세자의 주변 세력과 세자빈 강씨의 친정 오빠들을 모두 귀양 보내고 세자빈은 후원 별장에 유폐시켰다가 사약을 내려 죽게 하였다. 그리고 소현세자의 두 아들은 제주도로 귀양을 보내 죽게 하였고 셋째 아들은 귀양지에서 겨우 목숨을 연명하였다.

봉림대군

형 소현세자와 함께 청에 머물러 있던 봉림대군은 청에 대한 입장이 소현세자와 매우 달랐다. 소현세자는 당시 청에 수입된 서양 문물에 관심을 가지면서 서양인들과도 접촉을 하며 새로운 문물과 사상을 익혀 나갔다. 또 서양 신부 아담 샬과 사귀면서 천주교도 알았고, 아담 샬에게서 받은 서양의 역서나 과학서들을 통해 서양의 역법에 심취하였다.

반면 봉림대군은 철저한 반청주의자가 되었다. 물론 그 역시 서양문물을 대하였지만 소현세자만큼 심취하지는 않았고, 청의 내부 사정을 파악하여 조선에 전해주는 역할을 했다. 그리고 소현세자의 보호를 자청하고 나서 청나라가 산해관을 공격할 때 소현세자의 동행을 강요하자 자기가 대신 가게 해 달라고 고집하여 대신 갔고, 서역을 공격할 때도 소현세자와 끝까지 동행하여 형을 보호하였다. 봉림대군은 청의 대명 전쟁에 참여하여 명이 멸망하는 과정을 목격하고, 청나라 관리들에게 멸시를 받기도 하면서 반청 사상을 키워 갔다.

봉림대군은 먼저 귀국한 형 소현세자가 죽었다는 소식을 듣고 1645년 5월 급히 귀국하여 그 해 9월에 세자에 책봉되었으며, 인조가 죽자 1649년 5월에 왕으로 등극하였다.

효종은 인조의 둘째 아들로 이름은 호이고 자는 정연이다. 1619년에 향교동에 있는 인조의 잠저(왕위에 오르기 전에 살던 집)에서 태어났다. 어머니는 한준겸의 딸 인열왕후 한씨이고, 비는 장유의 딸이다.

세자에 책봉되었을 때 봉림대군은 두 차례에 걸쳐 극구 사양하였으나 다른 어떤 신료들의 반대 상소도 없었다.

어진 이를 존경하고 예우하는 것에 지극했던 효종은 즉위하자마자 김집, 송준길, 송시열 등을 비롯하여 권시, 이유태 등을 조정으로 불러들였다. 그들은 인조 때에는 아무리 불러도 나오지 않던 초야의 학자들이다.

효종은 즉위한 지 한 달이 조금 지난 6월 22일 양사(사헌부와 사간원)에서 김자점의 죄목을 들어 파직을 청했으나 듣지 않다가 1650년 봄에 김자점을 홍천현으로 유배 보냈다. 또 6월 24일에 사헌부가 원두표를 분당의 책임을 들어 파직하기를 청하여 원두표는 관직에서 물러났다. 8월에는 이경석, 정태화, 조익이 삼정승이 되었고, 김상헌이 영돈녕부사, 김집이 대사헌, 송준길이 장령, 송시열이 진선이 되었다. 이에 따라 조정의 요직에 주로 남인들이 중용되었고, 효종의 배청 분위기는 송시열의 북벌론에 근거하여 북벌 계획을 추진하게 된다.

유배당한 김자점은 복수의 칼날을 갈았다. 반정 일등 공신일 뿐 아니라 30여 년 동안 정권의 실력자이기도 했던 그였다. 신변의 위협을 느끼고 역관 이형장을 시켜 새 왕이 구신들을 몰아내고 청나라를 치려 한다고 청에 고발하였다. 그러자 청에서는 6명의 사자를 보냈으나 어찌된 영문인지 이형장이 변심하여 청국 사신들에게 김자점의 죄를 논하여 사신들은 우리나라에 와 성을 쌓은 이유만을 물었고, 영의정 이경석과 조경이 책임을 지는 것으로 마무리되었다. 그런데 이듬해인 1651년 12월에 해원부령 이영과 진사 신호가 김자점의 반역음모를 고변하여 김자점 등 연루된 사람들이 처형당하고, 인조의 애첩 조귀인도 처형당함으로써 권신 김자점 일당은 모두 사라지게 되었다.

1650년 김육과 김집이 대동법 실시를 두고 정면충돌하는 사건이 발생했다. 김육이 삼불가퇴론을 내세우며 김집을 조롱하여 김집이 낙향하자 송시열과 송준길이 효종에게 김집의 낙향을 만류해 줄 것을 간청했지만 효종은 김육을 두둔했다. 대동법은 김육 등의 건의를 받아들여 1652년에는 충청도에, 1657년에는 전라도 연해안 각 고을에 실시하여 성과를 거두었다.

김집을 당주로 한 산당은 송준길, 송시열, 유계, 이유태, 윤선거 등을 당인으로 삼아 연산, 회덕을 중심으로 강력한 세력을 형성하고 있었다. 그런데 김집이 낙향하자 송시열, 송준길은 회덕으로, 이유태는 금산으로, 유계는 공주로 돌아가 산당은 완전히 퇴진하였다. 이후 약 9년 동안 정계에서 물러났으나 1658년 김육이 죽고 북벌이 구체화되면서 재입조하여 조선 후기 정치사의 흐름이 바뀌게 된다.

효종은 즉위 3년째에 접어들면서부터 북벌을 위한 군사정책을 강행하기 시작했다. 먼저 어영군을 확장하고 그 제도를 개편하여 군사력을 정비하였는데, 그 재정적 부담이 크자 김육 등이 북벌을 반대하고 나섰다. 그러나 효종은 굽히지 않고 1천 명의 도성 상주병력을 확보하여 어영청은 훈련도감과 더불어 국왕을 호위하는 수도경비군영이 되었다. 그리고 친위병인 금군의 전투력을 향상시키기 위해 600여 명의 금군을 전원 기병화시키고 1655년에는 금군의 정원을 1,000명으로 확장시켰다. 특히 제주도에 표류한 네덜란드인 하멜 일행을 훈련도감에 배속시켜 신식 조총을 제작하게 하였다. 그리고 가정에서는 좋은 말을 기르고 마을에서는 수백 명을 모아 활과 조총 쏘는 법을 가르치기도 했다. 유형원 같은 사람은 「중흥위략」을 지어 적국의 지형과 요새 등을 낱낱이 기록해 두기도 했다. 그러나 북벌의 기회는 오지 않았고, 러시아가 청을 침략해 주길 은근히 바라고 있는데 오히려 청의 출병 요구로 러시아 정벌을 나서게 되었다.

15세기 후반 몽고족의 오랜 지배하에서 벗어난 러시아는 자원이 풍부한 흑룡강 유역으로 진출하여 1651년에 흑룡강 우안의 알바진 하구에 성을 쌓고 그곳을 근거지로 삼아 모피를 수입하는 등 활발한 활동을 전개하고 있어 인근 수렵민들과 분쟁을 야기하고 청나라 군사와도 충돌하게 되었다. 청나라에서는 영고탑에 있는 군사를 보내 이들을 축출하려 했으나 총포를 가진 러시아를 대적할 수 없자 조선의 조총군의 위력을 알고 있던 청나라가 원병을 요청한 것이다.

이에 조선은 1654년 4월 16일 조총군 100명과 초관, 기고수 등 50여 명을 거느리고 출정하여 청군 3천과 함께 영고탑을 출발하여 러시아군을 만났다. 조선 조총군은 7일 만에 그 위력으로 러시아의 기세를 꺾고 6월에 조선으로 개선하였다. 이것이 '제1차 러시아(나선) 정벌'이다.

그러나 이후에도 러시아인의 활동은 계속되고 청군의 출정이 번번이 실패하자 1658년 청은 또다시 청 황제의 칙서로 200명의 조총수를 요청하였다. 이에 함북병마우후 신류는 조총수 200명과 초관, 기고수 등 60여 명을 인솔하여 3개월분의 군량을 싣고 영고탑으로 향하였다. 청군과 합류한 조선군은 6월 송화강과 흑룡강이 합류하는 곳에서 러시아 군사를 만나 러시아군의 주력부대를 거의 섬멸하였다. 이것이 '제2차 러시아 정벌'이다. 이 두 차례의 러시아 정벌은 효종의 북벌계획을 간접적으로 실현한 것으로 조선군의 사격술과 전술이 뛰어났음을 입증하는 사건이었다.

1653년에는 네덜란드 상선이 일본 나가사키로 가다가 제주도에 난파된 일이 있었다. 하멜 등 30여 명은 서울로 압송되어 14년간 조선에 억류되었으나 하멜은 1666년에 탈출, 1668년에 귀국하여 조선에서 겪은 일을 적은 『하멜표류기』를 펴내 유럽에 처음으로 조선 사정을 알리게 된다.

1658년에 몇 년 간의 공백기 끝에 산당의 영수로 성장한 송시열이 조정에 발탁되어 올라왔다. 송시열은 1648년(효종 즉위년)에 임금에게 올린 시무책에 북벌을 도모하는 것이 상책이라고 건의한 바 있지만 송시열의 북벌론은 명에 대한 종속관념에서 배태된 추상적이고 관념적인 것으로 효종의 북벌론과는 입장이 크게 달랐다.

하지만 효종은 송시열을 북벌론을 함께 할 수 있는 사람으로 간주하고 송시열과 정치적으로 제휴하여 사림세력의 반발을 억제하고자 했다. 송시열에게 권력을 주어 전면에 내세워 자신의 정치적인 입지를 강화하고자 했던 것이다. 반면에 송시열은 송준길 등 산당 인사들과 재야의 친산당 인사들을 등용하여 세력기반을 강화하고자 했다.

효종이 북벌을 치인의 실천적 과정의 하나로 생각하고 양병과 군비 확장을 통해 무력적으로 청에 당한 치욕을 씻고자 한 반면 송시열은 치인보다는 수신, 양병보다는 민생안정, 무력보다는 군덕을 닦는 것을 우선시했다. 즉 치욕을 씻기 위해서는 수신을 먼저 해야 한다는 것이었다. 그러면서 송시열은 효종의 군비 확장을 간접적으로 비판했다.

1659년 3월, 드디어 효종과 송시열은 단독 대담에 들어갔다. 조선 사회에서는 아무리 임금이 신하를 신뢰하더라도 임금과 단독으로 대담할 수는 없었고, 반드시 승지와 사관이 함께 입회하게 되어 있었다. 그러나 승지도 사관도 내시도 다 물리치고 임금과 송시열 둘이서만 대담하였다. 이 대담에서도 송시열은 '북벌을 위해서는 우선 내수가 필요하고, 내수는 반드시 학문에 기초를 두어야 한다'는 입장을 고수하였고, 효종은 송시열의 산림(덕과 학식은 높으나 벼슬을 하지 않고 시골에서 책만 읽는 선비)으로서의 정치적 위상을 빌려 통치와 북벌의 명분과 실리를 추구하고자 했다. 두 사람의 입장은 이렇게 달랐다.

그런데 독대가 있은 지 두 달도 채 되지 않아 효종은 갑자기 죽음을 맞게 되었다. 효종은 오른쪽 귀 밑에 작은 종기가 있었는데, 갑자기 종기의 독이 얼굴에 번져 눈을 뜰 수가 없었다. 주치의 신가귀가 나쁜 피를 뽑아내기 위해 얼굴에 침을 놓았는데 혈맥을 잘못 찌른 탓에 엄청난 양의 피를 쏟고 유언 한 마디 못하고 죽고 말았다.

효종의 죽음에도 타살설이 주장되고 있다. 다른 의사들의 반대에도 불구하고 유독 신가귀가 침을 놓을 것을 주장한 것과 침을 놓기 위해서는 약방 제조의 승인이 있어야 했는데 이 절차를 무시하고 무리하게 처방을 한 것, 또 효종이 엄청난 양의 피를 흘리는 순간에도 응급처치가 제대로 이루어지지 않았다는 점에서 음모의 기미가 보여 풀리지 않는 의문으로 남아 있다.

효종은 그해 봄 신하들을 불러 연회를 벌인 다음 생의 마지막 시를 구성지게 읊었다.

경기도 여주 세종대왕 영릉 옆에 있는 효종대왕 영릉. 왼쪽 봉분이 효종의 능이고 오른 이 왕비릉이다.

비 갠 뒤 하늘은 맑고 만록은 새로운데
천지리에 모인 늙은이와 신하는 임금이요 신하로다
꽃과 버드나무 속의 누대와 정자는 혼연히 그림 같은데
때때로 들리는 퍼꺼리 소리는 주인을 부르는가

그런 다음 효종은 신료들을 돌아보며 '9월에 단풍이 들면 다시 부르리라' 하고 말하고는 이내 '훗날의 모임을 어찌 기약할 수 있으리오' 하며 우울한 기색을 보였다.

군비 강화와 유능한 무장을 등용시키고, 10만의 정예군을 육성하며 북벌을 준비했던 효종은 그 꿈을 이루지 못하고 1659년 5월 4일 41세를 일기로 생을 마감하였다.

● 제18대 현종
(玄宗•1641년∼1674년. 재위 기간은 1659년 5월∼1674년 8월까지 15년 3개월)

현종은 효종의 장남으로 이름은 연이고, 자는 경직이다. 효종이 봉림대군으로 심양에서 인질 생활을 하던 1641년에 태어났다. 어머니 인선왕후는 한문 사대가 중의 한 사람인 장유의 딸이며, 비 명성왕후는 청풍부원군 김우명의 딸이었다.

현종이 치세할 때는 외적의 침입이 있었던 것도 아니고 내부에 반란이 있었던 것도 아니었는데 예론을 둘러싼 서인과 남인의 정쟁 속에서 두 차례의 예송(예론에 관한 논란)을 치르며 좌불안석 고단한 세월을 보내야 했다. 그래서 현종 치세 기간을 예송 정국 혹은 예론 정쟁의 시대라고 말한다.

효종의 승하로 북벌은 중단되었지만 송시열은 여전히 북벌을 외치며 조야를 호령하였다. 효종의 신임과 존경을 받았던 송시열은 그러나 현종을 임금으로 대우하지 않았다.

현종은 부왕 효종의 상례 일체를 송시열과 송준길에게 일임하였다. 두 사람은 예학의 대가 김장생의 제자였기에 이 일에 적합하다고 여겼다. 송시열은 윤휴와 박세채 등에게 사람을 보내 의견을 물었다. 윤휴는 '대통을 이은 군주라면 그에게 종통과 적통이 돌아가므로 장자로 간주하고 참최삼년복을 입어야 한다'고 하였으나 송시열은 효종의 경우는 3년복을 입지 못하는 네 가지 규정 중 '서자가 뒤를 이었을 경우'에 해당한다며 기년복(1년 복)을 입어야 한다고 주장하여 그에 따라 예를 진행하였다. 서자를 첩자가 아닌 중자(적·장자를 제외한 적처 소생)로 해석했기 때문이다.

그런데 1년 뒤 연제(소상)를 두 달 앞둔 3월, 허목이 '효종은 첩자가 아니므로 기년복은 당치도 않다'고 이의를 제기하는 상소를 올렸다. 허목의 논지는 모든 남인의 예설의 기초가 되었고 효종의 정통성을 강조한 것이었다. 이에 송준길은 허목뿐 아니라 윤휴의 설까지도 아울러 공격하였다. 논의의 중점은 '서자'라는 용어에 있었는데, 허목은 서자를 첩자라 보았고, 송준길, 송시열을 위시한 서인들은 적장자 외의 중자를 뜻하는 것으로 보았다. 왕을 비롯한 신료들은 허목의 주장이 옳다고 생각하는 사람들이 많았다.

그러다가 윤선도의 상소가 올라온 뒤부터는 완전히 정치판의 뜨거운 감자가 되었다. 윤선도는 허목의 논의를 지지하는 입장이었다. 윤선도는 예론에 대한 비판과 함께 송시열과 송준길을 인후하지 못하며 어리석은 사람들이라고 노골적으로 비판하였다. 결국 예송은 『경국대전』과 『대명률』을 근거로 국제기년복으로 귀결되었고 허목, 윤휴, 윤선도, 조경, 홍우원 등 명망 있는 남인들과 권시, 김수홍 등 삼년설에 동조한 일부 서인들은 현종대 내내 벼슬에 나오지 못했다. 하지만 중앙 정가에서뿐만 아니라 영남 유생 유세철 등 1천여 명의 복제상소에서도 3년설의 타당함이 강조되었고 송시열이 비난을 받았다. 이것이 1659년 기해예송의 전말이다.

이 논의는 장·중자를 명확히 해두지 않은 절충적 결정이었기에 또 다른 문제를 일으킬 불씨는 있었지만 일단 소강 상태에 놓여 있다가 1666년 새로운 국면으로 접어들었다. 이조정랑 김수홍은 송시열의 예가 잘못되었다고 송시열에게 장문의 편지를 보냈고, 유세철을 소두로 하여 1천여 명의 영남 남인들이 연명한 영남유소가 임금에게 올려졌다. 예소는 잘못된 예에 대한 비판이었지만 그 속에는 서인을 정계에서 몰아내려는 뜻이 있었다. 송시열 지지파와 윤휴와 허목의 지지파의 의론이 분분하자 현종은 예송에 관한 유생들의 상소가 있을 때에는 과거를 보지 못하게 한다고 하며 금지령을 내렸다.

그러나 1674년 2월 23일 인선왕후(효종의 왕비 장씨, 현종의 어머니)가 죽자 복제 문제가 또다시 제기되었다. 대왕대비(자의대비)에게 있어 인선왕후가 장자의 부인인가, 중자의 부인인가 하는 문제였다. 이

문제는 차자로서 왕위에 오른 효종을 장자로 볼 것인지 중자로 볼 것인지 명백히 해두어야 풀리는 문제였다. 서인들은 효종을 시종일관 인조의 차남으로 보고 있었다.

현종은 이틀 동안 네 차례에 걸쳐 빈청회의를 주재하면서 「의례」에 나오는 '중자가 대통을 이으면 장자가 된다'는 결론을 얻어내고자 했다. 그러나 빈청에 모인 여러 서인 신료들은 이에 수긍하지 않았지만 왕은 서인들이 주장하는 대공설(9개월 복)을 배격하고 남인의 기년복설(1년 복)의 제도에 따르라고 명하였다. 이 과정에서 현종은 외척 김석주(현종의 장인의 조카)의 도움을 받았다. 이것이 1674년 갑인예송의 전말이다.

이 예송에서 남인들의 직접적인 참여는 없었다. 윤선도가 이미 죽었고, 윤휴와 허목도 간여하지 않았으며, 서인 중에 송준길도 죽었고 송시열은 참여하지 않았다.

대공복으로 정할 당시의 예관이었던 조형, 김익경 등이 처벌되었고, 예론을 잘못 쓴 책임으로 영의정 김수홍도 쫓겨났다. 또 이들을 풀어줄 것을 요청하거나 현종의 독단을 비판하던 서인들도 대거 유배되거나 삭탈관직되었다. 남인의 영수 허적이 영의정 자리에 앉는 것으로 남인관료의 진출은 예고되었다. 그러나 현종이 갑작스럽게 승하하는 바람에 본격적인 남인의 시대는 조금더 기다려야 했다.

예송으로 뜨거웠던 현종의 중요한 업적으로는 1662년 호남지방에 대동법을 확대시행하였고, 1668년에 동철활자 10만여 자를 주조하였으며 혼천의를 다시 만들어 천문과 역법의 연구에 이바지한 것을 들 수 있다.

현종은 1674년 8월 18일, 34세의 젊은 나이에 생을 마감하였다.

숙종은 현종의 하나밖에 없는 아들로 이름은 순이고, 자는 명보이다. 1661년 8월 15일에 태어나 7살 때인 1667년에 왕세자로 책봉되었고, 1671년 4월 광성부원군 김만기의 딸과 혼인을 하였다.

숙종이 14살 어린 나이에 즉위한 때는 갑인예송 후 남인이 서인의 세력을 축출하려는 시기였다. 숙종은 즉위하자마자 송시열에게 현종의 묘비를 짓도록 했다. 그러자 진주 유생 곽세건이 효종과 선왕 양조의 죄인에게 묘지문을 짓게 한 것은 잘못된 일이라며 상소를 올렸다. 이에 양사에 포진해 있던 서인들은 곽세건을 흉도로 몰아 멀리 귀양 보낼 것을 주장하였다. 그러나 숙종은 허적의 말에 따라 과거를 보지 못하게 하는 처벌만 내리고 현종의 묘비문은 김석주에게 짓도록 했다.

그리고 이단하가 현종의 행장을 지었는데 송시열의 제자인 탓에 복제개정에 대해 모호하고 간략하게 서술하였다. 숙종은 여러 번 엄명을 내려 선왕 때에 예를 그르친 예관과 대신들을 분명하게 지목하여 고쳐 쓰게 하였고 또 '송시열이 인용한 예'를 '오인례誤引禮'로 고치게 했다. 이로써 송시열의 '예를 그르친 죄'는 공식화되었고, 현종의 장례가 끝나자 송시열의 탄핵이 시작되었다. 송시열은 파직되어 덕원으로 유배되었고 이어 웅천으로 옮겨져 위리안치(도망치지 못하도록 가시로 울타리를 치고 가두어 둠)되었다. 그리고 허목이 이조참판이 된 후에는 정계는 완전히 변화정국이 되었다.

남인 일부에서는 고묘, 즉 예를 바로잡은 일을 종묘에 고하자는 주장이 계속되었다. 고묘 죄인은 사형을 면하기 어려워 고묘되면 송시열의 처단은 정해진 것이었다. 이후 1677년까지 유림들이 고묘를 주장하여 찬반논란이 계속되는 가운데 1679년에 강도 흉서사건이 일어나면서 또다시 고묘론이 대두되었다. 흉서는 종통이 차례를 잃어 당화가 심해졌으니 국통을 바로잡고 붕당을 제거하기 위해 소현세자의 손자인 임천군을 왕으로 추대해야 한다는 내용이었다. 그와 비슷한 시기에 송시열, 송준길의 문인인 회덕의 생원 송상민이 기해년 이후 예설을 논하게 된 시말과 여러 차례 죄를 지은 사건들을 낱낱이 열거한 책자를 만들어 바쳤다.

남인들은 두 사건을 두고 송시열을 처단하지 않았기 때문에 일어난 사건이라며 서인 세력을 완전히 제거하고자 하였다. 결국 남인들은 그해 5월에 고묘를 단행하고 이를 전국에 반포했다.

인조의 셋째 아들인 인평대군에게는 네 아들이 있었는데, 첫째 아들은 죽고 세 아들 복창군, 복선군, 복평군이 있었다. 삼복으로 불린 그들은 남인 정권의 핵심인물이었는데, 1675년 3월, 숙종의 외할아버지 김우명이 삼복이 궁중을 드나들면서 궁녀와 간통하여 자식을 낳았으니 국문하라고 청하였다. 그러나 당사자들은 완강하게 사실을 부인하여 숙종은 처벌하지 않았다. 그러자 삼복의 외숙 오정위가 허목과 윤휴를 움직여 상황을 반전시키고자 삼복 사건의 비리를 조사할 것을 건의하여 상황이 난처해진 김우명은 의금부에 자진출두하였다. 이에 아버지를 위해 대비가 나서서 울면서 삼복의 간통 사실을 장황하게 늘어놓아 상황을 반전시켜 복창군은 영암으로, 복평군은 무안으로 유배되고 그들의 상대인 나인 두 사람은 삼수와 갑산에 유배되었다. 삼복은 4개월 후에 유배에서 풀려나 다른 빌미를 잡히지 않으려고 조용히 지냈다.

이렇게 숙종과 통할 수 있는 삼복이 견제를 받자 남인들은 진출이 용이하지 않았다. 반면 김석주 등의 외척은 세력이 커졌다. 김석주는 일에 직접 간여하지 않고 뒤에서 조종하는 무서운 정치가였다.

1680년 경신환국이 일어났다. 환국이란 정국이 한꺼번에 전면적으로 바뀌는 것을 말한다. 그해 3월 허적은 그의 조부 잠이 시호를 받는 것을 축하하는 연을 베풀면서 허락도 없이 궁중에서 쓰는 기름 먹인 장막을 사용하였다. 허적은 김석주와 김만기를 초청하기 위해 자신의 서자 견을 다섯 번이나 보냈다. 그러나 두 사람을 없애려 한다는 소문이 돌아 김석주는 참석하지 않고 김만기는 늦게 도착해 독살당할 것을 염려하여 돌림잔이 오면 받지 않고 남의 잔을 빼앗아 마셨다. 그때 마침 비가 내려 임금은 장막과 차일을 가져다 주라 했지만 이미 허락도 없이 사용하고 있는 것을 알고는 노하여 내시를 거지 차림을 하여 정탐하게 하였다.

서인은 김만기, 오두인, 이단하 등 몇 사람뿐이고 모두가 기세등등한 남인인 것을 보고 사태가 급박하다고 보고받은 숙종은 유혁연, 신여철, 김만기를 패초(나라에 급한 일이 있을 때 왕이 신하에게 패를 보내 부르는 것)했다. 그리고는 훈련대장직을 남인인 유혁연에서 서인인 김만기로 교체하고 총융사에는 신여철, 수어사에는 김익훈 등 모두 서인으로 교체한 데 이어 김수항을 영의정, 정지화를 좌의정, 남구만을 도승지, 조지겸을 이조좌랑에 임명하는 등 서인들로 요직을 채우고 남인들을 축출하였다.

사실 차일 사건은 구실이었고, 남인에 염증을 느끼고 있던 숙종을 믿고 외척 김석주가 꾸민 정치극이었다. 경신환국이 있은 지 7일 후에 김석주의 밀객인 정원로, 강만철이 허견 등이 복선군 남을 옹위하려 한다고 고변하여 허견은 능지처참을 당했고, 허적은 삭직되어 내쫓겼다가 사사당했다. 그리고 송시열의 영원한 숙적 윤휴 역시 복선군 형제와 친분이 돈독했다는 것 등 여러 죄목에 의해 사사되었다. 전후 한 달간 종친세력과 연결된 100여 명의 남인들이 여러 죄목으로 처벌되었다.

1681년 9월, 기호학파의 거장으로서 서인의 절대적인 추앙을 받는 이이(율곡)와 성혼(우계)이 문묘에 종사(종묘에 신주를 모시는 일)되었다. 그러자 남인들의 반발이 거세었다. 남인들의 우율(우계와 율곡)의 학문적 순수성에 대한 논쟁과 인신공격이 끊이지 않았다. 우율의 종사가 처음 거론된 것은 1623년(인조 1년)이었으나 학문의 집단과 권력의 세력이 맞물려 치열한 공방전을 벌이며 소강상태를 보이다 1680년 경신환국으로 남인이 축출되고 서인이 집권하면서 우율의 문묘종사가 다시 거론되어 우율의 종사는 어렵게 이루어졌다.

경신환국 이후 김석주는 군사 문제에 있어서도 주도적인 위치를 견지하여 관리사라는 직책으로 대흥산성을 관장하는 한편 1682년에는 병조판서로서 금위영의 창설을 주도하였다. 금위영은 훈련별대, 정초청의 병력과 훈련도감의 일부 병력을 주축으로 창설된 군영으로서 궁성을 숙위하는 것이 주된 임무였다. 이로써 인조반정 이후 중앙 군영의 핵심으로 부상한 5군영(훈련도감, 총융청, 수어청, 어영청, 금위영)이 완성되었다.

1684년 김석주가 죽음으로써 훈척의 기세가 조금 위축되었지만 노·소 간의 갈등은 더욱 격화되는 가운데 숙종 12년에 들어서면서부터는 나인 장씨를 둘러싼 '궁중의 비사가 새로운 주제로 대두되었다. 1680년에 숙종의 첫째 부인 인경왕후(김만기의 딸)가 자식을 낳지 못한 채 죽고, 계비로 들인 인현왕후 민씨도 수년이 지나도록 자식을 낳지 못하고 있는데 인경왕후 사망 이후 들어온 궁녀 장씨가 숙종의 은총을 독차지하였다. 그런데 대비 명성왕후가 매우 간사하고 악독해 보이는 궁녀 장씨를 내쳤다. 중전 민씨는 명성왕후가 죽자 장씨를 다시 불러들였고, 장씨는 숙종의 총애를 믿고 점점 교만하고 방자해져 갔다.

어느 날, 부교리 이징명이 장씨를 추방해야 한다는 상소를 올렸다. 이 상소는 장씨에 대한 일만이 아니라 장씨를 통해 남인들이 조정에 다시 등용되어 보복이 일어날 것에 대한 우려 때문이었다. 장씨는 복창군과 복선군의 심복 장현의 종질녀였던 것이다. 하지만 이징명은 파직되고 장씨는 숙원에 봉해져 더욱 융숭한 대우를 받았다. 신하들은 장씨의 미색에 빠진 숙종에게 장씨 때문에 화란이 닥칠 것이라며 계속 이의를 제기하였고, 1687년에는 후궁을 배척한 김창협의 상소로 인해 그의 아버지 김수항이 성 밖으로 쫓겨나는 사건이 발생하였다.

1688년 장씨가 왕자 균(훗날 경종)을 낳자 장씨의 친정 어머니가 딸의 산후조리를 위해 궁중에 들어오면서 동평군 소유의 '덮개 있는 가마'를 타고 왔다. 이를 본 이익수와 이언기가 가마를 불사르는 한편 장씨 어머니의 무엄함을 규탄하는 상소를 올리자 숙종은 몹시 분노하였다.

1689년 1월 10일, 숙종은 원자의 명호를 정하기 위해 영의정 김수흥 등 8명의 대신들을 소집했다. 후궁의 소생이라도 일단 원자가 되면 나중에 왕비가 왕자를 낳더라도 그가 세자로 책봉될 것을 염려한 신하들은 몹시 당황하였다. 그러나 숙종은 5일 후 원자의 정호를 종묘 사직에 고했다. 그러자 송시열이 명호를 정한 것이 너무 성급한 조치라고 상소를 올렸다. 마침 서인 정권에서는 자신의 뜻을 관철하기 어렵다고 생각한 숙종은 송시열의 상소를 빌미로 서인들에 대한 대대적인 축출을 감행하였다. 이것이 기사환국이다.

숙종은 남인들과 함께 송시열을 비롯하여 100여 명의 서인을 정계에서 축출하고, 김수항, 김수홍 등 남인을 제거하고자 했던 자들을 처벌하였다. 서인과 남인을 오가며 농락하던 김석주의 가산은 적몰되고 외아들 도연은 자살하였다. 그리고 이이와 성혼을 문묘에서 출향하여 그들의 위판을 땅에 묻어 버렸고 인현왕후 민씨를 폐출하였다. 민씨의 아버지가 서인의 거물이었기 때문이다. 신하들이 폐비 문제를 반대하였음에도 숙종은 단호했다. 폐비 반대 상소를 올린 오두인과 박태보는 역적보다 더 심하게 극형으로 다스리며 차후에도 이 같은 상소를 올리는 이는 중벌로 다스리겠다고 했음에도 폐비에 대한 상소는 끊이지 않았다. 그러나 승정원에서 수천 명이 올린 상소를 모두 기각했다.

민비는 하얀 가마에 태워져 안국동 본가로 가고 민비의 자리는 희빈 장씨가 차지했다. 장씨에 대한 숙종의 총애는 날로 높아 장씨의 오빠 장희재는 달마다 승진되어 우윤 겸 총융사가 되었다.

1689년 6월 3일, 귀양지 제주에서 압송되어 오던 송시열이 서울에서 내려가던 의금부도사의 행렬과 정읍에서 마주쳐 그곳에서 사사의 명이 집행되어 송시열은 사약 두 사발을 마시고 파란만장한 생애를 마감하였다. 이때 자손 등에게 남긴 '시제자손질손등'이라는 친유서는 지금까지 세상에 전해지고 있다.

1694년 3월 23일, 폐비 복위를 모의하던 서인 일당들이 그들의 일당이었던 함이완의 고변으로 잡혀 들어왔다. 그 음모를 알고 있던 우의정 민암이 목숨만은 보장해준다는 조건으로 함이완으로 하여금 고변케 했던 것이다. 그 음모는 노론측의 김춘택과 소론측의 한주혁을 중심으로 이루어졌다는 것이 밝혀졌다. 그런데 3월 29일, 서인인 김인이 숙빈 최씨에 대한 독살설을 고변함으로써 숙종은 심경의 변화를 일으켰다. 숙빈 최씨는 숙종의 총애를 받는다는 이유로 장씨에게서 목숨을 부지하기 어려울 정도로 온갖 고초를 겪고 있었다. 장씨는 최씨가 임신하여 아들을 낳게 될 것이 두려워 그녀를 괴롭혔던 것이다.

그것이 사실이든 아니든 숙종은 차츰 민비를 폐비시킨 것을 후회하고 민비를 그리워하면서 민비가 살고 있는 안국동 쪽을 바라보며 한숨짓는 일이 많아졌다. 그리고 왕비 장씨와 그 편당들에 대해 염증을 느끼고 있던 숙종은 그 사건을 계기로 갑술환국을 단행하여 기사환국 이후 물러났던 서인을 다시 등용시켰다. 그러나 갑술환국은 숙빈 최씨를 배후에서 조종한 김춘택의 모의에 대한 결실이었다.

환국이 단행된 그날 영의정에 남구만, 훈련대장에 신여철, 병조판서에 서문중, 이조판서에 유상운 등 서인이 대거 기용되었고, 이어서 서인이 계속 등용되었다. 또 김수흥, 김수항의 관작이 회복되었고, 송시열도 복관되었다. 기사환국 때 위판을 땅에 파묻었던 이이와 성혼도 다시 문묘에 배향되었다.

폐비 문제를 거론하면 역률로 논하겠다는 명령을 철회하고 숙종은 민씨에게 '권간에게 조롱당하여 잘못 처분한 것을 이제 깨달았다'는 내용의 편지를 전했다. 민씨는 얼마 후 폐출당하던 요금문을 통해 다시 궁궐로 들어왔다. 민비의 복위는 장씨의 폐위를 의미하는 것으로, 장씨는 다시 희빈으로 강등되었고 그의 부모에게 내렸던 작호도 모두 거두어들였다. 그녀의 오빠 장희재는 제주도로 귀양을 보냈다.

그러나 세자 문제가 용이하지 않았다. 영의정 남구만과 우의정 윤지완 등은 소론대신들로서 장희재에게 형벌을 주면 그 여파가 희빈 장씨에게 미칠 것이고 그러면 왕세자 또한 불안하게 되니 장희재를 용서해야 한다고 주장하다 노론으로부터 차후의 화복을 염려하고 자신의 총애를 굳히려는 계책이라고 공격을 받았다. 숙종 또한 동궁을 위태롭게 하는 자는 역률로 다스리겠다고 하고 남구만의 견해를 받아들여 장희재를 섬에 위리안치하는 것으로 마무리지었다. 그러나 장희재를 극형에 처하라는 요구는 끊이지 않았다.

희빈으로 강등된 장씨는 시녀에게 민비의 침전을 엿보게 하는가 하면 취선당 서쪽에 신당을 설치하고 두세 명의 나인들과 민비에 대한 저주의 기도를 올렸다. 그런 가운데 민비는 1700년 4월 갑자기 병이 들어 1701년 8월 14일에 세상을 떠났다. 이에 숙빈 최씨는 울분을 참지 못해 숙종에게 장씨의 행태를 모두 고했다. 숙종은 장씨를 자진하게 하라는 비망기를 내렸으나 소론 대신들은 세자를 생각해서 용서하라고 항변하였다. 숙종은 죄상을 밝히기 위해 장희빈과 관련된 나인과 무녀들을 연일 국문하였다.

1701년 장희빈이 사사되자 세자 문제가 현안으로 대두되었다. 1694년에는 숙빈 최씨가 연잉군을 낳았고, 그로부터 5년 후에는 명빈 박씨가 연령군을 낳았다. 그들의 존재가 세자의 존재 가치를 떨어뜨린 면도 있지만 숙종은 갑술환국 이후 세자를 냉대하고 있었다. 세자를 못마땅하게 여기는 노론과 세자를 보호하고 나선 소론의 싸움은 사활을 건 혈전으로 노골화되었다. 소론 유생 임부와 남인 유생 이잠은 세자 보호를 계속적으로 주장하다 1706년 죽임을 당하였다.

숙종대는 조선 중기 이래로 계속되던 당쟁이 절정에 이른 시기로 당폐가 심화되었던 때였다. 숙종은 어린 나이로 즉위했는데도 즉위부터 큰소리로 중신들을 질책하는 등 독선적이고 파격적인 모습을 보였다. 그의 독선적인 정치는 때론 당쟁을 부추기고 때론 조절하면서 당파를 적절하게 이용하였다.

1714년 소론의 영수 윤증이 죽고, 1715년에 『가례원류』가 간행되었다. 그 책은 중국과 조선의 가례를 모아 엮은 책으로 윤선거(윤증의 아버지)와 유계가 공동으로 편찬에 착수하였는데 이를 완성하지 못하고 두 사람 모두 죽자 윤증이 탈고하여 원고를 보관하고 있었다. 그런데 유계의 손자 유상기가 윤증에게 한 마디 상의도 없이 이이명에게 간행을 청탁하여 숙종의 재가를 받고는 윤증에게 원고의 반납을 재촉하였다. 유상기는 윤증의 문인으로 사제 간의 예절도 없는 행동을 하자 윤증은 기가 막혔다. 서로 간에 불경한 언사가 오가다가 윤증은 유상기의 강청에 못 이겨 원고를 넘겨주었다.

『가례원류』는 그렇게 간행되었는데 이것은 또다른 문제를 불러왔다. 숙종은 자신이 존경하던 윤증을 비방했다는 이유로 정호의 발문을 문제 삼아 그를 파직시켰다. 이 기회를 놓칠세라 소론들은 권상하가 지은 서문도 문제 삼아 삭제를 요청했다. 그러자 숙종은 『가례원류』는 사가의 문자이니 조정에서 거론하지 말 것을 명령하였다. 그때 정언 조상건이 권상하를 변호하는 글에서 윤증이 스승을 배반한 행위를 거론하여 숙종을 자극하였다. 숙종은 조상건을 유배시키고 유상기를 스승을 배반한 죄인으로 몰아 나주로 유배보냈다. 그리고 동맹휴학을 선동한 유생 윤봉오를 일정 기간 과거시험을 보지 못하게 하여 사태를 마무리지었다.

1716년 판중추부사 이여가 송시열을 옹호하고 윤증을 비방하는 상소를 올리면서 또다시 조정은 노론과 소론의 대결로 혼란에 빠졌다. 그런데 숙종이 은근히 이에 동조하는 기색을 보이자 노론들은 윤증을 연일 공격하였고 소론도 이에 질세라 반격을 멈추지 않았다. 숙종은 권상하, 정호, 민진원을 파직 또는 삭탈관직하고 조태채와 김창집을 파직시켰다. 그러나 이것은 숙종의 정치적인 연막이었다. 숙종은 회니시비懷尼是非의 근원인 윤선거 묘갈명과 '신유의서'를 가져오라 하여 두 글을 읽어 본 후, '신유의서에는 윤증이 송시열을 비난한 글이 많지만 묘갈명에는 송시열이 윤선거를 욕한 내용이 없다'는 판정을 내리고 윤선거, 윤증 부자에 대한 선정(先正 · 선대의 어진 이를 일컫는 말)의 사용을 공식적으로 금지시킴으로써 그 문인들의 명분과 정통성이 여지없이 무너져버렸다. 2년 전에 윤증의 영전에 애도시를 올렸던 숙종이었다. 이 사건이 '병신처분'이다. 이 처분 이후 대대적인 인사교체가 단행되어 소론이 대거 축출되고 노론 세력이 등용되었다. 이 일은 세자에 대한 숙종의 불만과 맞물려 있었다. 세자를 두둔하는 소론을 제거함으로써 세자의 교체에 대한 희망을 암시한 것이다.

이 사건은 정유독대로 이어진다. 이듬해 1717년 7월, 숙종은 이이명을 불러 그와 단독으로 대화를 주고받았다. 사관과 승지도 물리친 자리여서 무슨 대화가 오갔는지 알 수 없지만 독대 후 곧바로 대신 회의를 소집하여 세자의 대리청정을 공식적으로 발표하였다. 대신 회의에 참석한 사람 중에 소론은 한 사람도 없었고 노론의 핵심인물인 좌의정 이이명, 판중추부사 이유, 영의정 김창집 등이었다.

숙종은 당시 안질을 앓아 왼쪽 눈은 거의 실명 상태였고, 오른쪽 눈도 희미하여 상소문의 작은 글자를 읽을 수 없었다는 것이 표면적인 이유였지만, 사실은 대리청정하는 동안 문제가 생기면 그것을 구실 삼아 경종을 퇴진시키려는 속셈이 있었다. 숙종은 희빈 장씨가 사사된 후 세자를 냉대하는 것이 노골적이었다. 그간에 연잉군과 연령군은 훌륭하게 성장하여 숙종은 은근히 세자를 교체하고 싶어했다. 숙종은 형 연잉군(훗날 영조)보다 5살 어린 연령군을 더 총애하여 그를 세자로 올리고 싶어했다. 그런데 1719년 연령군이 병사함으로

써 선택의 여지가 없어지면서 신하가 임금을 선택해야 하는 기현상
은 사라졌다.

당쟁을 이용하여 전제정치를 폈던 숙종은 연령군이 사망한 이듬
해인 1720년 47년 간의 긴 치세와 60년 생의 일기를 마감하였다.

● **제20대 경종**(景宗•1688년~1724년. 재위 기간은 1720년~1724년까지 4년)

경종은 숙종의 첫째 아들로 1688년 10월 28일에 태어났다. 이름은
윤이고, 자는 휘서이다. 장희빈이 그의 어머니이다.

경종은 숙종 시대의 노론과 소론의 당쟁 속에서 자라나 3년간 숙
종의 대리청정 기간을 보내고 숙종이 승하하자 왕위에 올랐다.

숙종대의 병신처분 이후 정권을 잡은 노론은 경종 즉위에도 여전
히 정권을 장악하였지만, 소론측에서는 자신들이 경종을 계속 지지
해온 터라 경종을 업고 정세를 갖고 싶어했다.

두 세력 간의 갈등은 소론의 유생 조중우가 경종의 생모 희빈 장
씨의 추숭문제에 대해 거론한 것과 노론의 윤지술이 숙종의 지문에
경종의 어머니 희빈 장씨가 인현왕후 민씨를 시역한 죄로 사사당한
사실을 명문화하지 않은 것을 문제 삼은 것으로 첫 대립을 보였다.
경종의 입장에서는 자신을 역적의 아들로 간주한 노론이 괘씸했지
만 그들의 세력에 눌려 조중우를 죽이는 것으로 결론 내렸다.

1721년 8월, 사간원 정언 이정소가 연잉군의 세제 책봉에 대한 상
소를 올려 경종은 그것을 허락하였다. 즉위한 지 1년밖에 안 되어 세
제를 책봉하는 일은 매우 이례적인 일이었다. 한편, 경종비 어씨(선
의왕후)는 자신이 아들을 둘 희망이 없다고 생각하고 종친 중에 소현
세자의 후손인 밀풍군의 아들(경종의 9촌 조카)을 입양하여 세자로 삼

으려 하는 움직임이 있었다.

세제책봉이 불시에 이루어지자 노론과 소론의 정면대결이 일어났다. 그런 불안한 정국에서 왕세제는 사임소를 올리고 노론은 소를 올린 소론들을 귀양 보내고 세제 책봉한 지 두 달 후에 대리청정을 추진하였다. 노론들은 세제를 동석하게 하여 가부를 결정하도록 했고, 경종은 대리청정을 허락하였다. 즉위 1년 밖에 안 된 34세의 젊은 임금을 두고 대리청정은 왕권을 침해하는 행위였다.

소론 좌참찬 최석항은 경종의 마음을 돌리려 했고, 조정과 성균관 학생이나 각도의 유생들이 대리청정명을 거두라는 상소를 올려 경종은 그것을 받아들였다. 그런데 며칠 후 경종은 다시 대리청정을 시행하라 했고, 노론도 이번에는 어찌된 일인지 대리청정을 거두라고 간하였다. 그러나 경종이 대리청정을 고집하자 노론들도 다시 그것에 동의하였는데 소론 우의정 조태구가 경종에게 대리청정을 다시 거둘 것을 간하자 노론들도 또 그것에 동의하였다. 결국 대리청정은 경종의 허락 하에 무산되었다. 대리청정을 두고 몇 번씩 번복한 노론 대신들은 소론의 비난을 받고 소론들은 정치적으로 유리하게 되었다.

그리고 두 달 후인 1721년 12월, 소론의 급진파 김일경 등 7명이 연명으로 상소를 올렸고, 경종은 그것을 받아들여 김창집, 이이명, 이건명, 조태채 등 노론 4대신을 위리안치의 명을 내렸다. 그 밖에 5~60명의 노론이 처벌되면서 또 한 차례의 환국이 전개되었다. 그리고 1722년 3월, 지관으로 이름 난 목호룡이 김일경의 사주를 받아 노론 명문가 자제들이 경종을 시해하려는 역모를 꾸몄다고 고변하였다.

역모의 주동자 김용택, 이천기, 이기지, 김성행, 백망 등은 모진 고문에도 승복하지 않아 죽었고, 김일경은 이 문제를 세제 책봉과 대리청정의 문제와 결부시켜 노론 4대신은 사사되었다. 또 60여 명의 노론계 인사들이 살육되고 수십 명의 사람들이 유배되었다. 신축년과 임인년에 걸쳐 8개월간 계속된 이 사건이 신임옥사(신임사화)이다.

건강하지 않은 몸으로 불안한 정국의 틈에서 부왕의 냉대를 견디며 자식 하나 남기지 못한 경종. 일설에 경종이 아이를 낳지 못한 것은 어머니 장희빈이 사약을 받던 날 그의 하초를 잡아당기는 바람에 남자 구실을 하지 못하게 되어 그렇다고 한다.

경종은 1724년 8월 20일 게장과 생감을 먹고 복통과 설사를 거듭하다 5일 뒤인 8월 25일 짧은 치세 4년을 마감하고 37세를 일기로 생을 마감하였다.

● 제21대 영조
(英祖•1694년~1776년. 재위 기간은 1724년 8월~1776년 3월까지 51년 7개월)

영조는 숙종의 둘째 아들로 경종의 이복 동생이다. 이름은 금이고, 자는 광숙으로 1694년 9월 13일 창덕궁 보경당에서 태어났다. 어머니는 장희빈에게 수모를 당했던 무수리 출신의 숙빈 최씨이다. 1699년에 연잉군에 봉해지고, 1721년에 왕세제에 책봉되었다.

세자 시절부터 붕당의 폐해를 보아 온 영조는 즉위하자 탕평책에 대한 강력한 의지를 가지고 정국을 주도하였다. 노론의 명분론에 힘입어 왕위 계승이 이루어졌지만 노소 당쟁을 적절히 제어하면서 왕권을 유지하려 애썼다.

영조는 즉위 직후 소론의 이광좌, 유봉휘, 조태억을 삼정승에 임명하는 한편 노론의 영수 민진원을 석방하여 노론의 숨통을 열어 주었다. 영조는 소론의 불만을 달래는 한편 노론의 공격을 적절하게 유도하여 소론의 급진파를 제거하는 데 성공하고 소론의 불안감을 이용하여 노론이 진출할 수 있는 계기를 마련하여 노론정권을 구성하고자 했다.

1725년 정월 승지 윤봉조의 대소론공격소를 계기로 소론의 축출이 본격화되었다. 이조참판 이세최, 이조참의 조원명을 파직한 다음 윤봉조를 전격 기용하는 한편 모든 삼사관원을 노론으로 충원했다. 그리고 3월 정호와 민진원이 신임옥사 문제를 거론하자 영조는 신임옥사를 무옥으로 단정하는 처분을 내렸다. 노론의 4대신을 비롯하여 화를 당한 노론 사람들이 대대적으로 신원되었다. 이것이 1725년 을사처분이다.

이 일로 노론과 소론의 공방전이 가열되자 영조는 화평을 위한 조처라 강조하고 대신들에게 탕평의 구현에 동참할 것을 부탁하였다. 그러나 신임옥사에 대한 복수의 칼을 뽑아 든 노론은 소론을 일망타진할 생각으로 이광조, 조태억, 유봉휘 등 소론 대신들을 처벌할 것을 요구하였다. 영조는 이사상을 사사하고 유봉휘를 유배시키고 이광좌와 조태억을 파직하여 노론을 진정시켰으나 노론은 분에 차지 않은 듯 유봉휘, 조태억, 이광좌의 죄를 더할 것을 요구하는 정청(시위)을 벌였다.

영조가 국왕의 권위를 내세워 오열하는 모습을 보이며 감정에 호소했으나 설득도 위협도 통하지 않았다. 노론의 영수 민진원은 자신의 거취를 걸고 앙숙 이광좌의 치죄를 요구하고 나섰다. 고심 끝에 영조는 민진원을 좌의정에서 해임하였다.

이런 와중에서 영조는 노·소론을 완충하기 위해 형조판서 홍치중을 발탁하여 좌의정에 앉히고 조도빈을 우의정에 앉혀 탕평을 펼쳐 나갔다. 그러나 영의정 정호가 홍치중을 정면으로 비난하자 영조는 정호를 영의정에서 체직하고 홍치중을 좌의정에 임명하는 한편 민진원계와 대립하던 노론의 수장 이의현을 우의정에 임명했다. 1727년 4월 유봉휘가 유배지에서 죽자 노론들의 소론 공세는 더욱 강화되어 영조는 다시 한 번 기로에 서게 된다. 노론 준론과 제휴할 것인가, 소론을 등용할 것인가 숙고한 끝에 영조는 소론으로 정국을 전환하였다. 이것이 1727년 정미환국이다.

이 환국으로 2년 전 노론의 손에 일어났던 을사처분의 번복이 불가피해졌다. 충역(충의와 반역) 시비였다. 이이명, 김창집, 이건명, 조태채는 다시 죄인의 신세로 전락하고, 임인옥사 역시 무옥으로 간주되어 김용택, 이천기도 역적의 굴레에서 벗어났다.

영조 초반의 정국은 이렇게 번복되는 충역시비로 혼란하여 탕평

탕평책

왕권을 강화하고 붕당 간의 과열된 정쟁을 지양하기 위해 편중되지 않은 인사정책을 추진하고 각 정치세력 간의 균형을 유지하려 실시한 정책을 말한다.

탕평이라는 말은 군주의 정치행위가 한쪽에 치우치거나 개인적 감정에 따르지 않고 지극히 공정하고 정당함을 의미하는 말이다. 탕평은 영조 이전에 이미 박세채나 최석정 등 몇몇 신하에 의해 주창되기도 했으나, 우리나라에서 하나의 정책으로 추진되어 역사적 용어로 정착한 것은 영조 때부터이다.

탕평이라는 말은 『서경』 홍범 구주 가운데 제5조 '황극설'의 '무편무당 왕도탕탕 무당무편 왕도평평('無偏無黨 王道蕩蕩 無黨無偏 王道平平)'에서 나온 말로, 인군(人君)의 정치가 치우침이 없고 아당(阿黨)이 없는 대공지정(大公至正)의 지경에 이른 것을 의미한다. 중국 송대의 주자도 붕당 간 논쟁의 시비에 대해 조정의 탕평을 말한 적이 있다.

을 제대로 펼쳐나가기에는 무리였다. 이러한 흐름 속에 또 하나의 사건이 일어나는데 1728년의 이인좌의 난이다.

영조는 즉위 초에 경종의 죽음에 대한 의문 때문에 시달림을 받았다. 경종이 갑자기 사망하자 '동궁에서 보낸 독이 든 게장을 먹고 죽었다'는 말이 나돌았고, 격분한 소론과 남인들은 영조를 군주로 인정하지 않고 경종의 원수를 갚는다는 명분으로 반란을 준비하였다.

반란의 주모자는 호남의 박필현, 호서의 이인좌, 영남의 정희량으로 그들은 상호 긴밀한 연대와 개별적인 공작을 통해 무신당을 결성하는 데 성공하였다. 서울에서는 이하, 이사성, 민관효, 양명하, 남태징 등이 입당하였고, 지방에서는 나만치, 조상, 조덕규, 임서호 등이 참여했는데 그들은 대부분 소론과 남인의 명가 출신이었다. 이 외에도 지방군인, 향임층, 중인층과 하층민까지 포섭을 하였다.

그런데 정미환국으로 소론이 집권하자 명분이 약화되었다. 게다가 박필현이 태인현감으로 부임하자 관망의 태도로 변하였다. 그러나 이인좌는 거사를 계속 추진해 1728년 3월 15일 청주성을 점령하였다. 충청병사 이봉상과 영장 남연년을 살해한 다음 사방에 '경종의 원수를 갚고 소현세자의 증손 밀풍군 탄을 새로운 왕으로 추대하자'는 격문을 띄워 동참을 호소했다. 영남에서는 정희량, 이웅보가 3월 13일에 거사하기로 했으나 여의치 않아 3월 20일에 안음에서 반란을 일으켜 며칠 만에 안음, 거창, 합천을 점령하면서 기세등등했다. 그들은 이인좌군과 합세하기 위해 북진을 재촉했다. 또 3월 19일에는 박필현이 호남에서 거병하여 전라감사 정사효와 합세하기 위해 전라감영으로 향했으나 정사효가 공갈과 협박을 하며 호응하지 않자 도주하였다.

반란군의 북상을 보고받은 조정에서는 탁남과 관련이 있다고 파악하고 내응을 저지하기 위한 조처로 윤휴, 민암, 이의징 등 기사 대신의 자손을 투옥하였고 김일경, 목호룡의 가속을 체포했다. 그리고 오명항을 총사령관으로 하는 도순무군을 편성하여 토벌작전을 펼쳤다.

반란군과 관군이 용인, 안성에서 처음 충돌하였다. 오명항은 반군의 진격로를 염탐하고 비밀리에 병력을 이동시켜 놓은 상태에서 반군은 대패하였다. 이인좌는 죽산에서 체포되어 서울로 압송되었고 진로가 차단된 다른 지방의 반군들은 철수하였다. 정희량 등 주모자 21명이 체포되어 처형당함으로써 반란은 평정되었다.

반란은 소론들에 의해 주도된 것이어서 사건 이후 소론이 위축되긴 했으나 영조는 정치의 안정을 위해 탕평에 더욱 기울이게 된다. 그리하여 영조는 반란을 진압하는 과정에서 믿음을 준 탕평파를 주목하였다. 어영대장 조문명은 영조를 호위하였고, 조현명, 박사수, 이광덕은 난을 진압하는 데 직접 참가하였다. 그들은 또 노론을 설득하여 난을 진압하는 데 동참하도록 하여 영조의 신임을 얻었다.

탕평파는 노·소를 공평하게 등용하여 정국이 안정을 찾기를 바랐다. 그러나 원임대신과 도승지 김홍경 등 노론이 집단적인 사퇴를 하여 어려운 상황에 빠지자 탕평파는 좌의정 홍치중에게 협조를 하였고, 홍치중은 노론 4대신의 신원문제를 거론하며 신축옥사를 충의로, 임인옥사를 반역으로 구분하는 견해를 제시하였다. 여러 논의를 거쳐 결국 1729년 8월에 4대신 중 이건명, 조태채는 신원을 하고 이이명, 김창집은 죄인으로 하는 결정을 발표했다. 이것이 기유처분으로 '반충반역'의 절충안이다.

근본적으로 문제가 해결된 것은 아니지만, 노소 공존의 틀을 마련한 노력의 결과이다. 노·소 모두 이를 흔쾌하게 받아들이지 않았지만 영조는 탕평책을 더욱 확대시키며 몇 번의 개각과 조정을 거쳐 신임옥사가 조작에 의한 무옥임을 밝혀 피해를 당한 사람에 대한 신원책을 강구하는 경신처분(1740년 6월 13일)을 내렸다.

그리고 1741년 전랑(문무관의 인사 행정을 담당하던 이조와 병조의 정랑과 좌랑을 일컬음)의 권한을 제한하고 인원을 감축하는 조처가 있었다. 이조 정랑은 반드시 홍문관의 젊은 유신 중에서 명망과 덕이 있는 인물을 엄선했는데, 전랑에게는 3사(사헌부, 사간원, 홍문관)의 청요직을 선발하는 '통청권'이라는 특권이 있었다. 전랑에게 주는 특권은 대신의 권한을 견제하기 위한 것으로, 사림정치를 유지시키는 중요한 장치였다. 그런데 전랑이 누구냐에 따라 권력의 향배가 결정되는

3사에 대하여 – 사헌부, 사간원, 홍문관

사간원 : 조선시대 국왕에 대한 간쟁과 논박을 담당한 관청으로 간원·미원이라고도 한다.

사헌부 : 헌부·백부·상대·오대라는 별칭이 있었으며, 감찰을 각사(各司)나 지방에 파견하여 부정을 적발하고 그에 대한 법적 조치를 취하는 등 사법권이 있다 하여 형조·한성부와 더불어 삼법사(三法司), 또는 출금삼아문(出禁三衙門)이라고도 불렀다.

사헌부의 기능을 구체적으로 살펴보면 ① 언론 기능, ② 정치 참여 기능, ③ 시종 기능, ④ 서경 기능, ⑤ 사법 기능 등이 있다. 이 중 언론 기능은 사헌부의 중심이 되는 것으로서 궁극적인 목적은 유교적 이상정치의 구현에 있었다.

홍문관 : 궁중의 경서(經書)·사적의 관리, 문한(文翰)의 처리 및 왕의 자문에 응하는 일을 맡아보던 관청이다. 홍문관의 일은 본래 정종 때 설치한 집현전에서 맡아 하였는데, 세조 초에 집현전 학자 가운데 세조에 반대하는 사육신이 나와, 세조는 그 기구까지도 못마땅하게 여겨 폐지하였다가 1463년(세조 9년)에 홍문관이라는 이름으로 설치하였다.

일이 갈수록 더해 전랑을 둘러싸고 쟁탈전이 벌어지자 전랑의 통청권을 제한하는 조치를 내렸다. 옥당의 홍문록에 등록되면 전랑직이 비는 대로 차례차례 전랑이 되었다. 그리고 인원을 한 명씩 감원하여 정랑 2명, 좌랑 2명으로 규정하였다.

현실적으로 효과를 보았다고는 할 수 없지만 영조는 꾸준히 탕평론을 펴면서 공평한 정책을 실시하는 가운데 1749년 세자 선에게 대리청정을 하게 하였다. 영조의 첫째 아들은 병으로 일찍 죽었고, 세자 선은 영조의 둘째 아들이다. 세자가 대리청정을 하자 남인, 소론, 소북 세력 등은 세자를 등에 업고 정권을 장악하려 하였다. 정순왕후, 숙의 문씨 등은 영조에게 세자를 무고하여 세자는 영조에게 자주 불려가 문책을 받곤 했다. 세자는 그로 인한 심리적 압박 때문에 궁녀를 죽이거나 미행을 자주 하였다. 그러는 가운데 1761년 세자는 영조도 모르게 관서 지방을 유람하고 돌아오기도 하였다.

이런 일뿐 아니라 영조와 세자는 성격의 차이로 갈등을 겪기도 했다. 영조는 천출 출신(무수리)의 어머니를 두어 당쟁이 있던 때에도 그를 비호하는 세력이 없어 목숨을 보존하기 위해 학문에만 열중한 까닭에 외곬적인 성격으로 자라났다. 그리고 자식에 대한 편애가 심해 세자를 일찍부터 친모의 슬하를 떠나 저승전에서 자라게 하였는데, 그곳에는 경종과 경종비를 모시던 나인과 상궁들이 있었다. 그들은 영조와 세자 사이를 이간질하였고, 그들 사이에 자란 세자는 학문을 소홀히하고 그들과 놀이를 즐기며 자랐다. 세자가 대리청정을 하게 되면서 두 사람은 자주 충돌하였다. 사람을 죽이고 내수사의 재물을 낭비하는 등 세자의 문제적인 행동은 세자를 경계하던 노론에게 좋은 빌미가 되었다.

1762년 5월 나경언이 세자가 내시들과 결탁하여 역모를 꾸미고 있다는 고변서를 형조에 올리자 영조는 친국(왕이 직접 죄를 묻는 일)을 명했다. 영조가 친국을 하는 도중 나경언은 자신의 옷에서 세자의 비행 10조목을 적은 글을 꺼내 왕에게 올렸다. 세자의 잦은 미행, 왕손모를 죽인 일, 낭비 등에 관한 것이었다. 대신들은 대부분 그 사실을 알고 있었지만 영조는 그때서야 세자의 비행을 알게 되었다. 이 사건은 나경언을 죽이는 것으로 일단락되었지만 윤5월 13일에 영조는 세자의 친모 영빈에게서 세자의 비행에 대해 또 이야기를 듣자 세자를 불러들여 자진할 것을 명하였다. 세자는 땅에 엎드려 관을 벗었고, 맨발로 머리를 땅에 조아려 이마에서 피가 흘렀다.

이 소식을 듣고 달려온 세손이 관과 포를 벗고 세자의 뒤에 엎드리자 영조는 김성응 부자에게 세손을 데려가게 했다. 영조는 거듭 자결할 것을 명하였고, 여러 신하들이 말리자 세자를 폐해 서인으로 강등하고는 뒤주를 가져오게 하였다. 영조는 세자를 뒤주에 들어가게 하고 손수 뚜껑을 닫고 자물쇠로 잠근 뒤 널판지를 덮고 큰 못을 박은 후 동아줄로 묶어 봉하게 하였다. 세자는 뒤주에 갇힌 지 8일 만인 5월 21일 그 안에서 굶어 죽었다. 이것이 임오화변이다.

영조는 후에 세자를 죽인 것을 후회하고 세자의 죽음을 애도한다는 뜻으로 '사도思悼'라는 시호를 내려 사도세자라 불리게 되었다. 사도세자가 죽은 후 정국은 사도세자를 동정하는 시파와 당연하게 여기는 벽파로 나뉘어 새로운 국면을 맞이한다.

세도정치가 이어졌던 당시의 정국은 사건이 계속 생기는 것이 아니라 당쟁의 세력들에 의한 권력 다툼이 사건을 만드는 형국이었다. 형조에 고변서를 올린 나경언은 계비 김씨의 아버지 김한구와 그 일파인 홍계희, 윤급 등의 사주를 받은 것이다. 크게는 노론과 소론 그 안에 노론 내의 비외척 세력과 외척 세력의 갈등, 작게는 영조와 세자의 갈등이 종합되어 사건을 일으킨 것이다.

영조는 한편, 죄수의 인권에 관심을 보였는데, 주리를 틀어 국문하는 압슬형을 폐지하고, 사형수에 대해 초심, 재심, 삼심을 거치게 하는 삼복법을 엄격히 시행하도록 하여 사형에 신중을 기하게 하였다.

그리고 주목할 만한 경제정책으로는 1750년에 실시한 균역법을 들 수 있다. 균역법이란 역役을 균등하게 지게 하는 법으로서, 종전에 양인이 두 필씩 부담하던 군포를 한 필로 줄이는 대신 부족한 경비를 다른 세원을 통해 보충하였다.

1763년에는 일본에 통신사로 갔던 조엄이 고구마를 가져와 흉년이 들었을 때 굶주린 사람들을 위한 구황식량 수급에 획기적인 변화를 가져왔다.

1774년에는 사가에서 형벌을 가하는 것을 금지시켰으며, 판결을 거치지 않고 죽이는 남형과 남성의 포경을 자르는 경자 등의 가혹한 형벌도 금지시켰다. 그리고 백성의 억울한 일을 왕에게 직접 알릴 수 있는 신문고 제도를 부활시켰다.

학문을 즐겼던 영조는 스스로 서적을 찬술하였으며, 인쇄술을 개량하여 일반 백성들이 볼 수 있도록 많은 서적을 간행하였다.

당쟁의 소용돌이 속에서 세자까지 죽인 영조는 10여 년 동안 병석에 누워 있다가 세손에게 대리청정을 맡긴 지 두 달 후인 1776년 3월에 51년 7개월의 긴 치세 기간을 마치고, 83세를 일기로 생을 마감하였다.

사도세자

영조의 둘째 아들이며 영빈 이씨의 소생이다. 이복형인 효장세자가 일찍 죽어 두 살 때 세자에 책봉되고 열 살 때 홍봉한의 딸 혜빈 홍씨와 가례를 올렸다.

1749년 열다섯 살 때 대리청정을 시작한 때부터 그를 싫어하던 노론 세력과 영조의 계비 정순왕후 김씨, 숙의 문씨 등이 세자를 무고하였다. 성격이 급한 영조가 그를 불러 꾸짖으면서 이상한 행동을 보이기 시작했다. 궁녀를 죽이는가 하면, 여승을 입궁시키고 왕궁을 떠나는 미행을 하였다.

세자의 돌발적인 행동은 그를 미워하던 노론 세력에 빌미를 제공하여 계비 김씨의 아버지 김한구와 그 일파 홍계희, 윤급 등의 사주를 받은 나경언에 의해 비행 10조목이 상소되었다.

영조는 세자에게 자결할 것을 명령하였고, 세자가 거부하자 뒤주에 가둬 뒤주 안에서 굶어 죽음으로써 생을 마감하였다. 그때 세자의 나이 28세였다.

사도세자의 비 혜빈 홍씨는 영조를 이어 왕위를 이은 정조의 어머니로서, 궁중에서 겪은 파란만장한 일대기를 한글로 쓴 『한중록』을 남겼다.

● 제22대 정조

(正祖•1752년~1800년. 재위 기간은 1776년~1800년까지 24년)

정조는 사도세자와 혜빈 홍씨 사이에서 1752년 9월 22일 창경궁 경춘전에서 태어났다. 이름은 산이고, 자는 형운, 호는 홍재이다. 아버지 사도세자가 죽자 자식 없이 죽은 큰아버지 효장세자의 양자로 입적되어 세자 수업을 받았다. 두 달간, 병석에 누운 할아버지 영조의 대리청정을 거쳐 25세의 나이로 왕위에 올랐다.

정조는 억울하게 죽은 아버지에 대한 상처와 당쟁의 소용돌이 속에서 자라나 할아버지 영조가 추진하던 탕평책을 이어 가기 위

균역법

　역을 균등하게 지게 하는 법이 균역법이다. 역이란 노동력을 징발하는 것으로 요역과 군역으로 구분된다. 부역이라고도 하는 요역은 1년에 일정한 일수를 지는 것과 수시로 필요할 때마다 동원되는 잡역이 있었고, 군역은 16세 이상 60세 이하의 양신분의 남자들이 지는 군복무이다. 조선 시대 신분제는 양천제로서 양신분에는 양반과 양인 농민들이 속하고 천신분에는 노비나 천한 직업의 종사자들이 속했다. 그런데 양반은 이런 저런 이유로 군역을 면제받았고, 양인 신분의 숫자가 줄어들면서 양인의 부담이 늘어났다. 또 군역을 피하기 위해 노비로 자청하는 경우도 증가하였다. 균역법을 주장한 홍계희는 당시 군역은 50만호에 해당하였는데 실질적으로 부담하는 숫자는 10만호에 불과하다고 말하였다.

　이런 여러 문제점을 보완하고자 군포의 액수를 줄이는 대신 왕실이나 국가기관의 세원이었던 어염세를 군사재정으로 전환시켰다. 하지만 역부담이 형평을 이룬 것은 아니다. 그 후에도 양반들은 여전히 군역을 지지 않아 군역으로 인한 역부담의 불균형이 근본적으로 해결되지는 않았다.

해 '탕탕평평실'이라는 편액을 침전에 걸어놓았다.

　정조의 탕평책은 충과 역을 명확히 구분하여 색목의 구별없이 오로지 충한 자만을 등용하는 의리탕평이었다. 의리란 왕에 대한 충성을 의미하며, 당파 구분 없이 왕의 절충론을 따르는 완론들을 주로 기용하였다. 선조의 허물로 인해 5대가 지나서까지 후손의 벼슬길이 막히는 부당한 일이 없도록 인재라면 색목에 관계없이 등용하였다.

　즉위 초에 정조는 정국의 안정을 위해 비대한 노론의 비위를 맞추기 위해 윤선거 부자의 관작을 추탈하였다가 왕권이 강화된 이후에는 각 정파의 사정을 고려해 의리를 인정해 주는 의미에서 윤선거 부자의 벼슬을 다시 복관시킨 일도 있었다.

탕평책을 실시하기 위한 정조대의 효율적인 기구는 정조 즉위년 (1776년)에 설치한 규장각으로 대표된다.

규장각은 정조의 즉위년에 창설하여 그해 9월에 역대 왕들의 어제, 어필 등을 정리·봉안하고, 서적을 수집하거나 편찬하는 왕실도서관으로 출발하였다. 문화정치를 표방하며 세워졌지만 단순한 왕실 도서관이 아니고 정권의 핵심적 기구로 정조의 개혁정치를 이끌어 나가기 위한 측근 세력의 양성소의 구실을 하게 된다. 정조는 세손 시절 '개유와'라는 도서실을 마련하여 경사자집의 모든 책을 섭렵할 정도로 학문을 좋아하여 '호문好文의 왕'으로 일컬어진다. 유생들이 올린 상소에 대한 정조의 비답은 변설과 논리를 갖춘 장문이자 명문으로 유명하여 조선 시대 역대 군왕 중 가장 문장이 좋은 왕으로 전한다.

정조는 즉위하자마자 그의 즉위를 방해하거나 그를 경호하던 홍국영을 살해하려던 홍인한, 정후겸, 홍상간 등의 외척세력을 제거하였다.

세손 시절부터 정조를 경호하고 춘방관이 되면서부터 세손의 신임을 얻기 시작한 홍국영의 세도정치는 외척 세력을 제거하는 것과 동시에 시작되었다. 고립되어 지내던 세손에게 충고와 조언을 아끼지 않으며 보호해 주던 홍국영에 대한 정조의 신임은 절대적이었다. 즉위 초의 외척 세력 제거는 홍국영의 책략과 외척 세력의 전횡에 대한 폐해를 알고 있던 정조의 뜻이 맞물려 이루어진 사건이었다. 지나치게 정권을 독점하며 왕비 효의왕후를 독살하려는 계획까지 세웠던 홍국영의 세도 정치는 이후 4년간 이어지다가 1780년에 가산을 몰수당하고 전리로 방출되면서 막을 내렸다.

나경언으로 하여금 사도세자의 비행 10조목을 올리게 사주했던 홍계희의 손자 홍상범이 전흥문, 강용휘 등을 사주하여 정조를 죽이려 했던 사건이 있고 난 후 정조는 자신의 친위체제를 강화하기 위해 숙위소를 세우고 홍국영에게 숙위대장직을 맡기고 그 권한을 대폭 강화하였다. 홍국영은 병권까지 장악하게 되면서 세도가 하늘 높은 줄 모르고 치솟게 되었다. 정조 시해 미수 사건에는 혜경궁 홍씨의 친동생 홍낙임도 관련되어 있었는데 정조는 장인 홍봉한과 혜경궁 홍씨를 위로하는 차원에서 홍낙임을 특별히 석방하였다.

홍국영은 자신의 누이동생 원빈을 정조의 후궁으로 들였지만 원빈이 소생 없이 1년 만에 죽자 정조의 이복동생 은언군의 아들 담을 자신의 양자로 삼아 조카라고 떠벌리고 다녔다. 그리고는 노론계 산림 송덕상을 시켜 왕에게 왕세자 책봉을 청하는 상소를 올리게 하였다. 마침 정조는 홍국영의 농간에 염증을 느끼고 있었다. 그리하여 정조는 여러 신하들로 하여금 탄핵을 유도하여 홍국영 스스로 물러나게 하려던 중 정조의 측근 김종수의 탄핵상소를 계기로 홍국영은 쫓겨났다. 고향으로 내려간 홍국영은 울화를 견디지 못하고 병을 얻어 죽고 말았다.

홍국영의 몰락 이후 정조는 관료기강을 쇄신하고 인재를 배양하기 위해 1781년 2월 규장각의 기능을 재정비하고 본격 가동시켰다. 규장각은 승정원과 홍문관을 대신하여 국왕의 통치를 직접 보좌해 주는 선

경사자집

경사자집이란 중국 서적 중에 경서(經書), 사서(史書), 제자(諸子), 문집(文集)의 네 가지 부류의 책을 통틀어 말한다.

도적 기관이 되었다. 규장각 각신들은 국왕의 새로운 정책을 추진하는 이론을 뒷받침해 주는 보좌관이자 정조의 가인으로, 학식과 덕행을 겸비한 인물 중 정조가 가장 신임하는 사람을 선발하였다. 때문에 규장각 각신으로 임명된다는 것은 왕의 절대적인 신임을 얻는 것뿐만 아니라 관료로서 더없는 영광이었다. 정조대에 재직한 각신은 모두 38명으로 그 중 남인 채제공은 정조대 탕평을 이끌어 나간 대표적인 인물이었다. 규장각의 사무를 보좌한 잡직에 검서관이라는 것이 있었는데 검서관원 4명 모두 서얼이 임명되었던 것이 매우 특이하였다. 1779년에 대검서관에 이덕무, 유득공, 박제가, 서이수가 발탁되었다.

1788년 채제공이 우의정으로 발탁되면서 숙종 20년 갑술환국 이후 관계 진출의 길이 막혀 있던 영남 남인들의 중앙 진출의 길이 열렸다. 그해 정조는 남인 채제공, 노론 김치인, 소론 이성원을 각기 3정승에 앉혀 본격적인 탕평을 추진하였다.

채제공을 믿고 영남 안동의 유림들은 이진동을 필두로 상소와 『무신창의록』을 가지고 상경했다. 그 책은 무신란 때 반란군에 항거하여 공을 세우거나 순사한 안동 등 13개 고을 유림의 행적을 기록한 책이다. 당시 승정원은 노론이 포진하고 있어서 그들의 상소문은 받아들여지지 않았는데 상경한 지 6개월이 접어들던 11월에 왕의 효창묘 행행幸行을 틈타 간신히 상언할 수 있었다. 정조는 그 책자를 밤새 읽고 또 읽고는 책자에 수록되어 있는 인사의 포상과 책자 간행을 지시하며 이진동을 비롯한 영남유림들을 접견하였다.

정조는 손수 교서를 써서 이들을 격려하였고, 유림들은 안동향교에 왕의 교서를 봉안하였다. 이로 인해 정조는 최대의 유림 세력이 있는 영남을 자신의 외곽세력으로 확보할 필요성을 느끼고, 1792년 3월 퇴계 이황을 제사하는 도산서원 앞에 과장을 개설했는데, 입장한 유생이 7,228명이고, 그 가운데 거둬들여진 시험답안지가 3,632장이었다. 시험지는 정조가 직접 채점을 하여 강세백, 김희락을 합격시켰고, 그날의 시사를 기념하기 위해 과장이 설치되었던 곳에 시사단을 세웠다.

그로부터 한 달 후 1만여 명이 연명한, 사도세자를 신원하는 영남 유림의 만인소가 올라왔다. 만인소는 우여곡절 끝에 정조의 손에 들어갔다. 정조는 즉위 당시 영조의 명에 따라 종통상 효장세자를 이었음을 분명히 하고 사도세자의 신원문제를 거론할 시에는 엄벌에 처하겠다고 말한 바가 있다. 그러나 소를 읽은 정조는 그 동안 가슴속에 묻어 두었던 한에 목이 메었다. 간신히 진정을 한 정조는 영조가 생전에 내렸던 금령과 자신이 즉위 초에 밝혔던 입장을 거론하며 임오의리(사도세자의 죽음에 관한 일)를 밝힐 수 없다고 하였다. 사도세자의 신원문제를 들먹여 당파간의 혼란과 시비논쟁을 일으키는 것은 왕권 강화에 전혀 도움이 되지 않는 것을 간파하고 정조는 유림들에게 거듭 고향에 돌아갈 것을 종용하였다. 3차 상소까지 올렸던 유생들은 결국 정조의 간곡한 설득 끝에 왕의 교서를 갖고 귀향했지만 이로써 정조의 남인들에 대한 배려와 관심을 얻기에는 충분했다.

1789년 7월에 경기도 양주 배봉산에 있던 사도세자의 능인 영우원을 수원의 화산으로 이장하기로 결정하고 '현부에 융성하게 보답한다'는 의미로 현륭원으로 이름을 지었다. 능의 이장은 효심에서 이루어진 것이지만 한편으로는 수원 지역을 개혁의 진원지로 삼으려는 정치적 목적이 깔려 있는 것으로, 5군영의 통합과 화성의 축조, 수원 읍치를 이전하고 수원 상권 부양책을 추진하였으며, 장용 외영의 화성 편제 등으로 구체화되었다.

화성 축조에 대한 논의는 1789년 12월에 본격적으로 이루어졌다. 100

수원성(수원 화성)

년 전에 화성 축조를 역설했던 유형원을 이조참판에 추증하고 1794년 2월에 착공을 하여 재정의 부족으로 일시 중단되기도 했다가 2년 6개월 후인 1796년 9월에 완공되었다. 그 공사가 한창 진행되던 1795년 윤2월에는 어머니 혜경궁 홍씨의 회갑잔치를 치르기 위해 화성에 모시고 갔고, 공사가 끝난 뒤에는 「화성성역의궤」를 편찬하였다. 총10권 9책으로 이루어진 이 책은 건물 배치도, 사용된 도구의 부분도, 공사에 관련된 모든 경비, 인력, 물자, 기계 등이 상세히 기록된 공사보고서로서 동서 역사상 유례가 없는 건축사의 사료로 전한다.

화성은 정조 왕권의 경제적, 무력적 기반으로 조성된 것이다. 당시군영은 5군영으로 나누어져 있었는데, 정조는 왕권 강화를 위해서 일원적인 군영체제로 개편해 나가고자 하였다. 1785년에 설치된 국왕의 호위대인 장용위를 1788년에 장용영으로 개칭하였고, 1793년에 내영, 외영제가 확립되면서 장용영은 제도적으로 대폭 정비되었다. 장용내영은 수도 한성부에 설치하였고, 장용외영은 화성에 설치하였는데, 특히 현륭원과 국왕 행차시 행궁지역에 설치된 장용외영은 화성의 축조와 밀접한 연관을 가졌고, 실제로 내영보다 중요시되었다. 왕권 강화를 위한 친위부대의 성격이 농후한 장용영과 화성 신도시의 발전은 정조가 사망함으로써 물거품이 되었다.

1791년 천주교도 박해 사건인 신해박해가 일어나 윤지충, 권상연 등이 사형당하였다. 천주교를 신봉하던 윤지충이 모친상을 당해 천주교 의식에 따라 상을 치르자, 맹렬한 비난을 받았다. 그의 인척이자 천주교도인 권상

수원성의 봉수대

연이 그를 비호하고 나서면서 정치 쟁점화되었다. 서구 문화 수입을 공격하는 벽파와 천주교를 신봉하거나 묵인하는 신서파로 갈라져 충돌하자 정조는 윤지충과 권상연을 국문케 하여 사형시켰다. 그리고 천주교를 사학邪學으로 단정하고 천주교 서적 수입을 금지시켰다. 이 사건 이후 벽파 쪽으로 대세가 기울었고, 그로부터 4년 뒤인 1795년에는 중국인 주문모 신부가 밀입국하는 사건이 생기면서 벽파는 또 한 번 기세를 떨쳤다.

1800년 5월 정조는 임오의리를 공개적으로 천명하고 '오회연고'를 발표했다. 오회연교란 5월 회일(그믐날. 당시는 30일)에 연석에서 하고 하였다는 뜻으로, 여기에서 정조는 탕평정치 추진을 위한 통치술을 신하들에게 자세하게 밝혔다. 정치 원칙은 시대에 따라 달라지는 것이라고 함으로써 영조가 옳다고 처분한 노론의 정치원칙도 바뀔 수 있음을 암시하였고, 또한 다음번 재상은 노론이 기피하는 남인 강경파 중에서 나올 것을 암시하였다. 그리고 임오의리를 바로잡되 관련자를 처단하지는 않을 것을 밝혔다. 오회연교는 정국을 얼어붙게 만들었는데, 정조는 오회연교를 발표한 지 28일 만에 사망하고 말았다.

정조의 사망을 두고 남인들 사이에서는 벽파집단과의 권력 투쟁에서 패해 독살당했다는 소문이 떠돌았고, 영남 사림 중에는 관아에

수원성의 서장대. 수원의 화성은 세계문화유산에 등재되어 있다. 서장대는 2006년 봄에 방화로 모두 불타 버렸다.

나가 시위를 벌이는 사람도 있었다. 정약용도 그의 저서에서 정조의 독살 가능성을 암시하는 글을 적었다. 정조가 재상을 쓸 때는 반드시 8년 정도 시련을 준 다음에야 8년을 믿고 쓴다는 내용에 주목하면 다음번 재상은 남인 계열의 이가환이나 정약용이었다.

정조의 탕평을 뒷받침했던 세력은 남인 채제공 계열과 노론 시파 계열이었는데 그들은 가문이나 당색을 초월하는 공조기반이 없어 정조가 죽은 이후에 그들 개혁진영은 급속히 와해되고 만다.

호학의 군주로서 탕평정책을 펼쳐 학식을 갖춘 인사들을 등용하여 문예부흥기를 이루게 했던 정조는 1800년 6월 28일 창경궁의 영춘헌에서 49세를 일기로 생을 마감하였다.

● **제23대 순조**(純祖•1790년~1834년. 재위 기간은 1800년 7월~1834년 11월까지 34년 4개월)

순조는 정조의 둘째 아들로 창경궁 집복헌에서 태어났다. 이름은 공이고, 자는 공보이다. 정조의 큰아들이 일찍 죽어 그가 세자에 책봉되었다. 순조는 성품이 온화하며 매우 검소한 생활을 하였다. 궁궐 안에서 연회를 즐기지 않았고 공식적인 모임 외에는 비단옷을 입지 않고 무명옷을 입었다. 장막도 기워서 사용하였고, 궁궐의 정원이나 수레 등에도 화려한 것을 꾸미지 않았다. 또 논어나 맹자 등 성현이 지은 저서를 가져오라 명할 때는 '가져오'라고 하지 않고 '받들고 오'라고 명했다.

즉위할 당시 순조는 11살이어서 대왕대비 정순왕후가 수렴청정을 하였다. 정순왕후는 영조의 계비로, 사도세자의 부도덕과 비행 10조목을 상소하도록 나경언을 사주했던 김한구가 정순왕후의 아버지이다. 나경언의 상소 사건 이후 정순왕후는 사도세자를 동정하는 시파를 미워하고 벽파를 옹호하였다.

정약용의 영정

정순왕후는 수렴청정을 시작하면서 먼저 6촌 오빠 김관주를 이조참판직에 앉히고 벽파들을 대거 등용하였다.

1801년 1월 공노비를 해방하는 큰 사건이 있었다. 노비는 전근대 사회에서 토지와 함께 국가나 개인의 가장 소중한 재산이었다. 공노비라 하면 내수사(대궐에서 쓰는 쌀, 베, 잡물, 노비 등에 관한 사무를 맡아보던 관부)와 각 궁에 소속된 내노비와 중앙 관청 소속의 시노비를 말한다. 재산으로 인식해 왔던 노비도 인간이라는 인식을 하게 되어 노비를 양인으로 만들어 국가의 양역에 편입시킴으로써 국가를 부유하게 하고자 했던 것이다.

이어 1801년 2월에 천주교에 대한 탄압(신유박해)이 있었다. 정순왕후는 사학(邪學·사악한 학문)을 물리친다는 척사의 기치를 걸고 정치적 탄압에 들어갔다.

천주교가 조선에 본격적으로 전파된 것은 18세기 말부터로, 천문, 수학, 지리, 농학 등의 서양 학문과 함께 전파되었다. 특히 정약용, 이가환은 뛰어난 문장과 단아한 모습으로 추종자들이 많았는데, 두 사람이 서학에 심취하자 많은 사람들이 모두 서학을 추종하였다. 1791년(정조 15)에 신해박해가 있었지만 1800년에는 교인이 1만에 이르렀다. 그러자 천주교를 사학으로 규정하여 성토하고 그와 관련된 인물을 비난하는 상소가 끊이지 않았다. 천주교를 비호하던 남인 시파의 채제공이 죽고 정조도 세상을 떠나자 본격적으로 박해의 바람이 불어닥쳤다. 일찍부터 채제공과 이가환, 이승훈을 공격하던 심환지가 1798년 우의정에 임명되어 벽파의 영수가 되었고, 이어 영의정에 올라 정권을 장악하고 있었는데 신유박해가 일어나자 이 기회를 놓치지 않고 홍봉한의 아들 홍낙임을 역적의 주모로 몰면서 남인들을 대거 숙청하였다.

대왕대비는 채제공 일파와 사이가 좋지 않았던 목만중을 대사간에 임명하여 수사를 맡겼다. 목만중은 이가환, 이승훈, 정약용, 정약전, 정약종, 홍교만, 홍낙민, 이기양, 권철신 등을 성토해 중국인 신부 주문모가 그 배후 인물임을 밝혀냈다. 천주교도를 색출하는 데 오가작통법을 동원하였다.

오가작통이란 다섯 가구를 한 통으로 묶었던 호적의 보조조직으로 한명회의 발의에 따라 채택되어 경국대전에 올랐다. 주로 호구를 밝히고 범죄자의 색출, 세금징수, 부역의 동원, 가까운 이웃을 보호하는 조직으로 이용되었다. 그런데 그것을 이용해 다섯 집끼리 서로 천주교가 있는지 감시하고, 그 중 한 집에서라도 천주교도가 나오면 다섯 집이 모두 화를 입게 되었다. 이렇게 해서 애매하게 연루되어 죽은 사람까지 합해 전국적으로 수만 명이 화를 당했다.

신유박해는 왕실 탄압으로도 이어졌는데, 1801년 여름부터 사도세자의 아들이며 정조의 이복동생인 은언군 인과 정조의 어머니 혜경궁 홍씨의 동생 홍낙임과 규장각 관료 윤행임을 처형하였다. 은언군을 죽임으로써 정순왕후는 왕손의 씨를 말려버린 셈이었다. 신유사옥 이후 정순왕후는 안전한 벽파 중심의 조정을 세울 수 있었다.

1801년 9월, 황사영이 충청도 토굴에 숨어 봄부터 이루어진 천주교 박해의 전말과 대응책을 비단에 적어 비밀리에 중국 북경의 구베아 주교에게 보내려고 하였다. 그런데 사전에 발견되어 능지처참되었고, 그의 어머니와 작은아버지, 아내와 아들은 모두 귀양길에 올랐다. 황사영은 정약용의 맏형인 정약현의 딸 명련의 남편이었다.

황사영 백서에는 조선 교회를 재건하고 신앙의 자유를 획득할 수 있는 방안으로 청나라 황제가 조선 정부에 강요하여 선교사를 받아들이도록 할 것을 요청하였고, 그렇지 않으면 조선을 청나라의 한 성으로 편입시켜 감독하게 할 필요성을 말하였다. 아울러 서양의 배 수백 척과 군대 5만~6만 명을 조선에 보내어 조정이 신앙의 자유를 허용하도록 하는 방안 등이 제시되어 있었다.

그것을 본 조정에서는 너무 놀라 관련자들을 즉각 처형함과 동시에 천주교인들에 대한 탄압을 더 한층 강화하였다. 그리고 백서의 사본이 중국에 전달되어 주문모 신부의 처형 사실이 알려질 것을 염려하여 그해 파견된 동지사에게 황사영 백서를 요약하여 청나라 예부에 제출하게 하여 그간의 박해가 정당했음을 설명하도록 하였다.

1802년에 순조는 시파였던 김조순의 딸을 왕비로 맞이하였는데 그녀가 순원왕후로서, 이 혼인은 안동 김씨 60여 년 세도정치의 서막이었다. 그리고 같은해에 시파의 군사적, 경제적 기반이던 장용영을 재정 부족에 허덕인다는 이유로 혁파하였다.

1803년 12월에 정순왕후가 수렴청정을 거두어 순조는 1804년부터 직접 정사를 보기 시작하였다. 하지만 순조는 국구 김조순과 외조부 박준원의 힘에 눌려 허위에 앉아 있는 것과 다름없었다. 이른바 김씨의 세도정치가 시작되었다. 김조순을 중심으로 안동 김씨가 권력의 핵심인 비변사를 장악하였고, 김조순은 규장각 제학·검교 등의 관직을 역임하면서 권력 기반을 다져갔다. 정순왕후는 1805년 1월에 죽었다.

1806년 벽파의 김달순이 임오의리에 대해 말을 꺼내며 사도세자를 두둔한 영남만인소의 주모자 이우를 처벌하고 사도세자로 하여금 잘못을 시인하게 했던 박치원과 윤재겸에게 벼슬과 시호를 내려 주기를 청하였다. 그러자 평소 김달순과 적대 관계에 있던 김명순이 김달순을 비판하며 형조참판 조득영으로 하여금 김달순을 탄핵하게 하여 김달순은 경상도 남해현의 한 섬으로 귀양 보내졌다가 4월에 사사되었다. 이 사건으로 벽파는 정치적 철퇴를 얻어맞았고, 시파정권이 들어서는 계기가 되었다. 그리고 김조순의 안동 김씨 세력은 반남 박씨 세력과 풍양 조씨 조득영의 후원을 받아 본격적인 세도를 부리기 시작하였다.

안동 김씨의 시조는 고려의 개국공신 김선평인데, 그 이후 후손들은 뚜렷한 벼슬자리를 못 하다 조선 성종 때 김종직과 교유하였던 김계행이라는 인물이 문과에 급제하면서 안동 김씨 가문의 문호를 열었다. 이후 여러 자손들이 번창하였고, 김창협의 6형제가 모두 이름을 날려 6창이라 불렀다. 그리고 신임사화 이후 김원행이 기호학계를 대표하는 학자로 부상하였다. 순조대에 시파와 벽파의 싸움에서 정순왕후를 등에 업은 경주 김씨는 정순왕후가 죽자 힘을 잃었고 시파가 득세하면서 시파의 길을 걷던 안동 김씨 세도의 길이 열린 것이다. 세도의 핵심인물은 김조순, 김좌근, 김문근, 김병기이다.

안동 김씨의 세도가 오래 지속될 수 있었던 것은 그 조상들이 충절과 학문을 숭상해 온 덕택이었다. 김상용과 김상헌이 정유길의 외손자여서 안동 김씨와 동래 정씨는 정치적으로 밀월관계를 유지하였다. 서울 회동에서 대대로 벼슬을 해 온 동래 정씨는 조선조에서 정승을 가장 많이 낸 집안이다. 그래서 일찍이 송시열은 정씨 집안을 큰기러기와 고니에 비유하고 자기 집은 지렁이라고 차이를 둔 적이 있었다. 헌종이 죽고 후사를 세울 때 강화에 가서 강화도령 원범을 데려와 왕위에 등극시키는 데 공헌한 정원용도 정유길의 후손이다. 그러니까 안동 김씨의 외가가 되는 것이다. 정원용은 김조순이 발탁하여 영의정에까지 이르렀다. 그리고 김문근의 딸이 철종의 비가 되어 김문근은 영은부원군에 봉해져 모든 정사가 그에 의해 결정되었다. 김씨 세도는 순조대에 이어 헌종, 철종대까지 이어진다.

1811년에 홍경래의 난이 일어났다. 평안도 용강군 화장골에서 평민의 아들로 태어난 홍경래는 어려서부터 영웅의 기질을 타고나 힘이 장사인 데다 무예가 출중하여 전쟁놀이를 즐겼다. 열다섯 살에 그의 외삼촌 유학권에게 글을 배웠는데, 외삼촌은 '경래는 글재주가 비범하고 뜻이 순수하지 못하니 장래를 주의하라'는 내용의 편지를 그의 아버지에게 부쳤고, 자기가 가르치기 어렵다며 집으로 돌려보냈다. 그래서 홍경래는 혼자서 경전과 역사를 공부하였다. 홍경래는 평안도 지방에서 실시한 향시에는 합격했으나 본시험인 회시에는 응시하지 않았다. 조선은 건국 초부터 서북지역의 백성을 인재 등용에서 배제해 왔기 때문에 서북인들의 원한은 쌓일 대로 쌓인 상태였다.

그리고 18세기를 전후해서는 상업과 수공업이 발달하고 인삼이나 담배 등 상품작물의 재배가 활발하여 부를 축적한 새로운 계층이 발생하였다. 특히 평안도 지방은 정부의 규제에도 대청무역(청나라를 상대로 한 무역)이 활발해 개성상인과 의주 상인 중 거상으로 성장한 사람들이 많았다. 1801년에 해방된 공노비들이 평안도 지역의 광산으로 몰려들기도 하였다.

홍경래는 주로 평안도와 황해도의 신흥 부자들과 몰래 결속하여

당을 만들어 수년 동안 직접 무기를 만들었다. 홍경래당에 모인 일반 백성과 천민들의 숫자는 수천 명에 이르렀다. 홍경래는 주로 시국에 불만을 품고 있는 자들과 부를 축적하여 새로운 지배층으로 성장한 부류, 황해도, 평안도 일대의 상인들과 벼슬길이 막혀 현실에 불만을 품고 있던 양반 지식층에 접근하였다. 10년간 준비해 온 거사는 1812년에 벌일 계획이었으나 정보가 새나가 1811년 12월에 앞당겨 거사를 일으켰다.

1811년 12월 홍경래와 우군칙, 김창시 등은 정부에 전면전을 선포하고, 홍경래는 평서대원수로, 부원수는 김사용, 부모주 김창시, 선봉장 이제초·홍총각, 후군장 윤후검, 총지휘자는 이희저로 하고 봉기하였다. 봉기군은 남진군과 북진군으로 나누어 거병 열흘 만에 각 고을의 호응을 얻어 가산, 곽산, 정주, 선천, 철산 등 7개 지역을 석권하였다. 마침 겨울이라 얼음이 얼었을 때를 이용해 청천강을 건널 계획이었으나 큰 비가 내려 얼음이 녹아 전략을 바꾸어 1812년 1월에 정주성을 점거하였고, 선천부사 김익순(삿갓 김병연의 할아버지)이 자진 항복하여 봉기군을 박천 송림에 주둔시켰다.

그런데 함종부사 윤욱렬과 곽산군수 이우식 등의 합세로 다시 정주성으로 들어가 활과 조총으로 무장한 관군과 4개월간 공방전을 펼쳤다. 순무중군 박기풍이 정주성 밖에 주둔하자 성 안에서는 술렁거리기 시작하였다. 그 틈을 타 김익순이 김창시의 목을 베어 성을 빠져나왔다. 김익순은 홍경래 앞에 무릎을 꿇어 감옥에 갇혔었는데, 김사용이 홍경래에게 건의하여 족쇄를 풀고 돈과 쌀, 고기 등을 보내 위로하였다.

김익순은 서울에 가도 목숨을 보전하기 어렵다며 봉기군에 합류하여 홍경래에게 문안을 드리고 봉기군과 어울려 술을 마시기도

세도

세도(世道)는 원래 '세상을 올바르게 다스리는 길'이라는 뜻이다. 그래서 위대한 학자는 세도를 스스로 감당하여 한 시대의 국가와 사회를 책임지고자 하였다. 그런데 조선 후기 홍국영이 전권을 휘두르면서 조선 속담에 정권 잡은 것을 세도라고 하였다. 왕명으로 한 번 세도를 맡게 되면 정승 이하가 이 세도가의 명령에 따랐다. 그래서 모든 뇌물이 세도가에 모이게 되었다. 세도라는 말 이전에는 권신(權臣)이라는 말이 있었는데 홍국영은 당시 나는 새도 떨어뜨릴 수 있는 세도를 부린 것으로 유명하고, 실질적인 세도정치는 순조 이후 안동 김씨 김조순으로부터 시작되었다. 우리나라 속담에 '10년 가는 세도가 없다'라는 말이 있지만 안동 김씨 세도는 60년간 이어졌다.

하였다. 그러다 봉기군이 불리해지자 김창시의 목을 베어 빠져나왔다. 그러나 김익순은 역적으로 낙인찍혔고, 1812년 3월에 처형당하였다. 그의 손자 김삿갓은 성장하여 그 사실을 알고 방랑을 하게 되었다. 이후 김익순은 1897년에 신원되고 1908년에 관작이 회복되었다. 한편, 가산군수 정시는 봉기군이 무릎을 꿇으라고 할 때 무릎이 잘릴지언정 적을 위해 꿇을 수 없다고 버티다 칼에 맞아 죽임을 당해 충신으로 남았다.

정주성 전투가 불리해지자 조정에서는 박기풍을 파직하고 유효원을 보냈다. 유효원은 정주성 북쪽에 흙을 파고 땅속에 길을 만들어 포를 매설한 뒤 옆 구멍으로 화승에 불을 질러넣어 성을 폭파하였다. 성을 지키던 봉기군이 놀라 달아나자 병사를 정돈하고 입성하여 사방을 포위한 후 공격하였다. 그때 홍경래는 탄환을 맞고 죽어 홍경래의 목은 상자에 담겨 서울로 보내졌고, 우군칙 등도 모두 사로잡혀 서울로 압송됨으로써 봉기군은 평정되었다. 그러나 이후 농민항쟁은 1815년에 용인에서 이응길이 일어났고, 1827년에 제주도에서 일어나는 등 역모와 함께 끊이지 않다가 1894년 동학농민전쟁으로 이어졌다.

1827년 2월, 순조는 효명세자에게 대리청정을 하게 하였다. 순조는 홍경래의 봉기를 전후한 시기부터 중풍을 앓아온 데다 안동 김씨의 세도에 반감을 갖고 있었다. 그래서 세자를 대리청정하게 하여 세자의 처가인 풍양 조씨 인사를 정계에 등용시키려 하였다.

효명세자의 이름은 대이고 자는 덕인이며 호는 경헌이다. 1809년 8월 9일 창덕궁에서, 순조와 김조순의 딸 안동 김씨 사이에서 태어났다. 1812년에 왕세자에 책봉되었고 1817년 3월에 공부를 시작하였고, 11살이 되던 1819년에 성인식을 치르고 그해 10월에 풍양 조씨 조만영의 딸과 혼인하였다. 조만영의 아버지 조엄은 일본에서 고구마를 가져와 기근에 허덕이던 백성들에게 구황작물이 되게 해 주었던 사람이다.

대리청정으로 집권을 한 효명세자는 먼저 '신임사화'는 소론이 노론을 정계에서 축출하기 위해 조작한 것이라는 영조 때의 신임의리를 다시 밝혔다. 이어 그 동안 척족들의 정치 참여에 반대하였던 노론 인사를 중심으로 정치 세력을 재편하였다. 그리고 종묘와 경모궁의 예식절차를 서투르게 했다는 이유로 안동 김씨 계열인 전임 이조판서 이희갑, 김재창과 현임 이조판서 김이교를 감봉하였다.

대리청정 기간 동안 가장 핵심적인 인물은 김로였다. 그리고 심환지의 재종인 심현지의 외손 이인보는 왕권강화를 위한 소를 올려 김로를 지지하였다. 또 조엄의 외손자 홍기섭은 세자의 장인 조만영, 조인영과 내외종간으로 그는 풍양 조씨 편에 섰다.

세자는 불안한 정국을 이끌기 위해 김로, 이인보, 홍기섭, 김노경에게 이조·병조의 인사권과 경제권을 맡겼고, 처가인 풍양 조씨 조만영, 조인영, 조병현으로 하여금 측면에서 후원하도록 하였다. 한편, 세자는 정치적으로 소외되어 있던 소론, 남인, 북인도 등용하였지만, 권력의 핵심기구라 할 수 있는 비변사는 측근이 장악하였다.

그러나 효명세자의 대리청정은 길지 못했다. 1830년 윤4월 22일에 피를 토하고 쓰러져 5월 6일에 22세를 일기로 생을 마감함으로써 3년 3개월의 대리청정은 끝이 났다. 효명은 익종으로 추존되었다.

세자가 죽음으로써 풍양 조씨의 세력이 멈칫하고 안동 김씨 세력이 다시 일어나 김로, 김노경, 홍기섭, 이인보를 4간신으로 몰아 그들을 모두 유배 보냈다. 하지만 풍양 조씨세력은 헌종대에 다시 일어난다.

순조는 1834년 45세를 일기로 생을 마감하였다.

● **제24대 헌종**(憲宗•1827년~1849년. 재위 기간은 1834년 11월~1849년 6월까지 14년 7개월)

헌종은 순조의 손자이자 익종(효명세자)의 아들로 1827년 7월 18일에 창경궁 경춘전에서 태어났다. 조만영의 딸 신정왕후가 그의 어머니로, 이름은 환이고 자는 문응이며 호는 원헌이다.

헌종은 여덟 살 어린 나이로 즉위하여 대왕대비 순원왕후 김씨가 14세 때인 1840년까지 수렴청정을 하였다. 1837년 11세에 김조근의 딸(효현왕후)을 아내로 맞았으나 1843년 8월에 효현왕후가 사망하여 이듬해 10월 홍재룡의 딸(효정왕후)을 왕비로 맞았다.

1839년에는 또 다시 천주교 탄압 사건(기해박해)이 일어났는데, 기해박해는 1838년 겨울부터 시작되어 1840년 봄까지 1년 넘게 지속되었다. 척사정책이라는 명분으로 이조판서 조만영과 형조판서 조병현과 그를 후원하던 정치 세력이 주가 되어 박해가 이루어졌다. 1839년 5월 25일, 대왕대비는 교도의 체포에 총력을 기울이라는 새로운 명령을 내렸는데, 안동 김씨 실세 김유근이 죽자 그와 가깝게 지내던 유진길이 체포되었다. 7월에는 수원으로 피신했던 프랑스 신부 앙베르가 자수하였고, 교도들이 심하게 박해를 받자 앙베르는 모방과 샤스탕 신부에게 자수를 권해 두 신부도 자수하였다. 세 신부와 유진길, 정하상이 처형되었고, 12월에는 박종원, 이문우 등 10여 명이 처형되어 한해 동안 모두 70여 명이 처형되었다.

1840년에 12월에 순원왕후의 수렴청정이 끝나자 안동 김씨의 세력이 다소 위축되면서 풍양 조씨의 세력이 우세해졌다. 조만영의 동생 조인영은 1841년에 영의정이 되어 안동 김씨 세력을 누르고 풍양 조씨 세도를 구축하였다. 조만영의 아들 조병구도 조득영의 아들 조병현과 함께 조씨 세력의 중심 인물이 되었다. 조병현은 예조판서, 형조판서, 대사헌, 병조판서, 이조판서를 두루 역임하였다.

1844년에 민진용의 역모 사건이 있었다. 민진용은 뛰어난 의술로 이원덕, 박순수, 박시응 등을 포섭해 정조의 아우 은언군의 손자 원경을 왕으로 추대하기로 했으나 사전에 발각되어 주모자는 모두 능지처참을 당하고 은언군의 손자 원경 또한 사사되었다. 이에 앞서 1836년에도 남응중이 남경중, 남공언 등과 모의하여 정조의 아우 은언군의 손자를 왕으로 추대하려는 계획을 세웠으나 사전에 발각되어 능지처참당했던 일이 있었다.

1845년 6월 프랑스 해군 소장 세실이 기해박해 때 처형된 프랑스 선교사 탄압을 구실 삼아 군함 3척을 이끌고 충청도 홍주의 외연도에 들어왔다. 세실은 프랑스 황제의 이름으로 헌종에게 세 신부를 처형한 것에 대해 물으면서, 만약 죄가 없는데 처형한 사실이 밝혀지면 원망을 초래할 것이며 이듬해에 전선戰船을 보낼 때 그 이유를 회답하라는 협박문서를 전하고 돌아갔다. 이에 헌종은 영의정 권돈인과 프랑스 국서 문제를 상의하여 청나라에도 알리지 않고 조선 내부에서 천주교도를 뿌리 뽑는 식으로 처리하기로 하고 조선 최초의 신부 김대건을 서둘러 처형하였다. 김대건은 새남터에서 9월 16일에 처형되었고, 9월 20일에 임치백, 현석문, 한이형 등이 처형되었다. 이것이 1846년에 일어난 병오박해이다.

김대건은 1831년 프랑스 신부 모방에 의해 신학생으로 발탁되어 1836년 마카오에 있는 파리 외방전도회 동양경리부로 가 그곳에서 신학공부를 하고 1845년 2월에 상하이에서 조선인 최초로 신부가 되어 그해에 귀국하였다. 귀국 후 그는 천주교 조선교구 제3대 교구장인 주교 페레올과 함께 포교 활동을 하던 중 처형되었다.

1년 후인 1847년 6월에 프랑스 군함 글로아르 호가 세실 소장이 준 국서에 대한 답을 받으러 오다가 전라도 만경의 고군산열도 해안에서 폭풍을 만나 좌초되었다. 그들은 1개월간 고군산도에 머물렀는데 그곳 주민들이 선원 700여 명에게 음료수와 양식을 공급해 주었다. 그들은 중국 상해에서 빌려온 영국 배를 타고 무사히 귀국하였고, 조정에서는 청나라 예부에 서한을 보냈다. 그 서한이 프랑스에 전달될 가능성은 없지만 이 서한이 역사상 서양과의 첫 외교문서가 되었다.

6년의 수렴청정 기간과 9년여의 친정 기간을 합쳐 14년 재위 기간 동안에는 국가 재정의 근본이 되는 전정田政, 군정軍政, 환곡還穀의 삼정이 매우 문란해졌다.

헌종은 글을 좋아하여 직접 글을 지었는데, 그의 시문을 모은 『원헌집』 5권이 장서각에 보관되어 있고, 『열성지장』, 『동국사략』, 『문원보불』, 『동국문헌비고』를 편찬하는 업적을 남겼다.

호색한이기도 했던 헌종은 풍양 조씨와 안동 김씨의 권력 투쟁에 휘말리다가 1849년 6월 6일 창덕궁에서 후사도 없이 스물셋 젊은 나이에 생을 마감하였다.

● **제25대 철종**(哲宗•1831년~1863년. 재위 기간은 1849년 6월~1863년 12월까지 14년 6개월)

철종은 사도세자의 증손으로 정조의 아우 은언군의 손자이다. 전계 대원군 광과 용성부대부인 염씨 사이에 셋째 아들로 태어났다. 초명은 원범이었고, 즉위한 뒤의 이름은 변, 자는 도승道升이다. 1849년에 후사 없이 헌종이 죽자 순원왕후의 명으로 왕위를 계승하였다.

원래는 덕흥대원군의 종손 이하전을 헌종의 후사로 내정해 놓았었다. 그런데 충청감사로 있다가 직제학으로 전보되어 올라온 안동 김씨 세도가 김수근이 형 김좌근에게 뒤늦게 그 소식을 듣고 이하전의 주변에는 벽파 세력만 있어 자신의 시파가 화를 당하게 된다며 장헌세자의 손자인 전계군의 셋째 아들로 대통을 잇게 하라고 말하였다. 그리고 자신의 동생 김문근의 딸과 혼인시키면 김씨 세력이 든든해질 것이라고 말하자 김좌근이 그 길로 순원왕후를 찾아가 자세히 설명하여 원범을 후계자로 정하게 되었다.

원로대신 정원용은 안동 김씨 세력의 명령으로 의장과 문무관료를 거느리고 강화도 전계군의 집으로 갔다. 혹시 화를 당할까 조심스럽게 살고 있던 전계군은 서울에서 뜻밖에 들이닥친 의장행렬에

이양선(異樣船)

조선 시대 우리나라 배와 체제나 모양이 다른 외국 배를 일컬어 이양선 혹은 황당선(荒唐船)이라고도 불렀다. 조선에 이양선이 처음 들어온 기록은 1653년(효종 4년)에 제주도에 하멜이 표류했던 때였다. 이후 1816년 충청도 비인현에 영국 선박이 표류하다 정박한 적이 있었다.

18세기는 영국과 프랑스가 기선(汽船)을 앞세워 동양으로 손을 뻗치고 있었다. 해양을 무대로 각국의 배가 외국을 개척하고 다녔다. 서구에서는 우수한 선박을 제조하고 나침반을 이용하여 항해술이 날로 발전하던 때였다. 두 나라 이외에 스페인과 네덜란드의 선박도 해양에 많이 떠다녔다.

표류선이 발생한 경우, 조선 정부는 반드시 중국 북경으로 보내 본국으로 송환하게 하였다. 그러나 순조 때 홍양에 표류한 영국 선박은 부숴 버렸고, 현종 때 제주도에 표류한 네덜란드 선박은 탈취하였다. 이양선에 대한 조선의 정책은 갈수록 강경해져 고종 때에는 평양에 쳐들어온 미국 선박을 불태우기까지 하였다.

이양선

정신을 잃고 안절부절 못하였다.

철종은 1844년(현종 10년) 형 회평군의 옥사로 가족과 함께 강화도에 유배되어 있었다. 학문과 거리가 먼 농사꾼으로 살다 갑자기 명을 받아 봉영의식을 행한 뒤 6월 8일 덕안군에 봉해졌고, 그 다음날 창덕궁 희정당에서 성인식을 올린 뒤 빈전에서 옥새를 받고 인정문에서 조선 25대 왕으로 즉위하였다. 철종은 순조의 대통을 잇게 되어 김조순의 딸인 순원왕후의 아들이 되어 버렸다. 아무 준비 없이 갑자기 왕이 된 철종은 대왕대비인 신정왕후의 수렴청정을 받아야 했다.

1851년에 탈상을 하고 9월에 순원왕후의 집안인 김문근의 딸을 왕비(명순왕후)로 맞이하였다. 이로써 김문근이 영은부원군이 되어 국구로서 정사를 돕게 되니 안동 김씨의 세도가 이어지게 되었다. 즉위 3년 후인 1852년부터 친정을 하였지만 안동 김씨의 세도 아래서 독자적으로 일을 처리하지 못했다. 요직을 임명할 때도 '교동 아저씨(김좌근)가 아는 일인가' 하고 물을 정도였는데, 딱 한 사람 이시원은 강화도에 살 때 훌륭한 관원이라는 말을 들은 적이 있어 그의 이름이 인사서류에 올라오면 꼭 임명하였다. 그리고 개성 유수 자리가 비었을 때 철종이 직접 이시원의 이름을 추가로 써넣어 임명하기도 하였다.

1853년 봄에 관서 지방에 기근이 들어 선혜청에서 5만 냥, 사역원에서 인삼세로 거두었던 세금 중에서 6만 냥을 내어 구제하였다. 또 그해 여름 가뭄이 심하자 식량이 없어 구제하지 못하는 실정을 안타깝게 여겨 재용을 절약할 것과 탐관(탐욕에 찬 관리) 오리(청렴하지 못한 관리)의 징계를 명하였다. 1856년 봄에 여주에서 화재를 입은 민가 천여 호에 은전과 약재를 내려 구휼하도록 하였고, 함흥에서 화재를 입은 백성에게 3천 냥을 지급하는 등 빈민구호에 적극성을 보였다.

1861년 김정호가 '대동여지도'를 판각하여 간행하였다. 대동여지도는 162,000분의 1 축적으로 남북은 22단(1단이 120리)으로 나누어져 있고, 각 단을 6치 6푼의 폭(1폭은 80리)으로 하여 가로로 접을 수 있게 하였다. 22단을 순서대로 접합하면 세로 7m, 가로 3m에 달하는 커다란 한 장의 조선 전도가 되었다. 이 지도에는 산과 산맥, 하천의 이름과 모양, 바다, 섬, 마을을 비롯하여 관청, 병영, 성터, 역참, 도로 등이 상세히 기록되어 있다. 김정호에게 지도의 자료와 재정을 지원한 것은 기학의 대가 최한기로 전한다. 당시 조정 대신들은 지도가 정밀하고 상세한 것에 놀라 나라의 기밀이 누설될 것을 염려해 판각을 압수하였고 김정호는 그 일로 1864년에 옥사하였다.

1862년에 전국 곳곳에서 민란이 일어나는데, 그 시초는 2월 4일 단성에서 일어났다. 그리고 2월 18일 진주에서 일어난 민란에 이어 경상, 전라, 충청, 경기, 함경도로 퍼져나가며 37차에 걸쳐 일어났다. 삼정의 하나인 환곡의 폐단에서 비롯되어 '삼정의 난'이라고도 하고, 임술년에 일어난 민란을 통칭하여 '임술민란'이라고 한다.

이때는 철종의 말기이고 안동 김씨의 세도의 말기이기도 하다. 그 동안 세도가의 도움으로 관리가 된 자들은 백성들의 고혈을 짜내어 세도가에게 뇌물을 바치고 그들을 섬기며 자신들의 권력과 일신만 살찌우고 있었다. 삼정의 하나인 환곡을 거두는 과정에서 관리들이 착복하는 것이 반에 이르러 백성들이 겪는 고통은 이루 말할 수가 없었다.

단성현은 몇 천 호에 불과한 작은 고을이었는데 환곡의 총수가 10만 3천여 섬에 이르렀다. 그 가운데 아전들이 착복한 환곡은 5만 2천여 섬에 달했다. 또 토지 세율을 정액 이상으로 징수하는 도결을 걷거나 자기 고을의 환곡을 비싸게 팔고 다른 고을의 곡식을 싸게 사서 메워 놓는 일이 거듭되면서 백성들의 고통이 점점 커졌다. 이러한 백성들의 고통을 잘 알고 있던 전 정언 김인섭의 아버지 김령이 관아에 들어가 현감을 협박하고 욕을 보이자 현감의 관속들이 백

철종이 즉위하기 전에 살던 강화도의 잠저
용흥궁

성들과 김령 부자를 마구 때렸다. 이에 분노한 백성들은 이방과 창
색의 집으로 몰려가 불을 지른 뒤 객사에 모였다가 다시 읍내 장터
로 몰려가 모임을 갖고 각지의 부자들에게 음식을 공급하게 하고 며
칠 동안 시위를 하였다. 이에 현감 임병묵은 서울로 달아났다. 김령
은 암행어사 이인명에게 잡혀 의금부에 체포되었다가 목사 정면조
와 정원용이 조정에 호소하여 풀려났다.

　단성에 이어 진주 민란은 2월 18일에 일어났다. 진주 민란의 직접
적인 원인은 경상도 우병사 백낙신의 탐학에 있었다. 백낙신은 부임
하면서부터 갖은 방법을 동원하여 하루하루 연명해 가는 농민들을
수탈하여 5만 냥에 달하는 돈을 모았다. 그리고 도결(고을 아전이 공
전이나 군포를 축내고 그것을 메워 넣으려고 결세를 정액 이상으로 받는
것) 8만 4천여 냥을 호별로 배당하여 일시에 내게 하였다. 그러자 우
병영에서도 이 기회를 이용하여 그 동안 착복한 환곡 7만 2천여 냥
을 농가에 분담하여 강제로 징수하고자 하였다. 이에 진주의 서남쪽
유곡동에 사는 유계춘이 김수만, 이귀재 등과 함께 거사를 도모하여
백성들이 다 알아볼 수 있는 한글 격문을 붙이고 통문을 돌려 봉기

하였다. 봉기군은 머리에 흰 수건을 두르고 스스로를 초군이라 부르며, 불참하는 자에게는 벌금을 부과하고 반대하는 자의 집을 헐어 소극적이던 농민들이 속속 시위대열에 참여하여 수만에 이르렀다.

진주성 밖에서 하룻밤을 새운 봉기군들은 이튿날 백낙신과 진주목사 홍병원으로부터 그들의 요구를 들어주겠다는 공문을 받아냈다. 그러나 흥분한 백성들은 우병사를 둘러싸고 부정관리 권준범과 김희순을 붙태워 죽였으며, 4일 동안 향리들을 닥치는 대로 붙잡아 네 명을 때려 죽이고 수십 명은 부상을 입었다. 그리고 부잣집을 습격하여

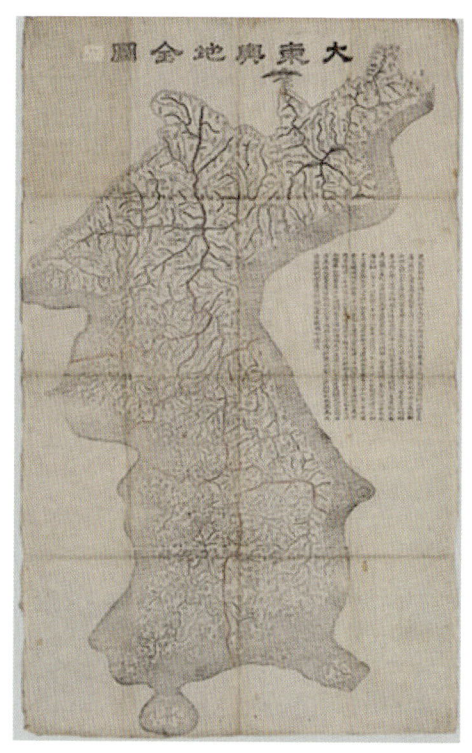

김정호가 제작한 대동여지도

23개 면에 걸쳐 126호를 파괴하고 재물을 빼앗았다. 당시 피해액은 10만 냥에 이르렀다.

조정에서는 2월 29일에 부호군 박규수를 진주 안핵사(지방에 어떤 일이 생겼을 때 그 일을 조사하기 위해 보내던 임시 벼슬)로 파견하여 사태를 수습하게 하였으나 3개월이 지나서야 사태가 수습되었다. 당시 처벌 상황은 농민측은 효수 10명, 귀양 20명, 곤장 42명, 미결 15명이었고, 관변측은 귀양 8명, 곤장 5명, 파직 4명, 미결 5명이었다.

민란은 충청도와 전라도로 번져갔다. 당시 조선의 3대 폐단은 충청도 양반, 전라도 아전, 평안도 평양의 기생이었다. 전라도 관찰사

김시연은 대표적인 탐관이었다.

1862년 3월 27일 익산 농민 3천여 명이 불법적인 도결의 시정을 요구하면서 관청을 습격하여 군수 박희순을 납치하고 인신印信과 병부兵符를 빼앗았다. 김익의 증손인 김시연은 서울로 도망가고 조정에서는 이정현을 안핵사로 임명하여 주동자를 처형하고 관찰사 김시연과 군수 박희순을 귀양 보냈다. 이어 4월 16일에는 전라도 함평에서 정한순의 주동으로 민란이 일어나 조정의 명을 받은 익산 안핵사 이정현이 사태를 수습하였다. 정한순 외 주동자는 처형되고 현감 박명규는 귀양을 갔다.

임술민란의 사태가 커지자 조정에서는 5월 26일 삼정이정청을 설치하고 '삼정이정절목' 41개 조를 제정하여 반포하였으나 삼정의 폐단이 이런 정책으로 시정될 수는 없었다. 또 이해 5월과 6월에는 가뭄이 들고, 7월에는 심한 물난리가 생겨 흉흉한 민심은 쉽게 가라앉지 않았다.

1862년 7월 오위장 이제두가 이하전(흥선대원군 이하응의 형)이 김순성과 이긍선 등에 의해 왕으로 추대되어 모반을 도모하였다고 무고하여 사사되었다. 헌종이 죽고 후사에 대한 논의가 있었을 때 순원왕후는 이하전을 후계자로 내정해 놓았었다. 안동 김씨는 후환을 없애기 위해 이 기회를 이용하여 촉망받던 종실 이하전을 죽였다. 아들을 갖고 있던, 이하전의 동생 흥선대원군은 이러한 사태에서 파락호(행세하는 집안의 자손으로서 방탕한 짓을 하여 눈 밖에 난 사람) 행세를 하여 생명 보전을 하며 훗날을 엿보았던 것이다.

전국 여러 곳에서 민란이 일어나 어수선한 가운데 최제우가 동학을 창도하여 교세가 확산되자 1862년 12월에 각 지역에다 교도들을 조직하기 위한 접소를 두었다. 그리고 그곳에 접주를 두어 교도를 다스리는 접주제를 만들어 1863년에는 13개의 접소를 확보하게 되었다.

최제우는 17년의 수도 생활 끝에 1860년 4월 5일 종교체험을 하고 1년 동안 교리를 만들어 동학을 창시하였다. 1840년 아편전쟁에서 중국이 영국에 패하자 당시 웬만한 지식인이라면 그 다음 차례가 조선이라는 것을 감지하고 있었다. 최제우는 이렇듯 밀려오는 외세를 물리치고 민심을 수습하기 위해서는 서학에 대응할 수 있는 새로

삼정

전정, 군정, 환곡을 삼정이라고 한다.

전정 - 토지에 부과하는 세금을 전정이라고 한다. 토지 일결에 얼마씩을 징수하기로 되어 있는 것을 은결이라 하는 법에도 없는 무거운 세금을 받으며 백성들을 착취하였다.

군정 - 나이 16세 이상 60세 이하의 남자들에게 군포(軍布)를 받는 제도를 말한다. 그런데 관리들이 이 법을 악용하여 나이를 내려 군포를 받는가 하면 나이를 올리거나 죽은 사람에게까지 받는 일이 공공연하게 있었다.

환곡 - 흉년이나 춘궁기에 농민에게 대여하고 추수기에 환수하던 곡물을 환곡이라 한다. 이와 비슷한 제도로 고구려에서는 진대법이 있었고, 신라에서는 점찰보가 있었다. 고려에서는 의창, 상평창 등을 두었다.

조선 초기에는 곤궁한 백성들을 구제하거나 군자 확보를 목적으로 빌려간 곡물의 10%를 이자로 받아 운영하였으나 임진왜란과 병자호란을 겪으면서 환곡은 국가 재정의 확보수단이 되어 각 군현에 이자 획득만을 목적으로 하는 환곡이 생김으로써 농민에게 큰 부담을 안겨주었다.

18세기 이후에는 재정 부족이 심화되자 농민들은 필요 없는 곡식을 받거나 형편없는 곡식을 받고도 부담해야 할 이자가 늘어 그것으로 고통을 받았다. 1862년 임술민란에서도 환곡 문제에 대한 농민들의 요구 조건이 가장 큰 비중을 차지하는 등 조선 시대 민란의 대부분이 삼정의 폐단에서 비롯되었다.

운 학문과 종교를 제창할 필요성을 절실히 느끼고 어리석은 백성을 구제하겠다는 뜻으로 이름을 제우濟愚로 바꾸었다.

동학이 전국적으로 확산되자 최제우와 그의 제자들에 대해 체포령을 내리고 1863년 11월 20일 선전관 정운구를 파견하였다. 최제우는 경주에서 체포되었고 서울로 압송하려는 도중에 철종이 갑자기 승하하여 대구 감옥으로 이송되었다. 최제우는 결국 1864년(고종 1년) 2월 29일 처형하기로 결정되어 3월 10일 대구 장대에서 41세의 젊은 나이로 생을 마감하였다.

안동 김씨 세력 밑에서 정사를 제대로 할 수 없었던 철종은 말년에 술과 궁녀를 가까이 하며 살다가 1863년 12월 8일에 재위 14년을 마치고 33세를 일기로 생을 마감하였다.

● **제26대 고종**(高宗 1852년~1919년. 재위 기간은 1863년 12월~1907년 7월까지 43년 7개월)

고종은 흥선군 이하응의 둘째 아들로 어머니는 여흥부대부인 민씨이다. 아명은 명복이고, 자는 성임이다.

고종이 왕위에 오를 수 있었던 건 흥선군과 익종의 비 신정왕후 조대비의 협력이 있었기 때문이다. 신정왕후는 순조 때 3년간 세자로서 대리청정을 했던 순조의 아들 효명세자(익종)의 비로 안동 김씨 가문에게 제대로 대접을 받지 못해 흥선군과 동병상련의 처지에 있었다. 흥선군은 사도세자의 둘째 아들 은신군의 양자로 입적되었던 남연군의 아들로 영조의 현손(손자의 손자)이다. 아들을 둔 흥선군은 호신책으로 파락호 행세를 하며 신정왕후에게 줄을 대어 장래를 대비하였다. 마침내 철종이 후사 없이 갑자기 승하하자 때가 온 것이다. 흥선군의 장남 재면은 똑똑하지 못해 흥선군은 둘째 아들 명복을 조대비의 양자로 삼아 익종의 대통을 잇게 한 다음 익성군으로 봉한 뒤 즉위하게 하였다.

고종은 그렇게 하여 12세 어린 나이에 즉위하여 신정왕후 조대비가 3년 동안 수렴청정을 하였다. 그리곤 이어 흥선군 이하응을 흥선대원군으로 봉하고 대권을 그에게 위임함으로써 대원군의 10년 세도가 시작되었다. 당시 조선은 안동 김씨의 60년 세도 정치 아래 왕권은 한층 추락하고, 서학이 전래되어 유교 사회의 전통은 이미 동요하고 있었다. 게다가 삼정의 폐단으로 나라 질서가 문란하여 중간 관리는 배가 불렀지만 국고는 텅 비고 백성은 지칠 대로 지쳐 있었다.

대원군이 제일 먼저 손을 댄 것은 인사 행정이었다. 외척 김씨 세력을 밀어내고 신분의 차별 없이 인재를 등용하였다. 다음은 국가기구의 정비에 나서 비변사의 기능을 축소시키고, 의정부와 삼군부의 기능을 부활시켰다. 비변사는 원래 임진왜란 이후 비상시국에 대비하여 만든 임시기구였는데 점점 중앙 정부의 최고 정무기관이 되어 왕권을 능가하는 권한을 행사하며 세도 정치를 받쳐 주었다. 그리하여 대원군은 비변사의 기능을 축소하여 의정부와 삼군부의 본래 기능을 부활시켰다. 그리고 경국대전을 비롯한 역대 법전을 참고하여 『대전회통』, 『육전조례』, 『오례편고』를 편찬하여 법 질서를 바로 잡았다.

대원군의 시책 중 크게 주목받는 것은 서원 철폐와 호포제 실시, 경복궁 중건이다. 서원은 향교와 마찬가지로 선현의 봉사와 학문의 장려를 목적으로 설립된 사립 교육기관이었다. 서원은 뛰어난 학자를 배출하여 학문 발전에 크게 기여하면서 많은 토지와 노비를 하사받고 면세와 면역의 특권까지 받아 가며 크게 성장하였다. 그러나 지방 유림의 세력 기반이자 당쟁의 근거지가 되면서 역을 피하려는 자들이 모여들어 도적의 소굴로 변해 버렸다. 서원 중 대표적인 표적은 충청도의 화양동 서원과 만동묘로 대원군이 젊은 시절 유람을 갔다가 유생들에게 발길질을 당했던 곳이다.

국가 기강을 위해 손을 대야 했으나 유가의 선현을 모신 서원에 감히 아무도 손을 못 대고 있던 것을 대원군이 과감하게 철폐령을 내렸다. 전국 600여 개의 서원 중 47개소만 남기고 모두 허물고 서원의 유생들을 쫓아 버리고 항거하는 자는 죽이라 명하였다. 사족이 크게 놀라 나라 안이 물끓듯 시끄러웠고 대궐로 몰려가 울부짖는 유생도 많았다. 대원군은 포도대장 이경하를 시켜 유생들을 두들겨 강 건너로 쫓아내게 하였다. 그러나 여러 고을에서는 유림을 두려워하여 서원을 철폐하지 못하고 있었다. 그러자 격분한 대원군이 한 고을의원을 파면하고 중징계를 가하자 그제서야 일제히 명에 따랐다.

이어 대원군은 6도에 암행어사를 보내 사족으로서 평민을 침해한 자의 죄를 다스리고 재산을 몰수하게 하였다. 이 조치로 권력으로 세도를 부리던 집 사람들은 숨을 죽였고 백성들의 반응은 좋았다.

고종

서원을 철폐한 결과 많은 땅과 노비가 환수되어 국가 재정이 늘어나게 되었지만 유생들의 원성은 훗날 대원군의 앞길을 막는 걸림돌이 된다.

대원군은 왕권을 높이기 위해 경복궁을 중건하였다(1865~1868). 1865년에 영건도감을 설치하고 중건을 시작하였지만 예산이 없어 국민들에게 노동력과 재력의 제공을 호소하여 재화를 자진 납부하는 사람에게 벼슬과 포상을 내린다고 하여 기부금을 거두었는데 그것을 원납전이라고 한다. 종친들이 수만 냥의 기부금

을 내고 왕이 내탕금 10만 냥을 하사하자 서울에서
바쳐진 돈이 10만 냥이 되고 10개월 뒤에는 500만
냥에 달하였다.

홍선 대원군

그런데 1866년 3월에 방화인 듯한 화재가 발생
하여 그 동안 전국에서 벌채해 온 큰 재목들이 모두
숯덩이가 되었다. 그래도 대원군은 뜻을 굽히지 않
고 공사를 진행하였다. 원납전도 받고 강원도 산중
의 거대한 재목을 벌채하였고, 심지어 민간 신앙 대
상이었던 지방의 큰 돌과 나무까지 벌채를 해왔다. 그래도 경비가
모자라자 농민들에게 결두전이라 하여 단위 면적 1결당 100문의 돈
을 부과시켰고, 도성을 출입하는 사람들에게 통행세를 물렸고, 당백
전이라는 화폐를 주조하였다.

당백전은 종래 사용하던 상평통보의 100배에 달하는 돈으로 당백
전의 발행은 물가고를 초래하여 국민 생활을 압박하는 결과를 낳았
다. 마침내 착공한 지 2년 만에(고종 5, 1868년) 경복궁이 중건되었다.
태조 때 창건하여 임진왜란 때 불타 버린 뒤 270여 년간 방치되어 있
던 궁을 2년 만에 복구한 것이다.

사창제社倉制는 1867년에 시행하였다. 본래 빈민구제책으로 시행
되던 환곡제도가 관리들의 고리대로 변해 김병학의 건의를 받아들
여 환곡제를 사창제로 바꾸었다. 또 상민에게만 군포軍布를 부과하
던 것을 신분에 관계 없이 각 호마다 2냥씩 징수하게 하여 양반에게
까지 군포를 부과하게 하는 호포제를 바꾸었다(1871년).

가히 혁명적이라 할 만큼 용기와 결단력을 가지고 내치를 한 대
원군은 대외 정책에 있어서는 쇄국정책을 펼쳤다. 문호개방을 요구
하는 외국 열강들에 대해 통상을 완강히 거부한 쇄국정책은 천주교

경복궁 근정전. 부지런히 나랏일을 다스린다는 뜻의 근정전에서는 왕의 즉위식, 세자 책봉, 외국 사신 영접 등 국가의 공식적인 행사가 이루어졌다.

도들을 외세의 앞잡이로 규정하여 그들에 대한 박해로 이어졌고, 그것으로 인해 병인양요와 신미양요와 같은 큰 사건이 일어났다.

대원군의 부인과 고종의 유모가 착실한 천주교도였기 때문에 대원군이 집정했을 때 천주교도들은 희망적이었다. 1860년 영불 연합군이 북경을 점령하자 러시아는 이를 중재해 준 대가로 천진조약을 통해 연해주를 확보하여 조선과 러시아는 두만강을 사이에 두고 국경을 접하게 되었다. 그로부터 조선은 러시아로부터 통상을 자주 요구받게 되었다. 대원군은 프랑스와 동맹을 맺어 러시아의 남침을 저지하자고 건의한 승지 남종삼의 의견을 받아들여 조선에서 활동하는 프랑스 주교 베르뇌와 다블뤼 주교에게 연락을 취하려 했으나 차질이 생겼고, 마침 북경을 다녀온 동지사 이흥민이 청국에서 천주교도 탄압이 이루어지고 있다는 보고를 받으면서 대신들도 외세를 배척하는 분위기가 되었다. 서양 신부도 서양 오랑캐와 한통속이고 조선의 천주교도들은 그들의 앞잡이라 생각하고는 대대적으로 천주교도에 대한 박해가 가해졌다.

1866년 1월 베르뇌 주교, 다블뤼 주교 등 프랑스 신부 9명과 홍봉주, 남종삼, 정의배, 전장운, 최형 등 주요 신자들과 수천 명의 교인들이 전국에서 체포되어 서울의 새남터와 충남 보령의 갈매못 등지에서 순교하였다. 이것이 1866년의 병인박해로 신유사옥, 기해사옥과 더불어 3대 사옥이며 그 중 병인사옥이 가장 심하였다. 병인사옥은 병인양요를 일으키는 계기가 되었다.

경복궁 사정전. 나랏일을 생각한다는 뜻의 사정전은 임금과 대신들이 나랏일을 의논하고 결정하던 곳이다.

　천주교도에 대한 박해가 이루어지는 과정에서 리델 신부는 충청도 해안에서 배를 타고 천진에 있는 프랑스 극동함대 사령관 로즈 제독에게 천주교도 박해 사실을 알렸고, 로즈 제독은 북경 주재 프랑스 대리공사 벨로네에게 이 사실을 즉각 알렸다. 벨로네는 가까운 시일 내에 조선을 쳐서 국왕을 갈아치울 것이라는 공문을 청국에 보냈다. 청국은 양국의 중재에 나섰지만 대원군은 프랑스가 조선의 일에 웬 참견이냐는 식이었고, 로즈 제독과 벨로네 공사는 조선을 정복하겠다고 하였다.

　1866년 8월 10일 로즈 제독은 3척의 군함을 거느리고 산동의 지부항을 출발하였다. 로즈 제독의 군함이 리델 신부와 통역 겸 수로 안내인으로 조선인 신자 3명을 함께 태우고 경기도 작약도 앞바다에 도착한 것은 8월 15일. 이 중 한 척은 암초에 걸려 손상되었고, 두 척이 한강으로 진입하여 18일 양화진을 거쳐 서강에 도착하여 서울을 정찰하고는 조용히 돌아갔다. 이후 조정에서는 연안의 경비를 강화하고 각 읍에 성을 쌓고 배를 수리하느라 부산해졌고, 유학자들은 척사를 주장하는 상소를 올렸다.

정선의 뗏목 운반

대원군은 프랑스가 재침할 것을 예상하였다. 아니나 다를까, 9월
5일 프랑스 함대 7척이 일본 요코하마에 주둔하고 있던 군대까지
실어 600여 명의 병력으로 물류도 앞바다에 집결하였다. 한강의 수
로가 좋지 않다고 판단한 그들은 다음날 강화도 갑곶진을 점령하였
고, 다음날 강화부를 공격하였다. 강화부는 간단히 점령되었고 다음
날 통진부를 습격하여 약탈과 방화를 하였다. 대원군의 명을 받고
군사 2천을 거느린 이용희가 프랑스군에게 가 격문을 보내자 그들
은 프랑스와 조약을 체결할 것을
요구하였다.

대원군이 발행한 당백전

그러나 로즈 제독은 조선의 강
한 대응으로 40일 만에 물러났다.
로즈 제독은 물러나면서 강화읍에
불을 지르고 그 동안 약탈한 서적
과 무기, 금, 은괴 등을 군함에 싣
고 갔다. 이후 대원군의 쇄국 정책
은 천주교도에 대한 탄압과 더불어

더욱 강화되었고, 프랑스 함대가 쳐들어올 것이라는 소문이 조선에 나돌았다.

병인양요가 벌어졌던 삼랑성

그런 가운데 1866년 8월 백령도를 거쳐 대동강을 거슬러 평양에 들어온 이양호가 또 있었다. 미국의 배 제너럴 셔먼호였다. 장마로 불어난 강물을 거슬러 만경대까지 올라온 그들이 종군 이현익을 납치하며 난폭한 행동을 하자 분노한 평양 군민들이 달려들어 충돌이 빚어졌다. 평양 감사 박규수가 화공을 명하여 배를 공격하고 셔먼호는 불에 타 버렸다. 배에서 뛰쳐나온 선원들은 평양 군민들에게 잡혀 몰매를 맞고 죽었다. 셔먼호는 미국인 프레스톤의 배로 영국의 메도즈 상사가 임대하고 있었다. 메도즈 상사는 조선과 교역을 희망하였고 그 배에 탄 토머스는 포교의 꿈을 갖고 있었지만, 선원들은 완전무장하고 대포 2문을 갖춘 무장상선이었다. 결국 이 사건은 훗날 신미양요의 원인이 된다.

1868년 4월 18일에는 상하이에서 장사를 하던 독일 상인 오페르트가 680톤짜리 차이나 호를 빌려 타고 충청도 덕산군 구만포에 상륙하여 덕산군아를 습격하여 무기를 빼앗고 그날 밤 대원군의 아버지인 남연군의 묘소를 파헤쳤다. 오페르트의 배에는 한국인 천주교 신자 최선일과 상해의 미국 영사관 통역 젠킨스 외 서양인 8명과 20명의 말레이인, 100명의 중국인 수부가 함께 타고 왔다. 오페르

병인양요 때 프랑스 함대와의 전투도

병인박해 때 참수형으로 희생된 천주교도들을 현양하기 위해 세운 절두산 성지. 원래는 잠두봉이었으나 목이 잘려 죽어 절두산이라 불리기 시작했다.

트는 병인양요가 있기 직전인 1866년 2월과 6, 7월에 두 차례에 걸쳐 충청도 앞바다에 와 지방관헌에게 통상 의사를 밝히면서 국왕을 보게 해 달라는 요구를 한 적이 있었다.

야사에 의하면, 남연군의 묘터가 원래 절터였던 것을 대원군이 명당인 것을 알고 주지승을 매수하여 부친의 유골을 이장하였다. 대원군의 세 형은 요괴의 꿈을 꾸고 두려워했는데 대원군은 석회를 끓여 부어 묘광을 단단히 덮어 두었다고 한다. 그래서 그랬던지 오페르트가 묘를 파헤칠 때 삽이 들어가지 않았고 곡괭이도 튀기만 하고 더이상 파지지 않아 시간만 보내다 해안의 조수가 빠져나갈 시각이 되어 도굴을 포기하고 줄행랑을 쳤다고 전한다.

오페르트는 또 영종도에 상륙하여 총을 쏘아 대며 성으로 쳐들어가려고 하였다. 수비병들이 반격을 하여 오페르트 일행 두 명이 죽고 오페르트는 달아났다. 일개 상인이 남의 나라 왕실의 무덤을 파헤치는 참으로 어처구니없는 사건이다.

서먼호 사건 후 미국은 조선과 통상조약을 맺으려 두 차례에 걸쳐 탐문항행을 하다 1871년 3월 27일, 미국의 아시아 함대 사령관 로저스는 콜로라도 호를 기함으로 군함 5척에 군사 1,230명, 대포 85문을 탑재하고 드디어 조선원정에 나섰다. 그들은 원정에 앞서 일본 나가사키에서 보름 동안 해상 기동훈련을 마친 상태였다.

로저스의 함대는 인천 앞바다에 도착한 뒤 서울로 가기 위한 수

의궤

　병인양요 때 프랑스가 외규장각에서 약탈해 간 많은 서적 중 조선조의 의궤가 있었다. 의궤(儀軌)란 의식과 궤범을 합한 말로, 본보기가 되는 의식을 말하며, 나라에서 치르는 큰 행사를 그림을 곁들여 '의궤도'를 만들어 후대가 모범적인 전례를 참고하여 잘 따르도록 하였다.

　1781년(정조 5년) 강화도에 규장각의 별고로 외규장각을 설치한 후, 그곳에 창덕궁 내 규장각에 보관해 두었던 어제, 어례, 의궤 등 여러 서적과 기록물을 옮겨 보관해 두었다. 몇 년 전 프랑스의 고속철인 떼제베를 계약하면서 프랑스 미테랑 대통령은 「휘경원 원소도감의궤」를 한국에 반환해 주겠다고 한 적이 있었다. 그러나 미테랑은 약속을 지키지 않았다. 프랑스와 일본뿐 아니라 러시아, 미국, 독일, 영국 등의 열강들이 우리나라의 책이나 문화재 등 소중한 유산을 많이 탈취해 갔다.

외규장각 도서의 디지털화

　2006년 2월 23일 우리나라와 프랑스가 외규장각 도서를 디지털 자료로 만드는 작업에 착수하는 것에 합의하였다는 소식이 있었다. 우리나라는 2005년부터, 프랑스측이 보관하고 있는 도서를 일반인과 연구자들이 쉽게 열람할 수 있도록 디지털 자료로 만들어 CD나 인터넷을 통해 보급하자고 제안하였으나 프랑스측에서는 아무런 반응이 없었다.

　아울러 연구 목적상 원본을 꼭 봐야 하는 인사들에게는 적극적으로 원본을 공개하겠다는 약속도 이끌어냈다. 이런 식으로나마 우리의 유산을 보게 되는 것은 어쨌든 다행한 일이다.

로를 탐색하겠다고 일방적으로 통보를 하고 강화해협에 들어섰다. 함대가 손돌목에 이르렀을 때 조선의 강화포대에서 사격을 시작했다. 이것은 유사 이래 조선과 미국 간에 처음으로 발생한 군사적 충돌이다. 로저스는 사죄와 손해배상을 요구하며 거부하면 10일 후에 보복하겠다고 하였지만 조선은 거부하였다.

4월 24일 미국측은 초지진에 상륙하여 공격작전을 개시하였다. 10개 중대 부대에 포병대, 공병대, 의무대, 사진촬영반을 동원하여 수륙 양면의 공격을 하였다. 미국해병대는 별다른 저항을 받지 않고 초지진을 점령하고 그곳에 야영을 하였고 다음날 덕진진을 공격하여 덕진진까지 점령하였다. 다음 공격지는 강화의 진무중군 어재연의 사령부가 있는 광성보였다. 450명의 미국 해병대와 600여 명의 조선 병력이 한 시간 가량의 공방전 끝에 광성보도 미군에게 함락되었다.

미군측 집계에 의하면 조선군의 피해는 어재연 형제를 비롯하여 진무영 천총 김현종, 광성별장 박치성 등 전사자 350명과 부상자 20명이었고, 미군은 전사자 3명과 부상자 10명이었다. 조선측에서는 군민의 사기를 고려하여 전사자를 53명으로 축소해 기록해 놓았다.

그때 미군을 이끈 사람은 미국 남북전쟁에 종군하여 용맹을 떨친 블레이크 중령이었다. 이것이 1871년의 신미양요로, 광성보에서의 전투는 블레이크가 '그렇게 협소한 장소에서 그렇게 짧은 시간 내에 그처럼 많은 불꽃과 납덩이와 쇠붙이가 오간, 그렇게 화약과 연기가 가득한 전투를 본 적이 없다'고 회상할 정도로 격렬하였다.

로저스는 지진에서 철수하여 본함대로 돌아가 조선 정부의 의사표시를 기다렸지만 그에게 간 것은 부평부사 이기조의 이름으로 미국의 침략 행위를 맹렬히 비난한 공문이었다. 로저스와 함께 온 청국

광성보 전투에서 몰살당한 조선군

주재 미국 공사 로우는 조선 국왕
앞으로 공문을 전하라 하였지만
이기조는 접수를 거부하였고, 로저
스는 20여 일 후인 5월 16일 철수
하였다.

광성보의 대포

식민지로 삼기 위한 정복전쟁과
는 다른 미국의 이러한 포함包含외
교가 일본과 중국, 동남아 등에서
는 성공을 거두었지만 조선에서는 실패하였다. 미국의 아시아 함대
가 조선에서 패하고 돌아갔다는 소문이 퍼져 미국은 망신스러워했
고, 조선은 기고만장하여 대원군은 전국에 척화비를 세워 쇄국에 대
한 의지를 재삼 다졌다.

그리고 2년 후인 1873년, 경복궁 중건에 필요한 경비를 마련하기
위해 원납전을 강제로 거두며 통행세를 받고, 당백전으로 인해 물
가를 치솟게 하는 것 등으로 인해 백성들에게 원성을 사게 된 대원
군이 물러났다. 그때 고종은 22살의 나이였다. 고종은 열다섯 살 때

광성보의 용두돈대

인 1866년에 민씨를 비로 맞았는데, 대원군은 외척이 득세할 가능성이 적은 집안을 택해 자기 부인 집안인 민씨 집안에서 왕비를 들였다. 그러나 어릴 때부터 총명했던 민비는 왕비에 오른 지 몇 년이 지나자 왕실 정치에 관여하기 시작하면서 시아버지 흥선대원군과 정적이 되었다.

16세기부터 남미와 아프리카 등지를 식민지로 개척한 서구 열강은 19세기 접어들면서 동아시아 쪽으로 손길을 뻗치기 시작했다. 산업자본에서 독점자본으로 성장한 제국주의 열강들이 자국의 상품을 팔 해외 시장이 필요했기 때문이다. 이른바 보호무역주의에서 자유무역주의로 전환한 시기였다. "상품이 자유롭게 국경을 넘어가지 못하면 군대가 국경을 넘어간다"는 말이 떠돌며 문을 닫고 응하지 않을 경우 군함에서 대포를 쏘아 무력으로 행사하는 포함외교를 행사하였다.

1875년 9월 또 정체 모를 배 한 척이 강화해협의 초지진 포대에 접근하였다. 병인양요와 신미양요를 겪은 강화도 수비대는 잔뜩 긴장하여서 배에 포격을 가하였다. 그러자 배에서 뛰어나온 군사들이 포대 공격에 대한 보복이라며 영종도에 상륙하여 약탈과 방화를 하였다. 조선 전사자는 35명이었는데 일본측은 경상자 2명뿐이었다. 일본군은 영종도에서 대포 36문과 화승총 130정을 약탈해 갔다. 이 배에는 흰 천 가운데에 빨간 동그라미 하나를 그린 깃발을 단 일본 소속의 운요호(운양호)로, 그해 5~6월에 남해안과 동해안을 떠돌며 시위 포격을 하며 조선 군민을 불안하게 했던 일본 군함 3척 중의 하나였다.

대원군이 세운 강화의 척화비

이듬해 일본에서 특명전권대신에 구로다, 부대신에 이노우에, 미야모토, 모리야마 등 4명의 전권사절단을 조선에 파견하였다. 조선에서는 접견대관 신헌, 부관 윤자승, 종사관 홍대중이 이들을 상대하여 1876년 2월 11일 강화도 연부당에서 제1차 회담이 열렸다. 일본 메이지 유신의 공신인 구로다는 운요호 사건을 거론하며 일본의 일장기를 모독했다고 비난하는 한편 조선도 속히 국기를 제정할 것과 일본과의 입약통상을 요구하였다. 회담을 하는 동안 일본 함대에서는 가끔씩 대포를 쏘며 공포스러운 분위기를 만들었다.

강화도 초지진의 돈대

조선 조정에서는 김병학과 홍순목 등 대부분의 대신들은 강화를 반대하였고 우의정 박규수는 강화하자는 쪽이었다. 당시 영국과 단교 중이었던 청국은 조선에 분쟁을 원하지 않았고 남하하는 러시아 세력을 고려하여 일본과 조약을 맺는 것을 굳이 저지할 의사가 없었다. 결국 조정에서는 의논 끝에 강화하는 것으로 방침을 굳혀 1876년 2월 27일 강화도 연무당에서 조선 대표 신헌과 윤자승, 일본 대표 구로다와 이노우에가 조일수호조약(강화도 조약)을 맺게 되었다.

강화도 조약은 조선이 맺은 최초의 근대적 조약으로, 제1조는 '조선국은 자주국으로서 일본국과 평등한 권리를 보유한다.'로 시작되며 모두 12개조의 조약으로 되어 있다. 종래 양국의 통상지였던 부산 초량하에서 무역사무를 처리하며, 원산항은 1879년 8월에, 인천항은 1881년 2월에 개항할 것과 일본이 자유로 조선 해안을 측량하고, 영사의 파견과 재판권 등에 관한 내용이 있다. 그해 8월에는 수호조규부록과 무역규칙이 성립되었다. 부록에는 개항장 10리 이내에서 일본인이 자유로이 여행하고 조선 내 일본 화폐 유통의 허가 등의 내용이 있고, 무역규칙에는 일본 수출입품의 관세 면제라는 사상 유의 무관세 조항이 들어 있다.

이 조약은 근대적 조약이지만 불평등하고 일방적인 조약이며 군사적 위협이 가해진 가운데 체결된 강제 조약이었다. 일본에서는 미리부터 준비되어 있던 정한론을 실행하는 첫단계였지만 조선에서는 아무 준비도 없는 상태에서 강제로 근대화의 문호를 연 조약이었다.

병인양요와 신미양요 때 척화주전론을 펼쳤던 화서 이항로의 제자 최익현은 도끼를 메고 궁궐 앞에 엎드려 오랑캐와 교류하려면 먼저 도끼로 목을 치라고 상소를 올리며 위정척사론(衛正斥邪論·우리의 바른 도로 그릇된 도를 물리쳐야 한다는 논리)을 외치기도 했지만 조약은 체결되고 말았다.

조약 체결 이후 조정에서는 1876년, 1880년 두 차례에 걸쳐 일본

강화도 조약의 체결

에 수신사를 파견하였고 1881년에는 일본에 신사유람단을, 청국에
는 영선사를 파견하였다. 2차 수신사로 일본을 방문하고 돌아온 김
홍집 일행은 『조선책략』을 조정에 바쳤다.

　이 책은 일본 주재 청국공사관의 참찬관 황준헌의 저술로 러시아
의 남침을 막기 위해 조선은 중국과 친밀히 하고 일본과 손을 잡으
며 미국과 연합해야 한다는 내용이 골자로 되어 있다. 조정에서는
서양 오랑캐 미국과 손을 잡으라는 것을 의아하게 생각하며 관리와
유생들에게 돌려 읽혔다. 그 결과 1881년 3월, 유생 이만손을 우두머
리로 '영남인 만인의 상소'가 올라왔고, 강원도 유생 홍재학이 '만언
척사소(萬言斥邪疏 · 일만자 상소)'를 올렸다. 홍재학의 상소는 고종에
대한 정책을 과격하게 비판하는 내용이어서 홍재학은 능지처참을
당했다.

　대원군이 일선에서 물러난 후 고종은 1881년 1월 대원군이 설치
한 삼군부를 없애고 통리기무아문을 설치하는 등 개화정책을 추진
하였는데, 외국 사절을 접대한다거나 사절단과 유학생 파견, 행정기
구 개편과 신식군대 창설 등의 개화정책을 펴는 가운데 재정적인 부

제국주의

제국주의는 넓은 뜻으로는 국가가 영토나 세력 범위를 확대할 목적으로 펼치는 활동이나 정책을 말하고, 좁은 뜻으로는 자본주의가 고도로 발달하여 자본의 독점이 일어나고 자본 수출이 왕성해진 단계를 말한다. 19세기 말부터 열강들은 이 단계에 이르러 식민지 획득 경쟁에 나섰는데, 국내에서는 반동(진보적인 운동에 반대하는 보수적인 운동)정치·군국주의를 실시하고, 국외에서는 식민지 지배와 타민족의 억압을 강화시켰다. 일본은 제국주의에 근대화로(명치유신) 발빠르게 대응하였고, 서구 열강들에 비해 비교적 늦게 열강의 대열에 끼어 한반도를 기지로 하여 만주로 세력을 뻗쳐 나가고자 하였다.

담이 커졌다. 그 결과 각종 조세가 증가하여 백성들의 부담이 가중되자 대원군의 쇄국정책을 지지하는 세력이 고무되기 시작했다. 이런 와중에 안기영 등이 대원군의 서자이며 고종의 이복형인 이재선을 등에 업고 정권전복을 꾀하다가 모두 처형당하는 사건이 일어났다. 이를 계기로 민씨 척족 정권은 대원군파와 남인 계열의 수구파에 강력한 탄압을 가하고 자기네 정권 기반을 다졌다.

1881년 4월 고종은 신식 군대를 양성하기 위해 별기군을 창설하였고, 12월에는 군사제도에 대개혁을 하여 종래 5군영(훈련영, 용호영, 금위영, 어영, 총융영)을 폐지하고 무위영, 장어영을 설치하였다. 무위영 소속이었던 별기군은 일본의 지원 아래 일본식 훈련을 받으며 구식군인들에 비해 월등한 대우를 받았고, 군대가 개편되면서 많은 군병들은 실직하여 방황하는 처지에 놓이게 되었다.

1882년 6월 5일, 차별대우를 받던 구식군인들이 13개월치의 급료

정한론(征韓論)

일본 내에서 일어났던 '조선을 공략해야 한다'는 주장을 정한론이라고 한다. 1868년, 일본은 막부정권(장군이 정무를 맡아 보던 곳을 막부라고 하며 그들의 정권을 막부정권이라고 한다)을 전복하고 천황 중심의 절대주의 체제를 확립하였는데, 이것이 명치유신이다. 명치유신 이후 일본은 안으로 힘을 모으고 밖으로 힘을 뻗쳐 나가고자 조선을 일차 정복 대상으로 삼고 궁극적으로는 중국 대륙으로 진출하려고 하였다. 일본은 왕정복고를 조선에 알리고 국교 회복을 청하였으나 대원군은 이에 응하지 않았다. 1873년에 일본 내에서도 정한론이 정치문제화되어 찬성하는 쪽과 반대하는 쪽의 대립이 격화되어 서남전쟁이라는 반란으로 이어진 바 있다.

중 한달치를 받던 중 양도 모자란 데다 돌과 겨가 섞인 쌀을 받으면서 그간에 쌓여 있던 불만이 폭발하였다. 군인들은 선혜청 당상 민겸호 집을 습격하고 민씨 척족정권 인사들의 집과 일본공사관을 공격한 데 이어 창덕궁에 쳐들어가 척신을 살해하고 왕비를 수색하였다. 이른바 임오군란이다.

군인들이 반란을 일으킨 틈을 타, 개항 이후 쌀값이 폭등하여 생활이 어려워진 서울 시민과 빈민들이 반란에 가담하여 일본인 교관 호리모토를 죽이고 일본 공사관을 습격하며 반일투쟁으로 번졌다. 민씨 정권을 몰아낸 그들은 대원군을 내세워 잠시 정권을 장악하였다. 복귀한 대원군은 왕비의 사망을 발표하고 5군영과 삼군부의 복설을 지시하는 등 개혁에 착수하였으나 청군이 대원군을 납치하면서 30일 만에 무너졌다. 궁녀로 변장하여 음성에 숨어 있던 민비는 청군에게 도움을 요청하였고, 왕비의 요청을 받은 청군은 이태원과

신식 군대 별기군

왕십리 등을 다니며 군인들을 마구 죽였다. 이 사건은 청군의 조선에 대한 간섭과 침탈을 강화하는 계기가 되었다.

일본이 임오군란으로 입은 자신들의 피해 보상 문제 등을 거론하며 군함 4척, 수송선 3척에 1개 대대의 병력을 보내 조선을 위협하자, 우리나라에 와 있던 청군이 중재를 하여 1882년 7월 17일 조선과 일본 사이에 제물포 조약이 체결되었다. 일본이 조선측에 내건 내용은 조선측의 50만원 배상, 일본 경비병의 일본공사관 주둔, 공식 사과를 위한 수신사 파견, 군란 주모자 처벌 등이다.

임오군란이 일어난 지 2년 반의 세월이 지난 1884년, 우정국 낙성 축하연이 벌어지던 양력 12월 4일 밤. 김옥균, 홍영식, 박영교, 박영효, 서광범, 서재필, 변수 등이 혁명을 일으켰다. 그들은 일찍이 세계 정세에 눈을 뜬 박규수와 오경석, 유대치 등으로부터 개화 학습을 받은 개화청년들이었다. 그들의 뒤에는 일본이 있었다.

임오군란 이후 청군은 조선에 3천의 군사를 주둔했다가 프랑스와 충돌하면서 1,500명을 빼내어 갔다. 그 틈을 타 일본은 전에 개화당

훈련받는 별기군들

이 요청했던 차관 300만 엔과 군사 150명을 제공하겠다고 김옥균 등을 충동질하였다. 김옥균, 박영효, 홍영식 등의 개화당은 청에 의존하려는 민씨 중심의 세력을 물리치고 새 정부를 세우려는 목적으로 정변을 일으킨 것이다. 이것이 갑신정변이다.

그들은 안국동 별궁에 불을 질러 척신들이 왕이 있는 궁궐로 급히 돌아갈 때 그들을 암살할 계획을 세웠으나 계획이 실패하자 김옥균 등이 궁궐로 들어가 고종에게 청군이 변을 일으켰다고 하고 일본군에게 호위하게 하여 경운궁으로 모셔 갔다. 그리고 개화당은 왕을 알현하고자 궁으로 들어오던 민태호, 한규직, 이조연, 민영목, 윤태준 등의 정적을 살해하고, 다음날 새 정권을 수립하였다. 당시 주요 실세는 이재원(좌의정), 홍영식(우의정), 박영효(전후영사 겸 좌포도대장), 서광범(좌우연사 겸 우포도대장), 김옥균(호조참판), 박영교(도승지), 서재필(병조참판 겸 정령관), 윤치호(참의교섭통사사의), 변수(도상), 이재면(좌찬성), 이재완(병조판서), 이재순(평안도관찰사), 호순형(공조판서), 조경하(판의금), 김윤식(예조판서), 윤웅렬(형조판서), 김홍집(한성판윤)

갑신정변의 주역들
(왼쪽부터 김옥균, 서광범, 박영효, 홍영식)

등이다.

그런데 민비와 신정대비는 경운궁이 좁아 불편하다며 창덕궁으로 가기를 청했다. 넓은 창덕궁은 개화당의 소수 병력으로 방어하기에 불리해 김옥균은 거절하였지만 일본공사는 일본군이 청군을 방어할 수 있다고 호언하였다. 이에 고종이 환궁을 명해 왕과 민비 등은 창덕궁으로 옮겨갔다.

이후 청군이 창덕궁을 향해 대포를 쏘며 공격을 해 오자 불리하다 느낀 일본군이 빠져나갔고, 정변군도 삽시간에 무너져 달아났다. 국왕을 호위하던 홍영식, 박영교와 사관생도 7명이 피살되었고, 김옥균, 박영효 등은 일본공사 일행과 함께 탈출하였다. 정변은 이렇게 삼일 만에 무너진 '삼일천하'였다. 김옥균과 박영효 등은 겨우 몸을 피해 며칠 후 인천에서 배를 타고 일본으로 망명하였다.

정변 후 일본은 군함 7척과 육군 2개 대대를 거느린 외무경 이노우에 가오루를 조선에 파견하여 조선 정부와 담판을 벌여 두 나라는

1885년에 한성조약을 체결하기에 이른다. 조선정부는 사죄하고 배상금 11만 엔을 지불하며, 일본 공사관 신축비 2만 엔을 부담하라는 등의 전문 5조의 조약으로 실로 어처구니없는 적반하장격의 조약이었다.

명성왕후. 이 사진은 아직도 진위의 논란에 싸여 있다.

또 청과 일본은 자국군의 철수를 합의하고 앞으로 조선에 파병할 경우에는 상대국에 미리 알릴 것을 골자로 한 텐진조약을 맺었다. 그러나 청국은 조선에 대한 일본의 야심이 굉장한 것을 알고는 조선에 대한 내정간섭을 더욱 강화하였다.

1885년 3월 1일 영국의 동양함대 사령관 도웰이 이끄는 3척의 군함이 거문도를 점령하였다. 그리고 열흘쯤 후 청국주재 영국공사 오코너는 러시아의 불법점령에 대비하여 잠시 거문도에 정박한다고 통고해 왔다. 이로부터 영국, 러시아, 청, 조선 사이에 외교적 갈등이 지속되다가 청군의 주재로 1887년 2월 27일 영국군은 거문도를 떠났다. 러시아가 아프가니스탄 국경의 요지인 메르브를 점령한 뒤 또 하나의 요지 펜제를 점령하면서 두 나라 사이에 긴장이 고조되었다.

영국은 러시아의 남하정책을 저지한다는 구실로 블라디보스토크를 공격하기 위해 거문도를 기지로 삼으려 했던 것이다. 결국 영국이 거문도에서 물러났고 그 사건이 조선에 미친 영향은 크지 않았지만 러시아가 해로를 통한 동아시아 진출에 한계를 깨닫고 시베리아 횡단철도 착공 계획을 세우는 원인이 되어 거문도 사건은 세계사를 바꾼 큰 사건이 되었다.

1891년 5월 러시아가 시베리아 횡단철도를 착공하자 일본은 긴장하였다. 철도가 완공되면 블라디보스토크 항을 기지로 러시아의 군사력이 위력을 발휘하게 될 것이고, 일본은 한반도를 통해 대륙으로 진출할 길이 막히게 되기 때문이다. 그래서 일본은 만주와 한반도를 확보하기 위한 작전을 서두르게 된다.

개항 이후 불평등한 무역구조가 확대되면서 삼정의 문란과 농민에 대한 수탈이 더욱 강해지자 농민들의 항쟁이 계속되어 1890년에서 1893년 사이에 집중적으로 일어났다.

그런 어지러운 와중에 1860년에 창시된 동학은 천대만 받고 살아온 농민들에게 감명을 주며 널리 퍼져나갔다. 조정에서 동학교도에 대한 탄압이 심해지자 동학간부들은 1892년 10월에는 충청도 공주에서, 11월에는 전라도 삼례역에서 대규모 집회를 열고 교조신원 운동을 벌여나갔으나 성공하지 못했다. 그러자 40여 명의 교도들이 서울로 올라가 상소를 하였으나 강제 해산을 당하였다. '척양척왜'를 내세운 그들은 이듬해 1893년 3월 10일에 보은에서 대규모집회를 열었으나 관군의 무력 탄압으로 해산되었다. 교주 최시형은 그때 행방을 감추었다. 이러한 동학의 집회에는 농민들이 많이 참여하였고, 이러한 집결 세력은 대규모 농민전쟁을 발생시키는 데 힘이 되었다.

1894년 1월 10일 전봉준이 1천여 군민을 이끌고 고부군 관아를 습격하였다. 전라도는 물산이 풍부하여 국가 재정도 이 지역에 크게 의존할 정도로 중요한 곡창지대이나 농민들은 대대로 관리들의 가렴주구에 시달렸다. 1892년 고부군수로 부임해 온 조병갑은 갖가지 명목으로 백성들을 수탈하고 멀쩡한 사람을 잡아들여 죄를 뒤집어 씌워 재물을 강탈하였다. 또 면세를 약속하고 농민에게 황무지를 개간하게 한 뒤 추수기에 가서는 세금을 받고, 태인현감을 지낸 자기 아버지 공덕비를 세운다고 1천 냥을 강제로 거두는 등의 일로 백성들의 원성이 높았다.

조병갑이 부임했을 때 마침 농민들은 자신들의 노동력으로 동진강에 쌓은 만석보에 대한 물세를 과중하게 받는 것에 항의하며 물세를 낮추어 달라고 호소하고 있었다. 그런데 조병갑은 한술 더 떠 강의 하류에 필요하지도 않은 보를 새로 쌓고는 추수기에 농

전북 백산에서 봉기한 동학농민군

민들에게 높은 물세를 징수하여 700여 섬을 착복하였다. 참다 못한 농민들 40여 명이 고부군아에 진정서를 올렸으나 매질만 당하였다. 그때 진정서를 써준 사람이 그 지역 동학접주로서 훈장이었던 전봉준이었고 전봉준도 농민들과 갇혔다가 겨우 풀려났다.

동학 창시자 최제우

전봉준은 동지 20명과 함께 마을 집강에게 보내는 사발통문(주모자를 숨기기 위해 관계자를 사발 모양으로 둥글게 삥 돌려적는 통문)을 작성하고 마침내 1894년 1월 10일 1천여 명의 군민을 이끌고 고부군 관아를 습격하였다.

간신히 탈출한 조병갑은 전라감사 김문현에게 불순한 농민들이 난리를 일으켰다고 보고하였으나 조병갑의 죄를 알게 된 정부에서는 박원명을 고부군수로 임명하고 이용태를 안핵사로 삼아 사태를 수습하게 하였다. 그러나 이용태는 그것을 동학교도 탄압의 기회로 여겨 동학도에게 죄를 돌려 명부를 작성하고 교도들의 집을 태우고 동학도들의 처자까지 잡아다 살해하였다. 그러자 농민들은 격분하여 동학교도와 함께 다시 일어났다. 3월 하순 전봉준은 동지 김개남, 손화중과 모의하여 동학교도들과 농민들을 고부의 백산에 집결시킨

만석보에 세워진 유지비

뒤 4대 강령을 발표하였다. 4대 강령은 1. 사람을 죽이지 말고 물건을 해치지 말라, 2. 충효를 다해 세상을 구하고 백성을 편안케 하라, 3. 일본 오랑캐를 몰아내고 성도를 깨끗이 하라, 4. 군사를 서울로 몰고 가서 권세가들을 몰아내자이다.

소식을 듣고 백산을 찾아오는 농민이 금세 1만여 명에 다다라 그들은 고부, 태인, 금구, 부안을 점령하면서 전국으로 확산되었다. 전라감사 김문현은 군사 250명과 보부상대 5천 명을 동원하여 농민군들을 토벌하게 하였으나 황토현 전투에서 패하자 농민군은 사기충천하여 정읍, 흥덕, 고창을 점령하고 무장으로 진입하였다.

전주성에 입성했던 농민군들은 양호 토사 홍계훈과 전주화약을 맺고 전주성 점령 10일 만에 철수하였다. 그리고 전라도 53개 읍에 집강소(농민자치기구)를 설치하고 동학교도들이 각 읍의 집강이 되어 치안과 행정을 담당하였다. 전봉준은 금구, 원평을 중심으로 전라우도를, 김개남은 남원을 중심으로 전라좌도를 관할하였다. 기록에 의하면 집강소에서 내세운 폐정개혁은 갑신정변 당시 김옥균 등이 내

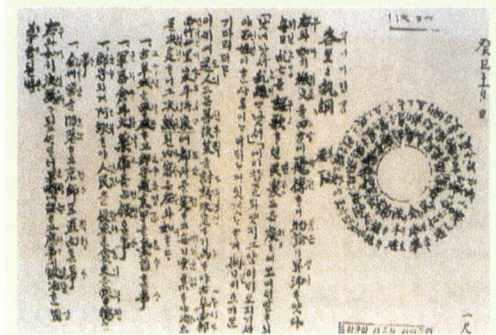

사발통문

세운 혁신정강보다 앞선 것이다.

전봉준의 농민군이 전라도를 휩쓸고 있을 때 충청도 동학농민군은 최시형의 뜻에 따라 거사에 반대하고 종교운동에 주력하고 있었다. 하지만 동학 중진들이 농민운동에 참여할 것을 권고하며 접주들에게 통문을 띄워 충청도 천산현에 수천 명의 교도들이 집결하였으나 최시형은 동학농민군을 해산시켰다.

농민군이 전주성을 점령하였을 때 정부는 청군에게 파병을 요청하였다. 원세개의 보고를 받은 북양대신 이홍장은 파병을 명해 제독 정여창이 2척의 군함을 끌고 인천으로 향하였고, 총병 섭사성은 육군 900명과 대포 4문을, 제독 섭지초는 1,500명의 육병과 대포 4문을 거느리고 아산으로 향하였다. 아산에 상륙한 청군은 육병 2,800명, 포가 8문이었다. 텐진조약에 따라 청군의 파병을 보고받은 일군도 파병을 결정하고 전시에 설치되는 군통수기관인 대본영을 설치하고 육해군 동원령을 내렸고 히로시마의 제5사단이 조선으로 출동하였다. 오오도리 일본공사 등이 서울로 입성했을 때는 동학농민군과 관

서울로 압송되는 전봉준

전봉준이 일본군과 관군에게 잡힌 장소(순창
군 쌍치면 피노마을)에 세워진 피체유적비

군의 타협이 이루어진 뒤여서 조정과 청군
이 일본의 입성을 항의하였으나 일본 정부
는 조선을 상대로 내정개혁을 요구하며 조
선과 청국이 체결한 모든 조약을 폐기할 것
을 주장하였다.

 그 동안 청국의 대표로 조선의 내정과 외
교를 간섭해 왔던 원세개가 신변의 위기를
느끼고 텐진으로 가 버리고 난 4일 후 일본
은 대원군을 앞세우고 경복궁을 기습해 들
어갔다. 일본은 대원군을 앞세워 조선정복
전쟁을 추진한 것이다. 이후 군국기무처를
설치하고(1894. 7. 15), 다음달에 김홍집 내각
이 들어섰다. 이것이 갑오개혁의 시작으로 이후 중앙관제와 사회제
도를 대폭 바꾸는 등 최근 10여 년 동안 원세개의 위압 아래 있던 조
선 조정이 일본의 수하로 들어갔다.

 김홍집 내각이 들어서기 전 일본은 공식적으로 전쟁을 선포하고

정읍 황토현 기념관에 있는
전봉준 동상과 부조

풍도 앞바다의 청국 군함을 기습하여 격침시켰다. 그리고 9월 말부
터 전쟁은 만주와 요동, 산동반도로 확산되어 갔다. 이것이 갑오년
의 청일 전쟁이다.

　청군과 일본군의 전쟁이 심상치 않자 전봉준은 동학농민군을 이
끌고 재봉기하였다. 종교적 입장을 고수했던 충청도의 동학교도들
도 동참하여 전라도 삼례역에 모인 동학농민군의 수는 11만에 달했
다. 손병희 휘하의 1만여 명의 북접군이 청산에 집결한 뒤 논산에서
남접과 만나 공주로 향하였다. 그들은 대일전쟁을 위해 다시 일어선
것이다. 동학 농민군은 목천의 세성산에서 일본군이나 다름없는 관
군과 처음 접전을 벌였다. 신식총을 든 관군과 숫자는 많았으나 죽
창을 든 농민군의 싸움의 결과는 뻔하여 동학농민군은 수백 명의 사
상자를 내고 패주하였다. 다음에는 공주 우금치를 사이에 두고 일주
일간 치열한 공방전을 벌였으나 농민군이 참패하였다.

　북상하던 김개남은 청주에서 관군의 공격을 받아 전주로 후퇴하
다가 다시 태인으로 후퇴하던 중 체포되었다. 손병희의 북접부대는
순창까지 몰렸다가 본거지인 충청도로 북상하던 도중 패해 충주에

김홍집

서 해산하였다. 그리고 강원도 황해도 등에서도 동학농민군이 패하고 지도자들 대부분이 처형되면서 농민군들은 해산하였다. 정읍을 거쳐 순창으로 들어가 은신하면서 재기를 다짐하던 전봉준은 갑자기 들이닥친 관군에게 피로리에서 잡혀 서울로 압송되었다. 전봉준은 신문을 받은 뒤 1895년 3월 29일 손화중, 김덕용, 최경선 등과 함께 사형당하였다.

동학농민의 반란이 있던 중에 청일전쟁이 일어났고, 전쟁이 진행되는 과정에서 갑오개혁이 추진되었다. 3차 개혁까지 추진되었던 갑오개혁은 우리나라 역사상 그렇게 단기간에 걸쳐 이루어진 개혁이 없을 정도로 짧은 기간에 많은 개혁이 이루어졌다. 그래서 갑오개혁은 역사에서 이전의 전근대와 근대를 구분짓는 분기점이 되는 것이다.

1894년 7월 27일에서 12월 17일까지는 1차 개혁, 이후 1895년 7월 7일까지를 2차 개혁, 1896년 2월 초순까지를 3차 개혁 시기로 구분한다. 1차 개혁 때에는 군국기무처라는 기관을 설치하고 정치, 경제, 사회 각 방면에 걸쳐 208건의 개혁안을 의결하였다.

1차 개혁안은 갑신정변이나 농민군의 폐정개혁안의 상당 부분을 받아들인 근대적 개혁안이었으나 토지제도에 대한 개혁은 지주의 입장을 옹호한 것이었다. 정치 개혁에서는 종전의 6조에 외무와 농상을 더해 내무, 외무, 탁지, 군무, 법무, 학무, 공무, 농상무 등의 8아문으로 명칭을 바꾸었다. 또 3사 등 대간제도를 폐지하고 경무청을 신설하여 강력한 경찰기구를 구비하였다. 관료제도도 18품계를 12등급으로 조정하였고, 과거제도도 폐지하였다. 신분제에서는 양반과 상민의 신분 차별을 없애려 하였는데 양반 세력이 반발하여 관리

임용에서 신분 차별을 폐지하는 것으로 축소하였다. 경제면에서는 재정기관을 탁지부로 일원화하였고, 은본위제도의 화폐제도를 실시하고 도량형을 통일하였다.

1894년 12월 일본은 대원군을 제거하고 갑신정변 때 일본에 망명한 박영효를 불러들여 김홍집, 박영효 연립내각을 구성하고 군국기무처를 폐지하였다. 또 정부 각 부서에 일본인을 고문관으로 앉혀 개혁에 직접 간여하였고 고종으로 하여금 '홍범 14조'를 발표하게 하여 청의 간섭과 왕실의 정치개입을 철저히 배제하였다.

청일전쟁에서 청이 일본에 굴복하고 1895년 4월, 청의 이홍장과 일본의 이토 히로부미가 시모노세키에서 강화조약을 맺었다. 이 조약으로 청국은 조선의 독립을 확인하고 군비 2억 냥을 배상하며 랴오둥 반도와 대만 등을 일본에 할양하였고, 조선에는 청 세력 대신 일본 세력이 대거 진출하게 되었다.

1895년 10월 8일 새벽, 일본은 왕궁을 습격하여 민비를 시해하였다. 주한 일본공사 미우라의 지시로 일본군 수비대를 무력으로 삼고 일본공사관원, 영사경찰, 신문기자, 낭인배 등이 경복궁을 침입하여 민왕후를 살해하고 시신을 불태워 버리는 만행을 저질렀다. 이것이 을미사변이다. 민왕후는 1897년 명성황후로 추존되었다. 이 사건은 미우라가 이토 내각의 지시를 받아 자행한 것으로 알려졌다.

김홍집 내각은 일본의 만행을 덮으며 단발령을 단행하자 전국에서 의병들이 일어났다. 의병은 1896년 1월 하순 이소응이 춘천에서 일어난 것을 시작으로 전국으로 확산되었는데 아관파천 후 고종이 해산을 명령하자 중단되었다. 1896년 2월 11일, 위험을 느낀 이범진, 이완용 등 친러파가 러시아와 짜고 고종과 황태자를 러시아 공사관(아관)으로 데려가는 데 성공하였다.(아관파천) 친러파는 1895년 11

명성황후 시해 장면

명성황후 장례식

명성황후 국장도감의
궤도. 의궤(儀軌)란 의
식과 궤범을 합한 말
로, 본보기가 되는 의
식을 말하며, 나라에서
치르는 큰 행사를 그
린 그림을 '의궤도'
라고 한다.

월 미국인 선교사와 짜고 미
국 공사관으로 고종을 데려
가려다 실패하고 아관파천에
성공한 것이다. 그 후 총리대
신 김홍집을 비롯한 개화파
관료들은 난민들에게 살해·
유배되거나 일본으로 망명함
으로써 갑오정권은 무너지고
개혁도 중단되었다.

아관파천 후 고종은 친일
세력을 제거하고 총리에 김
병시, 궁내부에 이재순, 총리
대신서리 겸 내부대신에 박정
양, 법부에 조병직, 외부대신
겸 학부에 이완용 등 친미파

중심의 내각을 결성하고 러시아 공사관에서 정사를 보았다. 러시아는 조선 내정에 개입한다는 인상을 없애기 위해 다양한 인물을 기용하는 것에 동조하였다. 한편 일본은 고종을 환궁시키기 위해 은밀히 반러 분위기를 고조시켰고, 조선 자체 내에서도 왕이 남의 나라 공사관에 기거하는 것을 꺼려 왕을 환궁시킬 기회를 만들고 있었다.

아관파천 때 고종이 머물렀던 러시아 공사관

고종이 러시아 공사관에서 경운궁(지금의 덕수궁)으로 옮겨온 것은 그곳으로 간 지 1년 후인 1897년 2월 20일이었다. 러시아 공사관에서 경운궁은 느린 걸음으로 5분이면 갈 수 있는 곳이다. 그렇게 짧은 거리를 다시 오는 데 1년이 걸렸다. 고종을 경복궁이 아닌 경운궁으로 모신 이유는 경복궁은 너무 넓은 데다 뒤에 산을 끼고 있어 유사시에 방어가 어렵기 때문이었다. 그래서 경운궁에 경비 시설을 갖추고 왕을 그곳으로 모신 것이다.

1897년 10월, 고종은 아홉 번의 사양 끝에 황제 즉위 건에 재가를 하고 황룡포를 입고 원구단에서 황제 즉위식을 거행하였다. 그리고 다음날 대한제국을 선포하였다. 마한, 진한, 변한의 삼한을 아울러 큰 한이라는 뜻으로 '대한大韓'으로 나라 이름을 정하고, 연호는 '광무'로 하였다. 대한제국 선포를 러시아나 프랑스, 일본, 영국, 미국 등이 공식적으로 승인하였으나 그들은 대한제국

고종이 황제즉위식을 올린 원구단   옛 원구단

독립신문

을 대수롭지 않게 여겼고, 청국은 독자적인 연호를 사용하며 감히 제국을 칭한 것에 대해 청일전쟁의 패배보다도 자존심 상하는 일로 받아들였다.

1896년 4월 7일, 조선 최초로 민간신문 독립신문이 창간되었다. 갑신정변의 실패로 미국에 망명 중이던 서재필이 귀국하여 정부의 지원을 받아 창간한 것이다. 당시 조선에는 1895년에 일본신문 한성신보가 일본의 침략정책과 이익을 대변하며 간행되고 있었다. 독립신문은 국문판, 영문판으로 구성되었는데, 한글판은 양반층보다도 일반 민중에게 조선의 상황을 알리고, 영문판은 해외의 독자들에게 한국을 알렸다. 이후 서재필이 1898년 봄에 정부와의 마찰로 추방된 이후에 독립신문은 윤치호가 주필을 담당하였고, 독립협회가 해산된 이후에는 아펜셀러, 킴벌리 등이 주필을 담당하였다. 1899년 12월 4일 폐간될 때까지 3년 8개월간 정치, 경제, 사회, 문화, 교육 등 각 방면에 걸쳐 수많은 명논설을 남겼다.

독립신문이 창간된 지 3개월 후인 1896년 7월 2일, 서울에서 독립협회가 결성되었다. 독립협회는 반일적 사교단체인 정동클럽을 모태로 한 모임으로 독립신문처럼 관의 후원하에 독립을 표방하여 결성된 것이다. 이후 1898년 12월까지 약 30개월간 대표적인 정치단체로 활약하였다. 그리고 1896년 자주독립의 염원으로 서대문 밖 영

서재필

은문(조선 초엽부터 중국의 사신을 맞아들이던 문) 터에 5천 명 내외의 관민과 학생이 운집한 가운데 독립문을 세웠다.

조선의 자주 독립에 대한 열망이 독립신문과 독립협회, 독립문으로 상징되어 고조되는 가운데 1898년 5월, 청나라 하북과 산동성에서 백련교의 한 종파인 의화단을 중심으로 '청조를 일으키고 서양과 기독교를 배척하자'는 운동이 일어났다. 1900년 4월에 의화단 세력이 북경까지 육박하자 열국의 공사관에서는 청조에게 진압을 요구하였다. 그러나 서태후와 보수파들이 그들을 의민이라 치켜세우자 8개국 연합군이 천진에서 북경으로 향했다. 이에 청조의 감군과 의화단은 북경 외국의 공사관을 포위하였으나 연합국 군대가 승리를 거두고 열강의 강화조건 12개조가 청조에 전달되었다. 이때 일본군은 연합국 군대 병력의 40%를 차지하여 그 위상을 한층 높였다.

의화단 봉기가 만주로 확산되자 러시아에 비상이 걸렸는데 난이 진압된 이후에도 러시아가 만주에서 철수하지 않자, 1902년 러시아의 남하에 대비하여 일본은 중국과 조선, 영국은 중국에서의 이익을 서로 인정하는 영일동맹을 맺었다. 한편 청국과 러시아는 3차에 걸쳐 군대를 철수한다는 협정을 맺었으나 러시아는 만주와 압록강 유역으로 군대를 이동시키고 압록강 삼림채벌권 행사를 명목으로 용

암포에 진출하였다(1903년 5월).

이처럼 러시아와 일본이 만주에서 우월권을 둘러싸고 각축을 벌이던 중 1904년 2월 8일 밤 여순과 인천에서 일본군의 기습으로 마침내 전쟁이 발발하였다. 러일전쟁이었다. 다음날 일본은 인천 앞바다에 있던 두 척의 배를 격침시키고 공식적으로 전쟁을 선포하였다. 일본의 전쟁 비용 19억 8,400여만 원 중 12억이 영국과 미국이 지원한 비용이었다. 일본은 남의 돈을 쓰면서 전쟁을 계속하는 것이 무리였고, 러시아는 1905년 2월 혁명을 앞두고 정세가 불안하여 두 나라는 서둘러 전쟁을 끝마치기를 바라고 있었다. 영국과 미국은 일본을 적극 지원하였고, 프랑스는 영국과 충돌하지 않기 위해 중립을 택했으며, 독일은 러시아를 지원하였다.

일본은 대마도 전투로 승기를 잡은 뒤, 미국에 중재를 의뢰하였다. 영국과 프랑스는 독일과 대항하기 위해 러시아가 더이상 약화되는 것을 바라지 않았고, 미국은 일본이 너무 크는 것을 원하지 않았다. 열국들은 이권을 위해 서로 동맹을 맺었는데, '영일동맹'의 개정과 '카스라-태프트밀약' 등이다.

1905년 7월 29일 미국 국방성장관 태프트와 일본 수상 카스라 간에 '카스라-태프트 밀약'을 맺었다. 주요 내용은 일본은 필리핀에 대해 아무런 침략적 의도를 품지 않고 미국의 지배를 확인할 것, 극동의 평화를 유지하려면 일·미·영 3국이 실질적으로 동맹 관계를 확인할 것, 러일 전쟁의 원인이 된 조선은 일본이 지배할 것을 승인할 것 등이다. 영국과 일본은 8월에 제2차 영일동맹을 맺고, 조선과 인도의 상호 지배를 승인하였으며, 루즈벨트의 중재로 일본과 러시아는 8월 초부터 4주간 강화회담을 하고 미국에서 3국(일·미·러)이 포츠머드 조약을 맺고 전쟁을 마무리하였다. 그 조약에서 러시아는 일본이 남만주와 조선을 지배하는 것을 승인하여 일본은 조선을 지배하는 데 꺼릴 것이 없게 되었고, 마침내 일본은 그 여세로 조선과 을사보호조약을 맺게 되었다.

러일 전쟁을 하면서 일본은 조선에 군대를 주둔시키고 조선을 압박하여 1904년 2월 23일 일본 전쟁에 적극 협력하라는 내용의 제1차 한일의정서를 체결하였다. 이어 3월에는 군대 이름을 한국임시파견대에서 조선주차군으로 바꾸고 서울에 사령부를 두었다. 그리고 4월에는 함경도에 러시아 군대가 나타날 위험이 있다는 구실로 함경도 지역에 군정을 실시하였다. 이어 7월에는 군사경찰훈령을 공포하여 조선의 치안을 일본군이 담당하도록 하고 열차의 운행을 방해하거나 전신줄을 끊는 사람은 군율로 다스리도록 하였다. 당시 곳곳에서는 일제의 침략에 항의하여 철도를 파괴하고 전신줄을 절단하여 처형되는 일이 있었다. 그리고 8월에는 제1차 한일협약을 맺어 본격적으로 내정간섭을 하였다. 일본은 대한제국 정부 각 부서에 일본이 추천하는 사람을 고문으로 둘 것과 일본의 승인 없이 외국과 조약을 맺지 말 것 등을 규정하고 친일 미국인 스티븐스를 외교 고문으로 앉혔다.

1905년 11월 17일에 일본군을 동원하여 왕궁을 포위한 가운데 조선의 외교권을 박탈하는 을사조약을 강제로 맺고 조선을 보호국으로 만들었다. 이처럼 일본은 러일 전쟁 중에 한국을 차지할 조건을 성숙시켜 놓기 위해 조선을 압박하고(한일의정서, 제1차 한일협약), 열강과 적절한 타협을 하여 조약을 맺고(카스라-태프트 밀약, 제2차 영일동맹, 포츠머드 조약), 마침내 을사조약(제2차 한일협약)에 도달하여 한국을 손아귀에 쥐게 되었다.

조약을 맺기 전에 일본은 이토 히로부미를 특파대사로 파견하여

이토 히로부미

일본 헌병들

한국의 외교권을 일본이 행사한다는 내용의 한일협약안을 제시하였다(11월 15일). 조정과 대신들이 거부를 하자 각부 대신들을 일본 공사관에 불러들여 계속 협박을 하며 익히 해왔던 방법대로 일본군을 요소요소에 배치하여 공포 분위기를 조성하였다(11월 17일). 고종도 회의에 나가지 않고 거부하자 이토는 헌병을 대동하고 궁중으로 들어가 대신 한 사람 한 사람에게 조약체결에 대한 가부를 물었지만 대신들은 완강히 거부하였다. 그러자 일본 헌병이 들이닥쳐 강경한 대신들을 연행해 가고 이토는 나머지 대신들을 계속 협박하였다. 대신들이 조약 일부를 수정하기를 요구하며 황실의 안녕을 보장한다면 요구대로 하겠다고 하였다. 이토는 다시 회의를 열어 일부를 수정하였고, 대신의 과반수가 서명을 하였으니 통과되었다 하고 조약을 선언하였다. 1905년 11월 18일 새벽 2시였다.

하지만 강제와 협박에 의해 형식적인 의결만 거쳐 이루어진, 고종

을사조약

일본국 정부와 한국 정부는 양 제국을 결합하는 이해 공통의 주의를 공고히 하고자 한국의 부강의 실(實)을 인정할 수 있을 때까지 이 목적을 위해 아래의 조관을 약정함.

제1조 일본국 정부는 동경의 외무성을 경유하여 금후에 한국이 외국에 대한 관계 및 사무를 감리·지휘할 것이요, 일본국의 외교 대표자 및 영사는 외국에서의 한국의 신민 및 이익을 보호할 것임.

제2조 일본국 정부는 한국과 타국 간에 현존하는 조약의 실행을 완수하는 임무를 담당하고 한국 정부는 금후 일본국 정부의 중계를 거치지 않고서는 국제적 성질을 가진 어떤 조약이나 약속을 맺지 않을 것을 서로 약속함.

제3조 일본국 정부는 그 대표자로 한국 황제 폐하의 궐하에 1명의 통감을 두되 통감은 오로지 외교에 관한 사항을 관리하기 위하여 경성에 주재하고 친히 한국 황제 폐하를 내알할 권리를 가짐. 일본국 정부는 또한 한국의 각 개항장 및 기타 일본국 정부가 필요하다고 인정하는 지역에 이사관을 설치할 권리를 갖되 이사관은 통감의 지휘하에 종래 재한국 일본 영사에게 속했던 모든 직권을 직행하고 본 협약의 조관을 완전히 실행하기 위하여 필요로 하는 모든 사무를 맡아 처리할 것임.

제4조 일본국과 한국 사이에 현존하는 조약 및 약속은 본 협약에 저촉하지 않는 한 모두 그 효력이 계속됨.

제5조 일본국 정부는 한국 황실의 안녕과 존엄을 유지할 것임을 보증함.

의 서명도 공식적 명칭도 없는 조약 아닌 조약이었다. 일제는 고종의 공식적 위임을 받아내기 위해 갖은 수단을 다 동원하였지만 고종은 차라리 목을 떼가라는 자세로 거부하였다. 결국 일본측은 대신들을 협박하여 날인을 받는 데 그쳤다. 고종은 이 조약이 무효임을 대외에 선언하기 위해 일주일 뒤인 11월 24일 미국에 체재 중인 황실

고문 헐버트에게 조약 체결 사실을 알리고 미국 정부에 전달할 것을 요구하였다. 그러나 조약 체결 전에 일제는 열강들과 타협하며 서로 체결한 조약이 있어 효과를 거둘 수가 없었다.

군대의 협박 아래서 서명한 대신 이완용, 이근택, 권중현, 박제순, 이지용을 을사오적이라 하지만 진짜 5적은 일제의 이토, 카스라, 고무라, 하야시, 하세가와이다. 조약을 맺은 다음날 언론인이자 우국지사인 장지연은 황성신문에 시일야방성대곡(是日也放聲大哭·이날을 목놓아 우노라)이라는 제목으로 사설을 실어 일본 관헌에게 체포되었고, 박은식이 대한매일신보의 사설을 통해 일제의 침략을 규탄하였다. 그리고 전국 각지에서 조약을 반대하고 무효를 주장하는 분노가 들끓으며 양반 유생들의 상소와 자결 투쟁으로 이어졌다. 11월 19일 의정부참찬 이상설과 전 참찬 최익현이 상소를 올렸고, 민영환은 오적의 처단을 요구하며 목숨을 끊었다. 전 의정부대신 조병세도 조약의 부당성을 항의하는 유서를 남기고 음독 자결을 하였다.

을사조약에 따라 일제는 통감부를 설치하고 조선의 외교권을 빼앗고 다른 나라에 있던 조선의 공관과 외교관을 철수시키고 일본이 대신하였다. 일본은 먼저 조선 화폐를 없애고 일본 화폐만 쓰도록 하여 조선의 화폐, 금융체계를 일본 경제에 예속시켰다. 1905년부터 1909년까지 실시한 화폐정리 사업으로 조선 화폐는 고철이 되어 버려 많은 조선인이 재산을 잃었고 그만큼의 재산이 일제의 손에 넘어갔다.

1906년에는 호구조사를 철저히 하여 세금을 받을 수 있는 호수를 두 배로 늘렸고, 세금의 가장 많은 부분을 차지하는 토지세를 늘리기 위해 토지 기초조사작업을 추진하였다. 그 외 갖가지 명목을 붙여 가옥세, 연초세, 주세 등 세금 종목이 늘어났다. 이런 착취로 1910

년의 재정 규모는 1906년의 세배에 이르렀다. 또 '황무지 개간에 관한 규정', '국유 미간지 이용법' 등 갖가지 악법을 만들어 토지를 빼앗고, 1908년에는 왕실 소유이던 역둔토와 궁방전까지 빼앗았다. 악명 높은 동양척식주식회사가 여러 회사에 나누어 주어 이런 토지를 관리하게 하였다. 물론 이 돈은 조선을 식민지로 만드는 데 사용하였다.

민영환

통감부에서 실시한 식민화 정책은 조선을 일본 공업을 위한 식량·원료 공급지와 상품 소비지로 정착시켜 우리 경제를 전반적으로 몰락시켰다. 이에 조선 농민의 생활은 더욱 어려워져 땅과 일자리를 잃은 조선 농민은 고향을 등지고 압록강과 두만강을 건너 만주나 연해주로 떠나갔다. 1910년 한일합병 직전까지 고향을 떠난 사람은 무려 60만 명이나 되었다.

한편 고종은 1907년 4월 20일에 네덜란드 헤이그에서 열리는 만국평화회의에 이준, 이상설, 이위종 등 세 사람의 밀사를 보내 을사조약의 부당성과 일제의 침략 행위를 폭로하여 세계 열강의 도움을 받으려 하였지만(헤이그 밀사 사건) 반식민지 국가들에게는 참가조차 허용되지 않아 아무런 효과를 거두지 못하였다. 말이 평화회의이지 제국주의 국가들끼리 식민지를 사이 좋게 나누어 가지는 잔치 자리였다.

고종은 이에 앞서 일제의 압제에 대항하여 비밀외교를 추진하며 1904년 11월 이승만을 미국에 파견하였고, 1905년 2월 상하이에 밀사를 파견하여 러시아 공사 파블로프를 통해 러시아 황제에게 밀서를 전달하기도 하였다. 헤이그 밀사 사건은 그 연장선 상에서 이루

조선사

헤이그에 파견된 밀사

어진 것이다.

　열사들은 회의에 참석하지는 못했지만 비공식 통로를 통해 일본 침략의 실상과 한국의 요구를 실은 글을 각국 대표에게 전달하고 신문에도 실었다. 그리고 7월 9일에 열린 각국 기자단의 국제협회에서 이위종은 '한국의 호소'를 프랑스어로 절규하듯 읽어내려갈 수 있었지만 각국 언론의 동정만 샀을 뿐 아무런 도움을 얻지 못했고, 이준 열사는 7월 14일 현지에서 갑자기 운명하는 불행을 맞고 말았다.

　사태가 이러하자 피끓는 애국 청년들은 침략자와 매국노를 직접 처단하는 투쟁에 나서 1908년 전명운과 장인환이 샌프란시스코의 오클랜드 역 앞에서 친일 미국인 스티븐스를 처단하였고, 1909년 안중근은 하얼빈 역에서 조선 침략의 원흉 이토 히로부미를 쏘아 죽였다. 그리고 이재명은 명동성당에서 벨기에 황제의 추도식을 마치고 나오던 을사오적의 우두머리 이완용을 칼로 응징하였으나 실패하고 순국하였다.

　1907년 7월 3일, 일본은 남산에 배치된 일본군의 대포로 궁궐을 조준해 놓은 상태에서 이토가 외무대신 하야시와 함께 입궐하여 고

고종과 명성황후가 합장되어 묻힌 홍릉

종에게 '음험한 수단으로 일본의 보호권을 거부하려거든 차라리 일본에 선전포고하라'고 협박하였다. 그리고 7월 19일 고종을 강제로 퇴위시켰다. 7월 20일 오전 8시, 경운궁의 중화전에서 고종도 황태자도 참석하지 않은 상태에서 양위식이 행해졌다.

고종은 1919년 1월 21일 덕수궁의 함녕전에서 68세를 일기로 한 많은 생애를 마감하였다. 고종은 일제에 의해 독살된 것으로 추정하고 있다.

● 제27대 순종

(純宗•1874년~1926년. 재위 기간은 1907년~1910년 8월까지 3년)

순종은 고종의 둘째 아들로 이름은 척, 자는 군방이며 호는 정헌이다. 고종과 명성황후 사이에서 창덕궁 관물헌에서 태어났다. 태어난 다음해에 세자로 책봉되었고, 1882년 9살 때 여흥 민가에서 비를 맞이하였다(순명효황후). 비는 민왕후 시해 현장에서 피가 잔뜩 묻은, 누구의 것인지 모르는 옷을 뒤집어 쓰고 혼비백산해 있다가 그때 놀란 것 때문인지 1904년에 사망하였고, 같은해 순종은 해풍부원군 윤택영의 딸을 황태자비로 맞았다.

황제가 된 이후 연호를 융희隆熙로 고쳤고, 동생인 영친왕英親王을 황태자로 책립했다. 그리고 거처를 덕수궁에서 창덕궁으로 옮겼다.

고종이 강제 퇴위당한 5일 뒤인 1907년 7월 14일, 일본은 이완용과 이토 사이에 비밀리에 한일신협약(정미 7조약)을 체결하고 국정 전반을 일본인 통감이 간섭하게 규정하였고, 정부 각부의 장관을 일본이 임명하는 이른바 차관정치를 시작하였다. 일본은 정미7조약의 부속 각서에 있는 대로 재정 부족이라는 이유로 한국 군대를 강제로 해산시켰다. 8월 1일 서울 시위대 해산식이 있던 날은 시위대 제1연대 박승환이 분을 못 이겨 권총으로 머리를 쏘아 자결하자 격분한 사병들이 일본인 교관을 난사한 후 시가전에 들어가며 대치하여 한국군 68명이 전사하고 100여 명이 부상당하는 일이 있었다. 1909년 7월에는 기유각서에 의해 사법권마저 강탈해 갔다.

1909년 10월 26일, 안중근이 하얼빈 역에서 주권을 강탈한 원흉이며 초대 통감이었던 이토 히로부미를 저격하였다. 러시아의 코코프

체프와 약 25분간의 열차회담을 마치고 열차에서 내린 이토가 러시아 장교단을 사열하고 환영 군중 쪽으로 발길을 옮길 때 안중근은 이토를 향해 3발의 탄환을 쏘았다. 안중근은 현장에서 체포되었고, 이토는 곧 숨을 거두었다. 그때 안중근의 나이 31세였다. 안중근에 대한 재판은 비밀재판으로 거행되었다. 일본 제국의 만행을 성토하는 논리정연한 진술을 하여 재판장들과 검찰관들을 탄복하게 한 안중근은 이듬해 3월 26일 여순 감옥 형장에서 사형을 당하였다.

안중근

그로부터 두 달 후인 1910년 5월 육군대신 데라우치가 3대 통감으로 한국에 부임하여 헌병경찰제를 강화하고 일반 경찰제의 정비를 서둘렀다. 한국 경찰은 이미 1907년 10월에 일본경찰에 통합됨으로써 사법권, 경찰권 외에 일반경찰권까지 빼앗긴 것이다. 그리고 8월 22일, 이완용, 이용구, 손병준 등 친일세력으로 만들어진 일진회을 앞세워 마침내 한일합병조약을 조인하였다. 전문 8개조로 되어

한일신협약

1907년 일본이 우리 나라를 강점하기 위해 강행한 7개 항의 조약으로 정미 7조약(丁未七條約)이라고도 한다. 을사조약으로 이미 식민지화를 추진한 일제는 헤이그 밀사사건을 트집 잡아 고종을 강제 퇴위시키고 허울만 남은 대한제국을 말살하기 위하여 법령제정권·관리임명권·행정권 및 일본관리의 임명 등에 관한 7개 항의 조약을 제시, 하루 만에 이완용(李完用)과 이토 히로부미 사이에 조인되었다. 이로써 일제는 행정 실권을 장악, 한국인 대신 밑에 일본인 차관을 임명하고, 경찰권을 위임받아 군대를 해산시키고 언론을 탄압하여 1910년 마침내 대한제국의 국체를 말소하고 한일합병을 성사시켰다.

있는 조약의 제1조는 "한국 황제 폐하는 한국 정부에 관한 일체의 통치권을 완전하고도 영구히 일본군 황제 폐하에게 양여함"이라 하였다. 조약은 한국민이 반발할 것을 예상하고 발표를 유보하였다. 8월 25일 정치단체의 집회를 일절 금하고 원로대신들을 연금한 후에 순종에게 나라를 일본에 이양한다는 조칙을 내리게 하고, 8월 29일 관보와 신문지상에 합병 소식을 발표하게 하였다.

8월 초부터 통감부와 일본 정부 사이에는 합병 후의 국호와 황실

북관대첩비와 조선왕조실록

2005년 10월에는 일본 야스쿠니 신사에서 100년 동안 방치되어 있던 북관대첩비가 우리나라에 인도되었다. 그 북관대첩비는 원래 놓여 있던 함경도 길주(김책시)에 세워지기 위해 2006년 3월 1일에 북한으로 보내졌다.

북관대첩비는 임진왜란 때 함경도 의병장 정문부가 왜군을 격퇴한 공로를 기려 1709년 세워졌다가 1905년 일본에 반출되었던 것이다.

일본 강점기에는 수많은 국보급 문화재가 일본으로 반출되었는데, 그 중 조선왕조실록이 포함되어 있다. 조선왕조실록은 초대 총독이었던 데라우치가 오대산 사고에 보관되어 있던 것을 1913년에 무력을 동원하여 일본으로 가져가 동경대 부속도서관에 보관해 두었었는데, 관동지진 때 불타 787권 중 46권만 남았다. 남아 있는 46권은 그때 마침 어떤 학자가 빌려가 화재를 피해 무사할 수 있었다.

2006년 3월, 조선왕조실록 환수위원회가 출범하여 고이즈미 일본 수상과 도쿄대 총장 앞으로 '조선왕조실록 반환요청서'를 보내는 등 실록을 되돌려 받기 위해 노력한 끝에 최근 되돌려 받았다.

조선왕조실록은 국보 제154호이며 유네스코 세계문화유산에 등재되어 있다.

의 호칭 문제, 합병 협력자의 매수 등에 관한 내용의 비밀전문 수백
통이 오간 것으로 전한다. 그때 오간 비밀문서에 의해 대한제국은
조선으로, 고종태황제는 이태왕 전하로, 순종황제는 이왕 전하로 낮
추어 불렸다.

대한제국 붕괴 후 순종은 왕으로 강등되어
일제에 의해 이왕 전하로 불리며 창덕궁에서
거처하다 1926년에 53세를 일기로 굴욕적인
생을 마감하였다.

순종의 영정.
김은호 작품.

|제2부|

근대 사회

01

1910년부터
1945년까지의 일제 통치기

1. 일제의 무단통치와 식민지 체제

우리나라의 근대 시기는 1876년 강화도 조약 체결 혹은 갑오개혁 이후부터인데, 왕조 중심으로 기술하다 보니 그곳에서 장을 구분하지 못하고 부득이하게 1910년대부터 구분짓게 되었다.

1910년 8월 29일 강제로 한일병합조약을 맺은 일본은 식민지 수탈체제로 재편해 가며 본격적인 식민지정책을 펼쳐 나갔다. 식민지에 판매할 특정상품과 투자할 자본이 취약했던 일본은 무단통치에 의한 경제수탈의 형식을 띠었다.

일본 통치는 세 시기로 나뉘는데, 1910년~1919년까지의 무단통치 시기, 1920년~1930년까지 문화통치 시기, 1931~1945년까지는 전시 체제기이다. 1910년대 무단 통치기는 총칼을 앞세워 식민지 수탈체제로 재편하면서 토지조사사업과 화폐개혁, 철도 설치, 회사령을 통해 조선 민중을 수탈하던 시기이다. 1920년대 문화통치 시기는 1910년대 무단정치의 억눌린 감정이 폭발하여 1919년 3·1 운동이 일어나자 조선 민족을 분열시키고 민중을 더욱 교묘하게 억압하고 수탈하기 위해 기만적으로 문화통치를 한 시기이다. 1930년대의 전시 체제기는 1929년 세계에 경제대공황의 바람이 불자 일본은 공황에서 벗어나기 위해 침략전쟁을 추진하면서 조선에 전시 체제 식민지 수탈 정책을 펼치던 시기이다.

조선총독부

▌조선총독부 설치

1910년 7월에 3대 통감으로 조선에 온 데라우치 마사타케는 한일병합이 된 해 10월에 조선총독부를 설치하고 초대총독이 되어 재빨리 식민지

토지조사사업을 벌이고 있는 모습

통치기구를 정비해 나갔다. 조선총독은 입법, 사법, 행정과 군권까지 한손에 쥔 최고실력자였고, 조선은 '총독의 말이 곧 법'인 세상으로 바뀌었다. 총독부 밑에 직속 자문기관으로 중추원을 두어 이완용, 송병준, 김윤식 등 친일고관들로 채웠지만 중추원은 형식적인 기구에 불과했다.

또 치안확보라는 구실로 헌병경찰제도를 두고 군대의 경찰인 헌병이 경찰을 지휘하며 일반경찰 업무까지 간여하였다. 총독부 직속기관으로 중앙에 경무총감부를 두고 헌병대 사령관으로 경무총감을 겸하게 하였고, 지방에는 경무부를 두고 헌병이 경무총장, 도경무부

재판정에 끌려가는 105인
사건의 피의자들

장을 맡아 경찰을 지휘 감독하게 한 것이다. 헌병경찰은 치안 업무 외에 언론을 지도하고 사회풍속을 개선하고 신용을 조사하고 경제를 연구할 권한을 갖고서 조선 사회 전반에 대한 감시와 사찰을 행하며 민족의 일상적인 생활까지 억눌렀다. 그뿐 아니라 조선에 있는 일본인을 동원하여 소방대, 재향군인회 등을 조직하여 헌병경찰을 돕게 하며 조선인을 감시 억압하였다.

일본은 무단통치와 더불어 지배 이데올로기 선전을 강화하였다. 1910년 12월에 안명근이 군자금을 모금하다 잡히자 조선총독 암살 미수사건으로 확대시켜 비밀결사조직인 신민회를 탄압하였다. 이 사건 1심공판에서 유죄 판결을 받은 사람이 105명이어서 보통 '105인 사건'으로 불린다. 피의자들은 대부분 학교를 세우거나 신문을 발행하여 청년들에게 항일정신과 민족의식을 일깨워 주던 계몽운동가들이었다. 이 사건으로 약 600명의 애국지사가 검거되었고, 사건에 연루되었던 많은 운동가들이 해외로 망명하여 항일독립운동에 가담하게 되면서 이후 민족해방운동의 범위를 확대시켰다.

▎민족 의식 말살 정책

일본은 우리 민족의 꺼질 줄 모르는 민족의식을 두려워하여 대한
매일신보나 황성신문 등 조선인이 발행하는 모든 신문을 폐간하였
다. 그리고 1911년 조선교육령을 공포하여 조선인을 천황에게 충성
하는 신민으로 양성하고, 일본 국민으로 함양하는 신민교육을 실시
하였다. 각급 학교에 일본인 교사를 채용하여 일본의 역사와 지리
등을 가르쳤다. 조선의 사립학교를 불령한 조선인의 소굴이라 규정
하고 탄압하여 1908년에 2,000여 개에 달하던 사립학교가 1919년에
는 700여 개로 줄어들었다. 1915년에는 『조선반도사』라는 역사책을
만들어 조선인은 스스로 살아갈 능력이 없어 남에게 의지하고 힘센
자에게 굽실거리기 잘한다는 식으로 우리 역사를 왜곡시키며 식민
지배를 합리화하고 민족의식을 말살시키려고 애썼다.

1912년에는 토지조사령을 공포하고 토지조사사업을 실시하였다.
명목은 지세를 공정히 하고 토지소유권을 보호한다는 것이었지만 토
지소유권을 확립하여 세금을 늘림으로써 식민지 경영비를 마련하기
위해서였다. 당시 조선의 토지 소유 관계는 복잡하였는데, 관념적으
로는 모든 땅이 왕의 소유였지만 토지마다 주인이 있었고, 양반지주
들은 많은 토지를 소유하고 농민들을 소작인으로 부렸다. 그리고 농
민들은 조상 대대로 물려받은 땅에서 농사를 지으며 생산물을 세금
명목으로 나라에 바쳤다. 일제는 복잡한 조선의 토지 소유 관계를 정
리한다면서 일정 기간 안에 자기 토지를 신고하면 그 땅을 신고자의
소유로 인정하겠다고 선전하였다. 눈치 빠른 지주들은 재빨리 자기
토지를 신고하였으나 대다수 농민들은 절차도 복잡하고 나라를 빼앗
은 일제에 신고하는 자체를 꺼렸다. 또 그런 사실조차 모르고 있는 농

민도 많았다.

1918년 토지조사사업이 끝났을 때 신고되지 않은 많은 토지들을 조선총독부는 국유지로 만들었다. 또 왕실 소유였던 궁방전과 고유지인 역토와 둔토를 국유지로 만들었고, 전국의 미개간지와 개간지, 간석지와 산림 등을 모두 국유지로 편입하였다.

동양척식회사

총독부는 이 토지를 동양척식회사를 비롯한 식민회사나 일본인에게 헐값으로 팔아넘겼다. 이렇게 하여 조선 최대의 곡창지대인 호남과 경기도 등지에 일본인 농장이 만들어졌고, 일제는 안정되게 수탈하고 농촌사회를 통제하기 위해 조선인 지주를 보호·육성하였다. 일제는 토지조사사업을 통해 식민지 지주제를 확립하였고 조선을 철저한 식량과 원료 공급지로 만들었다.

1910년 공포된 '회사령'을 통해서는 조선의 상공업을 철저히 억제하였다. 조선에서 회사를 세우려면 총독의 허가를 받아야 했는데 이 명령에 의해 총독은 회사를 해산하거나 폐쇄시킬 수 있었다. 1911년~1919년까지 일본인 회사는 180개가 늘어난 반면 조선인 회사는 36개사가 늘어난 사실은 회사령이 우리 민족자본의 발전을 억제하기 위한 조치였음을 사시해준다.

토지조사사업으로 농민의 77.2%가 소작농이 되었고, 회사령과 쏟아져 들어오는 일본 상품으로 조선인 상공업자의 발이 묶여 상공업자의 처지는 매우 열악하게 되었다. 한편 철도, 도로, 항만 등 식민지 운송체계가 갖추어지고 일본 자본이 진출하여 근대적 공장이 들어섬에 따라 조선인 노동자의 수가 늘어났다.

의병부대

▌우리 민족의 저항

무단통치기에서도 나라를 되
찾기 위한 민족운동은 끊이지
않았다. 합병되기 이전 을미사변
때 일어났던 을미의병, 을사조약

호남 의병장들

이후 일어났던 을사의병, 정미조약 때 일어났던 정미의병 등 의병들
의 활동은 계속되었고 그들과 계몽운동가들이 비밀결사를 만들어
항일운동을 이어나갔다.

최익현 의병부대에 참여했던 임병찬은 1913년 각지의 유생들을
모아 대한독립의군부를 조직하고 총독부와 일본 당국에 조선에서
물러갈 것을 요구하는 각서를 보내고 의병전쟁을 계획하였고, 1915
년 대구에서 비밀리에 만들어진 대한광복회는 국내 여러 곳에 조직
을 두고 만주에 무관학교를 설립하기 위해 군자금을 모으고 만주의
독립운동단체와 연락을 꾀하였으나 1918년 조직이 드러나 해체되었
다. 1918년에는 이강년 의병부대에서 활동하였던 이동하, 이은영 등

안창호

이 민단조합을 만들어 독립전쟁을 위한 군자금을 모집하다 발각되었다.

이 밖에도 평양의 숭의여학교 교사와 학생들이 송죽형제회를 조직하여 여성 계몽운동을 벌이는 한편 군자금을 모아 독립운동단체에 보내는 등 청년, 학생이나 중소 상공인, 기독교 인사 등이 주도한 결사대가 많이 만들어졌지만 초보적인 결성 단계에서 해체되었다. 또 도시의 노동자들은 노동자 단체를 만들어 임금인상과 민족적 차별에 반대하는 파업투쟁을 벌여 나가며 일제 침략에 반대하였다.

국내에서 의병 활동과 독립운동이 어려워지자 저항운동 세력은 만주와 연해주 등지로 나가 기지를 건설하였다. 독립기지 건설운동은 병합 직전 서간도로 건너간 신민회 회원들에 의해 시작되었다. 그들은 유화현 삼원보에 자치기관인 경학사와 부민단을 세우고, 신흥무관학교(처음에는 신흥강습소)를 세우고 독립군 간부를 양성하였다. 또 북간도의 용정촌과 명동촌에서는 이주 동포 중심으로 항일단체가 만들어졌고 학교와 포교당의 교육기관을 세우고 민족교육을 실시하였다.

1914년 제1차 세계대전이 일어나자 일제는 만주 등지의 조선인 항일운동을 탄압하였다. 그때 상해로 옮겨 간 민족운동가들은 이미 상해로 망명가 있던 인사들과 손을 잡고 신한청년당을 결성하여 1917년에는 국민주권과 공화주의를 표방하는 '대동단결선언'을 발표하였다.

1911년 러시아 땅 연해주 블라디보스토크의 신한촌에서 결성된 권업회는 1914년에 이상설, 이동휘를 정·부통령으로 하는 대한광복군정부라는 독립군 조직을 만들어 독립전쟁을 준비하였다. 연해주에서의 독립운동은 1917년 러시아 혁명을 계기로 다시 활기를 띠고 전로한족회 중앙총회를 결성하여 새로운 독립운동을 모색하였다.

미주 지역에서도 1909년 안창호, 박용만, 이승만 등이 중심이 되어 대한인국민회를 조직하였고, 박용만은 1911년 하와이에서 조선국민군단을 조직하여 청장년들에게 군사훈련을 실시하였다.

세계 제1차 대전이 끝나고, 1917년 러시아의 노동자들이 제정러시아를 무너뜨리고 레닌이 세계의 식민지·반식민지 민족을 대상으로 '민족자결의 원칙'을 선언하고 1918년 미국의 윌슨 대통령이 '세계평화와 민주주의'를 선언하였다. 윌슨의 민족자결주의는 어느 민족이든지 자기 나라의 운명을 그 민족이 스스로 결정할 수 있다는 내용이었으나 독일과 같은 패전국이 지배하던 식민지에만 적용되는 것이지 미국이나 일본과 같은 전승국의 식민지는 대상에서 제외되었다.

이러한 자세한 내용을 알지 못한 상태에서 민족주의자들을 중심으로 파리강화회의에 민족대표를 파견하여 조선의 독립을 청원하자는 여론이 일어 1919년 1월 상해의 신한청년당은 독립청원서를 작성하여 김규식을 대표로 파리로 파견하였고, 2월에는 연해주의 대한국민의회에서도 윤해, 고창일을 파리에 보내어 독립을 호소하였다. 미주에서는 파리로 보낼 대표로 이승만, 정한경 등을 뽑았으나 미국이 여권을 발급해 주지 않아 가지 못했다.

▌3·1운동

일본에 있던 유학생들이 여러 차례 비밀회의를 거쳐 '조선청년독

덕수궁에 모인 3·1 시위 군중들

립단'을 조직하고 '민족대회소집 청원서'와 '독립선언서'를 작성하여 1919년 2월 8일 오후 2시에 동경의 조선 YMCA 강당에서 유학생 총회를 열고 대한독립선언서를 발표하였다. 그 무렵 국내에서는 천도교, 기독교, 불교 그리고 학생 대표들이 비밀리에 모임을 갖고 대대적인 만세시위를 계획하였다.

1919년 3월 1일 오후 2시, 서울 종로 탑골공원에 수많은 학생과 시민들이 모여들어 민족대표들을 기다리고 있을 때, 민족대표들은 인사동 태화관에서 모임을 갖고 있었다. 대표들이 나타나지 않자 학생 대표 3명이 태화관으로 급히 달려가 탑골공원으로 갈 것을 호소하였으나 그들은 자신들끼리 독립선언서를 낭독한 뒤 경무총감에게 전화를 걸어 그곳에서 연행·구금되기를 기다리고 있다고 알렸다. 33인 대표 가운데 길선주 등 4명을 뺀 29명은 2월 28일 마지막 모임에서 학생들의 희생을 염려해 독립선언 장소를 태화관으로 바꾸었던 것이다.

오후 2시 30분 탑골공원에서는 한 학생이 나서서 이미 배포된 독립선언서를 감격스럽게 낭독하고 누가 먼저랄 것도 없이 '대한 독립

만세'를 외쳤다. 군중들은 가
슴에 간직하고 있던 태극기를
힘차게 흔들며 "조선 독립 만
세!'를 외치며 서울 시가를 누
볐다. 그때 마침 고종의 국장
(3월 3일)에 참석하기 위해 전
국 각지에서 올라온 사람들도
시위에 합류하였다.

광화문기념비전에 모인 3·1 시위 군중들

　만세시위행진은 해질 무렵부터는 교외로 번져나가면서 질서를
유지하여 단 한 건의 폭력사건도 발생하지 않았으나 일본 군대와 기
마경찰의 무력저지로 인하여 강제해산되었다.

　3월 1일에는 서울뿐 아니라 평양·진남포·안주·
의주·선천·원산 등 서울 이북지방에서도 독립선언
식과 만세시위운동이 전개되었고, 2일에는 경기도 개
성, 충청남도 예산 등에서도 일어났다. 4일에는 전라
북도 옥구, 8일에는 경상북도 대구, 10일에는 전라남도
광주와 강원도 철원, 함경북도 성진, 11일에는 경상남

유관순

도는 부산진 시위로 각각 번져갔다. 이어 전국 13도가 일제히 3·1
운동의 대열에 나서게 되었으며, 21일에는 바다 건너 제주도에까지
파급되어 한국 역사상 최대의 민족운동으로 발전하였다. 만세운동
에 참가한 사람들은 사회 각계각층이 따로 없이 노동자·승려·관
리는 물론 어린이·거지·기생 등 전국민이 총망라하였다.

　국내에서의 3·1 운동의 거센 물결은 국외에도 파급되어 서간도
와 북간도를 비롯한 만주 지역과 훈춘 등으로 퍼졌고, 미주와 러시
아 블라디보스토크에서도 대규모 독립만세운동을 전개하였다.

칼을 든 일본 교사들

이 민족적 독립운동의 규모를 정확하게 알 수는 없으나 공식적인 집계에 의하면 집회횟수 1,542회, 참가 인원수 2,023,098명, 사망자 수 7,509명, 부상자 수 15,961명, 피검자 수 46,948명으로 추산된다.

민족대표 33인의 명단은 천도교측의 이종일·권병덕·양한묵·김완규·홍기조·홍병기·나용환·박준승·이종훈 등 11명과 손병희·권동진·오세창·최린, 그리스도교측에서는 이승훈·양전백·오화영·박희도·최성모·이필주·김병조·김창준·유여대·이명룡·박동완·정춘수·신석구·이갑성·길선주·신홍식 등 16명, 불교측의 한용운·백용성이고, 최남선이 기초한 독립선언서는 21,000매를 인쇄하였다. 거사일은 처음에는 고종의 인산(장례)일인 3월 3일로 정했다가 불경스럽다는 의견이 나왔고, 또 2일은 그리스도교인의 안식일이라 하여 1일로 결정되었다.

민족 대표들은 사전 준비에 중요한 역할을 하였지만 민중을 끝까지 이끌지 못하였고, 스스로의 힘으로 독립하려 하기보다 정세 인식을 잘못하고 우리의 처지를 강대국에 호소하여 도움을 받으려 하였다.

3·1 운동은 제1차 세계대전 이후 전승국 식민지에서 일어난 최초의 반제 민족운동으로서 엄청난 희생을 치르고도 나라를 되찾지 못하였으나 중국 등 아시아의 여러 피압박 민족의 해방운동의 선구가 되었다. 그리고 민중의 민족적·계급적 각성과 자각이 촉진되어

민족해방운동의 저변을 확대하고 1920년대의 민족해방운동에 큰 변화를 가져왔다. 아울러 비록 기만적이기는 하나 일제의 무단정치를 문화정치로 바꾸게 하여 교육기관의 설립과 신문 등의 창간이 실현되어 민족자립의 기초를 다질 수 있게 하였다.

또 중국 상하이의 프랑스 조계(租界·공관거류지)에 대한민국 임시정부가 수립되는 계기가 되었고, 임시정부의 국제적 정치활동은 민족 독립의 모태 역할을 하였다.

2. 기만적인 문화정치기와 민족해방운동

▌기만적인 문화 정책

3·1 운동으로 우리 민족의 강력한 저항을 겪고 독립 의지와 단결심에 놀란 일제는 무단정치를 철폐하고 문화정치를 실시하게 된다. 그러나 폭력을 숨기고 겉으로만 자유를 허용하는 체한 기만적인 정책이었다.

새 총독으로 임명된 해군대장 출신의 사이토는 1919년 9월에 조선에 와 조선인의 문화창달과 민력 증진, 헌병경찰제를 보통경찰제도로 전환, 조선인을 총독부 관리로 등용, 조선인의 언론·출판·집회·결사의 자유를 허용, 조선인이 경영하는 한글 신문의 간행 등을 허용하며 조선인을 회유하였다.

헌병경찰제를 일반경찰제로 바꾼 것은 경찰 업무와 군대업무를 분리한 것에 지나지 않았다. 1918년에 551개소이던 경찰관서가 1920년에 2,761개소로 5배 넘게 늘어났고, 경찰의 수도 1918년 5,400여 명에서 1920년에 20,134명으로 4배 가까이 늘어났다. 게다가 1군 1경찰서, 1면 1주재소 제도를 확립하고 특고형사, 사복형사, 제복순사, 밀정 등을 편성하여 조선 전역에 감시망을 쳐 놓았다.

조선인의 언론·출판·집회·결사의 자유로 동아일보와 조선일보 등의 신문이 창간되고 사회단체들도 생겨났지만 제한적이었고,

조선인 일부 상층 자산계급을 식민지 정책에 앞서는 인물로 개량해 나갔다.

이렇듯 문화시책을 내놓고 자유를 허용하는 척하며 조선인에 대한 탄압을 강화한 일제는 교육기관과 선전물을 통해 조선인의 열등감을 부추기며, 사대주의 근성이 강하다든가 파당을 지어 싸움만 일삼는 민족이라는 등의 엉뚱한 말을 지어내면서 식민지의 이데올로기를 주입시켰다. 그리고는 민족분열정책을 본격화한다. 대지주나 자본가, 나약한 지식인 등 상층계급에 속하는 인물들을 식민체제 안으로 끌어들여 민중과 분리시키면서 식민지 지배 안에서 실력을 기르면 독립을 시켜 준다는 회유책을 썼다. 이 정책은 나름대로 성과를 거두어 정치적, 경제적 이익이라는 미끼에 걸려든 조선인 대지주와 자본가, 지식인, 종교인 등의 상층인들이 일제의 문화정치에 적극적으로 호응하는 세력이 되었다.

그래서 일부 조선인들은 일제와 협력하는 것을 불가피한 현실로 받아들이고 일제가 허용하는 범위 내에서 경제적으로 실력을 기르고, 좋지 못한 민족성을 개조하며 정치적으로 자치권을 획득하자는 민족개량주의 운동을 주장하였다. 호남지방의 대지주이자 경성방직의 자본주인 김성수 일가의 동아일보 계열과 이광수, 최남선, 최린 등의 지식인과 종교인들이 그 운동에 앞장을 서게 되었다. 이광수는 1921년에 상해임시정부의 기관지 독립신문의 주간을 그만두고 돌아와 동아일보의 논설위원이 있었고, 1922년 최린이 경영하던 잡지 〈개벽〉에 '민족개조론'을 실었다.

이광수는 조선민족이 게으르고 야만적이라고 질타하며 일본의 식민지가 된 것은 그런 나쁜 민족성 탓이라고 말하였다. 그래서 우리에게 필요한 것은 독립이 아니라 민족성을 개조하는 일이며, 그러기 위해서는 수양동우회와 같은 단체를 만들어야 한다고 주장하였다. 또 1924년 동아일보 신년 사설에 독립운동을 자치운동으로 전환하고 일본의 주권 아래 법률이 허용하는 범위 안에서 산업진흥과 교육개발로 민족의 실력을 기르자는 자치론을 폈다. 실력양성론이 자치론으로 이어지면서 그는 점차 친일노선으로 변질되었다.

1920년대 민족개량주의자들은 실력양성운동의 하나로 물산장려운동과 민립대학 설립운동을 벌였으나 오래가지 못했다. 국산품을 애용하자는 물산장려 운동은 박영효 같은 친일파들이 적극 참여하고 이상재와 같은 민족주의자들이 떨어져 나오면서 1년도 못 되어 흐지부지됐다. 민립대학 설립 운동도 일제와 타협하는 운동으로 변질되었다.

1918년 일본 곳곳에서 쌀을 요구하는 일본 민중의 폭동이 일어나자 산미증식 계획을 세우고 부족한 쌀을 조선에서 확보하고자 하였다. 1차 대전 중에 일본은 전쟁 물자를 팔아 막대한 이익을 챙겼지만 그 과정에서 많은 농민들이 도시의 일자리를 찾아 농촌을 떠나는 바람에 식량부족 사태를 맞게 되었다.

식량증식 계획이 진행되면서 소작농민에 대한 수탈이 강화되었다. 지주들은 자신들이 물어야 할 수리조합비를 소작농민에게 떠넘겼고, 농사개량을 구실로 개량 농구나 금비 사용을 강요하여 농민 부담을 가중시켰다. 토지개량과 수리시설 정비, 간석지 개발로 쌀 생산량은 늘었지만 쌀은 일본으로 흘러 들어갔고, 조선

중국 상하이에 임시정부가 있던 건물. 왼쪽에서 두 번째 문

임시정부의 요인들

농민은 식량부족을 겪었다.

1920년 일본은 회사령을 철폐하여 일본 자본이 조선에 자유롭게 들어오도록 하였다. 1923년에는 일본 상품의 관세를 철폐하여 상품 수출의 길을 확대하였다. 그리고 1927년에는 조선인 소유 은행을 강

임시정부 청사 안 김구 집무실

제로 합병하여 조선은행에 예속시켜 산업 전반에 대한 지배를 강화하였다.

▌ 대한민국 임시정부

한편, 상해 의정원은 1919년 9월 공화주의와 삼권분립의 원칙에 기초한 헌법을 공포하였으며, 11월에 이승만을 임시 대통령에, 이동휘를 국무총리로 하여 대한민국 임시정부를 출범시켰다. 이는 노령에서 손병희를 대통령으로 하는 정부안과 상해에서 이승만을 국무

김구

총리로 하는 정부안 그리고 국내에서 이승만을 집정권 총재로 하는 한성정부안 등 세 곳에서 임시정부가 발표되자 통합운동이 벌어져 몇 차례 진통을 겪은 뒤의 일이었다.

임시정부는 기관지 독립신문을 발간하고 외교 선전 활동에 힘을 쏟기 위해 프랑스와 미국에 위원부를 두고 활동을 하였다. 그리고 독립전쟁의 효율적인 수행을 위하여 군사 활동에 관한 규정을 마련하고 임시육군무관학교, 비행사 양성소, 간호학교 등을 설치하여 군사 양성에 노력하였다. 또한 중국 동북삼성의 독립군 부대를 임시정부의 직할부대로서 1920년에는 대한광복군총영을, 1923년에는 육군주만의부를 조직하는 등 무장 독립전쟁을 수행하였다.

임시정부가 외교활동에 별다른 성과를 거두지 못하자 임시정부 활동에 비판적이었던 신채호 등 중국 관내 세력과 만주, 노령 등지의 무장세력들은 독립운동전선의 통일과 독립운동의 방향 전환을 위해 국민대표대회를 열자고 주장하여 1923년 좌우익을 가리지 않

대한민국 임시정부 파리위원회

2006년 3월 1일, 대한민국 임시정부 파리위원회 청사 기념 현판식이 파리에서 열렸다.

현판에는 '여기에 대한민국 임시정부 위원회가 있었다'는 문구는 프랑스어로, '대한민국 임시정부 파리위원부 청사 1919~1920'이라는 문구는 한글로 새겼다.

1919년 3월, 김규식을 대표로 설치된 파리위원회는 짧은 기간 활동했지만 한국의 독립문제를 국제사회에 부각시키는 데 큰 역할을 하였다. 임시정부 대표 명의로 된 탄원서를 강화회의에 제출하고 국제기구를 상대로 로비를 펼쳤다.

고 국내의 70여 개 독립단체와 100여 명의 대표가 참가한 가운데 대회가 열렸다. 그러나 임시정부 조직만 개조하자는 의견과 새로운 정부를 수립하자는 의견으로 분열되어 많은 세력들이 실망하고 흩어졌다. 그리하여 1925년 임시정부는 박은식을 제2대 대통령으로 추대하고 이어 대통령제를 국무령제로 바꾸는 등 노력을 기울였지만 세력이 약화되어 일개 독립운동단체로 하락하고 1930년대 중반 장개석 국민당 정부를 따라 중경으로 이동하기까지 김구를 중심으로 한 임정 고수파에 의해 유지되었다.

3·1 운동으로 활기를 되찾은 독립운동가들은 여기저기 흩어져 있던 독립군을 모아 대규모 독립군 부대를 이루어 만주와 연해주 등에 기지를 만들었다.

북간도에서는 김좌진의 북로군정서, 홍범도의 대한독립군 그리고 대한정의군정사, 광복단 등의 무장 독립운동 단체가 활동하였고, 서간도에서는 이청천의 서로군정서와 조맹선, 박장호, 백삼규 등의 의병장들이 조직한 대한독립단이 활동하였다. 이들 단체들은 국내로 들어와 1920년 1월~3월까지 무려 24회의 진공작전을 감행하여 일제를 긴장하게 만들었다.

한말 의병 출신의 홍범도가 이끄는 대한독립군은 1920년 3~6월 사이에 일본군과 32차례의 전투를 벌였고, 경찰서 등 일제의 통치기관 34개소를 파괴하였다. 그러자 일본군 500여 명이 국경을 넘어 대한독립군을 추격하다 봉오동 전투에서 참패를 당하였다. 일본군은 다시 대병력을 동원하여 토벌계획을 세우고 작전을 폈다. 김좌진의 북로군정서는 천연의 요새인 청산리 계곡으로 일본군을 끌어들여 1920년 10월 21일에 청산리 백운평에서 일본군은 또 참패하였다.

1919년 11월 만주 길림에서 김원봉이 윤세주 등 12명과 결성한 의열단은 총독부의 고위 관료나 친일파 등을 암살하고 동양척식회사, 조선식산은행, 경찰서 등 일제의 기관을 파괴하기로 하고 북경으로 본부를 옮기고 폭탄을 제조하였다. 그러나 사전에 계획이 발각되어 의열단원 6명이 살해되었다. 하지만 이들은 부산경찰서, 밀양경찰서, 조선총독부에 폭탄을 퍼부었고, 1922년 3월 상해에서 일본군 대장 다나카를 저격하였다.

김원중은 북경에서 신채호를 만나 신채호가 작성한 혁명선언문을 받았다. 조선혁명선언문은 조선 독립을 위해 조선 민중의 직접혁명을 주창하였다. 의열단은 민중이 직접 폭동을 일으킴으로써 독립을 이룰 수 있다고 믿고 일제에 대한 테러를 계속하였다. 1923년 1월 김상옥이 종로경찰서에, 1926년 12월 나석주가 동양척식주식회사와 조선식산은행에 폭탄을 투척하였다.

그러나 폭력투쟁의 한계를 느낀 의열단은 사회주의 사상을 받아들이고 중국 황포군관학교에 들어가 체계적으로 군사훈련을 받았다. 사회주의로 기운 의열단은 1927년 중국의 국공합작이 깨지면서 장개석 정부의 탄압을 받자 일부는 중국공산당에 가담하고 나머지 대부분은 상해로 돌아왔다. 이후 1929년 북경으로 본부를 옮긴 의열단은 레닌주의 정치학교를 세워 청년단원을 양성하고 이들을 국내에 보내 국내사회주의자들과 노동운동에 참여하게 하였다.

▌사회주의와 항일 운동

1920년대 들어서면서 나라 안팎에서 사회주의 사상이 번져 갔다. 일본에서 사회주의 사상에 눈뜬 조선 유학생들과 노령 연해주, 중국의 상해 등지에서 사회주의자로 변신한 청년·지식인들이 국내에 들어

코민테른 Comintern

1919년 3월 레닌의 주창에 의해 '세계 혁명과 세계 근로 대중의 해방'을 목적으로 모스크바에서 창립된 국제 공산당을 코민테른이라 한다. 코민테른은 각국 공산당을 자신의 지부로 두었고, 2년 단위로 최고 기관으로서 세계 대회를 열고, 반년마다 집행위원회를 열었다. 1943년 해체되기까지 7차례의 대회를 열어, 매 시기 국제 정세 분석과 공산주의 혁명을 위한 중요한 전략과 전술 등을 결정하고 집행하였다. 각국의 공산당은 코민테른의 지부로서 코민테른의 지도와 지원을 받아 활동하였고, 1925년 창립된 조선공산당도 코민테른의 조선 지부로서 활동하여 매 시기 민족 해방과 사회주의 혁명을 위한 주요한 지침과 지도·지원을 받았다.

와 사회주의 사상을 퍼뜨렸다. 사회주의자들은 조선의 사회주의 운동과 민족해방운동을 이끌 조직체를 만들기 위해 노력하다가 드디어 1925년 4월 17일 20여 명의 활동가들이 주도하여 조선공산당을 창립하였다.

조선공산당은 코민테른에 대표를 보내 정식으로 지부 승인을 받고 해외로 조직을 확대하여 만주총국과 상해부, 일본부를 설치하였고, 1927년 조선노농총동맹을 조선노동총동맹과 조선농민총동맹으로 분리시켜 노동운동과 농민운동의 활동기반을 마련하였다.

조선공산당은 창립 초기부터 민족주의 계열과 연합하려 애써 함께 6·10 만세 운동을 준비하였고, 1927년 2월 15일에 비타협적인 민족주의 진영과 민족협동전선으로 신간회를 조직하였다. 그러나 일제로부터 탄압을 받자 1928년 코민테른은 지식인 중심의 조선공산당을 해체하고 노동자와 농민 중심의 공산당을 조직하도록 지시하였다.

신간회는 이상재를 회장으로, 홍명희를 부회장으로 하여 국내 최대 규모의 항일단체로 성장하여 1928년 말에 143개 지회에 회원은 2만 명에 이르렀다. 신간회 본부는 일제의 탄압에 활동을 제대로 벌이지 못한 반면 사회주의 세력의 활약으로 지방지회는 각종 활동을 활발하게 벌였다. 1929년 광주학생운동이 일어나자 민중대회를 열어 3·1운동과 같은 항일운동으로 확산시킬 계획을 세웠으나 사전에 드러나 홍명희, 허헌 등 간부와 회원 44명이 검거되면서 무산되었다.

1930년에 김병로를 집행위원장으로 하여 새로운 집행부를 구성한 후, 타협적인 합법운동을 강조하는 인물들이 많이 참여하여 자치론자와 제휴를 주장하면서 우경화 경향을 보이자 각 지회가 반발하여 신간회 '해소론'이 등장하게 되었다. 해소론자들은 노동자와 농민을 노동조합과 농민조합으로 다시 편성할 것을 주장하였고, 민족주의자와 일부 사회주의자들로 구성된 반대론자들은 진보적 조직이 출현하기까지 이를 해소해서는 안 된다고 맞섰다. 1931년 일본 경찰이 찬반토의를 금지시킨 가운데 투표에 부쳐 해소안이 가결됨으로써 신간회 운동은 4년여 만에 해체되었다.

신간회는 민족해방운동이 부르주아와 사회주의 노선으로 분화된 뒤 처음으로 이루어진 민족협동전선으로서 민족통일운동의 역할을 해낸 모임으로서의 의미가 매우 컸다.

1920년대 들어 조선인 노동자들은 사회주의의 영향을 받아 반일 파업투쟁을 벌여 1929년 원산 총파업에서 절정을 이루었다. 1928년 9월 함경남도 덕원군 문평리의 라이징선 석유회사의 일본인 감독 고다마가 조선인 노동자를 구타한 사건이 발단이 되어 일어난 파업은 원산노동연합회가 주도하여 원산 지역 총파업으로 발전하여 1929년에는 원산노동연합회 산하 24개 노동조합과 조합원 3,000여 명이 참가하게 되었다. 파업 투쟁이 1월에서 4월까지 계속되자 마침내 경찰을 동원하여 무력으로 진압하였다.

한편 3·1 운동 이후 농민들도 조직화되어 소작 빈농이 중심이 되어 소작료 인하, 소작권 이동 반대 등의 생존권을 요구하며 투쟁하였다. 1923년 9월부터 1년 가까이 싸운 전라남도 암태도 소작쟁의는 1920년대 대표적인 농민운동이었다. 그곳 농민들은 지주와 그를 두둔하는 일본 경찰에 맞서 1년 가까이 싸워 마침내 소작료를 80%에서 40%로 낮추었다.

3. 전시 체제기의 식민지 수탈 정책

▌전시 체제와 황국신민화 정책

1929년 말부터 경제공황이 세계자본주의를 강타하면서 미국과 유럽 선진자본국들은 경제적 위기를 맞았다. 수많은 공장들이 문을 닫자 일자리를 잃은 노동자들이 길거리로 쏟아져 나왔다. 미국은 국가가 경제에 개입하는 뉴딜정책으로 위기에서 벗어났고, 영국이나 프랑스 등은 자기들의 식민지를 대상으로 보호무역주의라 할 수 있는 블럭 경제권을 설정하여 위기에서 벗어나려 했지만 후발자본주의 국가로 식민지가 많지 않았던 일본은 아시아 대륙에 대한 침략을 서두름으로써 공황에서 벗어나려 했다.

그 일환으로 1931년 만주를 침략하였고, 1937년에는 중국 상하이에서 사변을 일으키며 중일전쟁을, 1941년에는 미국과 전쟁을 벌여 태평양 전쟁으로 확대되었다. 그러면서 일본은 조선에 '전시 체제'를 실시하였다.

먼저 조선 민족의 민족성을 없애기 위해 조선 민중을 황국신민

강제노역에 동원된 사람들

으로 만들려는 황국신민화 정책을 실시하였다. 1931년 6월에 조선 총독으로 부임한 우가키는 일본이 전쟁에서 이기는 것은 2천만 조선의 민심에 달려 있다며 '내선 융화'를 강조하였고, 1936년 8월에 부임한 미나미 총독은 '조선인과 일본인은 형태도 마음도 피도 살도 하나가 되어야 한다'며 황국신민화 정책을 더욱 강화하였다.

전쟁 무기에 쓰기 위해 거두어들인 금속들

1937년부터 "우리들은 대일본제국의 신민입니다. 우리들은 마음을 합하여 천황 폐하께 충성을 다합니다." 하는 내용의 '황국신민서사'라는 충성맹세문을 만들어 외우게 하였고, 아울러 전국의 모든 읍면에 천황족속의 혼을 모시는 신사를 만들어 참배하도록 강제하였다.

그리고 조선어 사용을 금지하고 일본어를 사용하게 하였으며 조선어 학습시간을 차츰 줄여나가다가 1941년에는 완전히 폐지하였고, 황민화교육의 일환으로 '황국신민학교'라는 뜻의 국민학교제를 실시하여 학생들을 황민으로 길들였다. 또 조선의 고유한 성씨를 폐기시키고 일본식 성씨로 바꾸는 창씨개명을 강요하였다. 1940년에는 이미 친일지로 변모한 동아일보와 조선일보 등 한글을 사용하는 모든 신문과 잡지를 강제 폐간시켰다.

▌여러 수탈 정책과 민족개량주의

전쟁이 확대되면서 인력이 모자라자 1938년 조선에 '특별지원병제'를 실시하여 황군지원을 하게 하였고, 1943년에 '학도지원병제도'를 실시하여 학생들을 강제연행하여 전쟁터로 보냈으며 1944년에는 징병제를 실시하여 20여 만의 조선청년을 침략전쟁의 총알받이로 끌고 갔다.

1939년에는 국민징용령을 실시하여 조선인을 강제연행하여 노예나 다름없는 노동을 강요하였다. 수많은 조선인들은 배고픔과 노역에 시달리다 이역만리에서 죽어 갔다. 태평양 전쟁이 시작되면서는 근로보국대니 정신대니 하는 정책으로 조선인을 강제로 납치·연행해 갔다. 1948년 8월 여자정신대 근무령을 내려 여자들을 강제동원하여 군위안부로 삼는 만행을 저질렀다.

인력뿐 아니라 전쟁물자의 공급이 다급해지자 조선에 위문금품과 국방헌금을 강요하였고, 식량공급과 공출제를 실시하여 군량미를 확보하는 데 열을 올렸다. 조선 농민은 전체 쌀 생산량의 40~60%를 공출로 빼앗겨 조선의 식량배급량도 줄었다. 노동력이 빠져나가자 국내 노동력 부족현상으로 많은 농지가 못 쓰게 되었으며, 수확량도 1,800만 석 이상이 줄어들었다. 살기 어려워진 농민들은 도시로 흘러들어 날품팔이나 걸인이 되었고, 1930년대에는 해마다 10만명이 넘게 일본으로 건너갔고, 만주와 연해주 지방으로 가 소작인이 되는 사람도 많았다.

1930년부터 지방제도 관계법령을 개정하여 지방자치제를 도입하였는데 일부 친일 세력과 민족개량주의자들은 지방자치제의 참여가 반일운동이라며 적극 참여하였다. 그러나 그것은 식민지배의 들러리에 지나지 않았고 여러 가지 특권을 누리고 있던 그들은 지방자치제에 힘입어 각종 사회단체를 만들어 민족개량주의 운동을 대중적 운동으로 확산시켰다. 언론기관에서도 농촌계몽 운동에 열을 올려 조선일보가 1929년에서 1934년 사이에 한글보급운동을 벌이자 동아일보도 비슷한 기간에 학생 브나로드 운동을 벌였다. 그리하여 많은 학생들이 방학 때 농촌으로 몰려가 농민을 상대로 문맹퇴치운동을 벌이며 열심히 배우고 절약한다면 잘살 수 있고 민족의 실력을 기를 수 있다고 농민들을 설득하였다. 이것은 일제의 농촌진흥운동의 구호인 자력갱생과 맥을 같이하는 것이었지만 많은 학생들은 농민계몽에 그치지 않고 농민의 민족의식을 일깨우려 노력하여 이 운동은 일제의 탄압을 받아 1935년에 금지되었다.

민족개량주의 운동이 확산되어 가던 1937년 무렵부터 인사들의 친일 행각이 모습을 드러내기 시작하였다. 독립할 수 있는 길이 없으니 차라리 일제의 침략전쟁에 협조하는 것이 민족을 위한 길이라고 역설하였다. 조선일보와 동아일보도 친일에 앞장 서서 일제의 지원병에 나서라고 독려하였고, 대중적인 명망이 높았던 문인들인 최남선, 이광수, 주요한, 서정주, 모윤숙, 노천명 등도 강제징용이나 정

브나로드 운동

일제 강점기에 동아일보사가 주축이 되어 일으킨 농촌계몽운동이다.

브나로드(v narod)는 '민중 속으로'라는 뜻의 러시아 말로, 러시아 말기에 지식인들이 이상사회를 건설하려면 민중을 깨우쳐야 한다는 취지로 만든 구호이다.

이 구호를 앞세우고 1874년에 수많은 러시아 학생들이 농촌으로 가 계몽운동을 벌였으나 정작 농민들로부터 별 호응을 받지 못했고, 주동자들이 체포되어 '193인 재판'을 받으면서 막을 내렸다. 그 이후 이 운동은 농촌을 근간으로 한 사회주의적 급진사상의 시발점이었으며, 주변 여러 나라의 농촌계몽활동이 시작되는 계기가 되어 이 말이 계몽운동의 별칭으로 사용되었다.

신대에 영광스럽게 나서라고 촉구하였다.

실업계에서는 경성방직 사장 김연수, 화신백화점 사장 박흥식 등이 국방헌금을 내거나 항공기와 기관총 등 무기를 사서 일본군에 헌납하였다. 종교단체들도 일본군 위문행사와 같은 시국행사에 적극 참여하였고, 송금선, 김활란 등 교육계 인사들도 침략전쟁을 옹호하며 친일 협력을 권유하는 글을 쓰거나 강연회를 열었다.

▋민족해방운동과 항일무장투쟁

전시 체제 아래서 합법적인 운동이 불가능하여 노동조합과 농민조합은 비합법적인 활동으로 노동쟁의와 소작쟁의 등의 생존권 투쟁에 머물지 않고 민족해방과 계급해방운동을 벌이며 일제에 항거하였다.

1930년~1935년에 함경남도 흥남 일대에서 네 차례나 태평양노동조합 사건이 일어났고, 1933년~1936년에는 서울을 중심으로 한 공장과 공사장에서 산업별 적색노동조합을 조직하려던 활동이 있었고, 1936~1938년에는 원산 지역 운동가들이 원산좌익위원회를 결성하여 전국 운동세력의 통일을 꾀하려다 실패하였다.

이 밖에도 평양, 신의주, 여수, 마산, 부산 등에서 노동조합운동이 일어났다. 이런 혁명적 노동조합운동과 농민조합운동은 사회주의자들의 당 재건 운동과 밀접한 관계를 가지고 전개되어 좌편향의 한계를 드러내기도 하였다. 이러한 운동은 1930년대 말에 이르러 일제의 탄압으로 사라져 갔다.

신간회가 해소된 뒤 민족주의자들은 민족말살정책에 맞서 '국학운동'을 벌여 민족정신을 지켜나갔다. 신간회 해소를 반대하였던 안재홍은 정인보 등과 함께 정약용의 『여유당전서』 편찬사업을 펼치며 황민화정책에 대응하여 조선 후기 실학연구에 몰두하였다.

대한광복군

한글학자들은 1931년 조선어학회를 만들어 우리말을 연구하고 대중에게 보급하였다. 일본은 1942년 조선어학회사건을 일으켜 탄압하였지만 이윤재를 비롯한 조선어학회 회원들은 우리말을 지키려고 끝까지 노력하였다.

일제의 패망을 눈앞에 둔 1944년 8월 여운형은 뜻있는 인사들과 건국동맹을 만들었다. 10개 도에 책임자를 두어 지방조직을 갖추고 10월에는 양평에 농민조직을 조직하여 식량공출, 군수물자 수송, 징용·징병을 방해하였다. 그리고 나라 밖의 항일무장단체들과 연계를 맺어 이들이 진격하면 나라 안에서도 호응을 하여 폭동을 일으킨다는 계획을 세웠으나 일제의 패망이 생각보다 일찍 와 실현하지 못했다. 하지만 건국동맹의 기반은 해방 직후 들어선 건국준비위원회의 대중적 토대가 되었다.

한편, 1931년 일본이 만주를 침략하여 점령하면서 그곳에 활동하던 조선독립군은 큰 타격을 입었고, 간도의 조선농민과 사회주의자들이 결합하여 새로운 형태의 항일투쟁을 벌이기 시작하였다. 나라를 잃고 고향을 떠난 설움에 중국인 지주와 봉건군벌과 일제의 탄압을 받으며 이중 삼중의 고통을 받고 있던 간도의 농민들은 조선인 사회주의자의 지도 아래 1931년 가을 소작료 인하 등을 내걸고 추수폭동을 일으켰다. 그리고 1932년 봄부터 동북 만주 지역에서 유격대를 만들어 항일무장투쟁을 시작하였다.

1933년 항일유격대는 만주 지역의 유격대를 동북인민혁명군으로 통일하여 일제의 공격을 막아내기 쉬운 8곳에 해방구를 만들어 자지청부를 세우고 토지개혁 등 사회개혁을 실시하고 그곳을 근거지로 삼아 농사를 짓고 살았다. 그러자 일제가 민생단이라는 스파이 조직을 만들어 일본군을 동원하여 세 차례나 대토벌전을 벌여 1933년~1935년 사이에 그곳 사람들을 어린아이까지 마구 학살하였다.

그래서 동북인민혁명군은 1935년에 유격대를 남만과 북만 지역으로 옮겼고 중국공산당에 의해 동북항일연군으로 확대 개편되었다. 일부 동북항일연군은 독립적인 인민정부를 수립할 목적으로 조국광복회를 조직하였고, 1937년 2월에는 국내 민족주의자 및 사회주의자와 손잡고 한인민족해방동맹을 결성하여 삼수와 갑산 등지로 조직을 넓혀나갔다.

항일 유격대는 여러 차례 국내진공작전을 벌였는데 그 중 1937년 6월 보천보 전투가 대표적인 작전이다. 보천보 습격에 놀란 일본은 1937년 10월부터 조국광복회 국내 조직원 수백 명을 검거하였다. 이들 유격대는 대부대를 이동하는 것이 불리하다는 판단 아래 소부대 활동을 벌였고, 1941년 일부는 소련 땅으로 들어가 그곳에서 군사·정치 훈련을 하였다.

1931년 일제가 만주를 침략하자 중국 관내에서 항일투쟁을 벌이던 세력들끼리 통일되어야 한다는 여론이 일었다. 1932년 말 김원봉의 의열단이 중심이 되어 김두봉과 이동녕이 이끄는 한국독립당, 이청천의 조선혁명당 등

중국 상하이에 있는 홍구공원의 윤봉길 의거 현장

이 연합하여 한국 대일전선통일연맹을 결성하였고 1935년 7월 단결력을 더욱 강화하여 민족혁명당이라는 단일정당을 만들었다. 나아가 민족혁명당은 임시정부까지 해체할 계획이었으나 일부 세력이 반발하여 떠나면서 민족혁명당은 힘을 잃어 갔다.

윤봉길이 사용했던 도시락 폭탄

1937년 중일전쟁이 시작되자 12월 민족혁명당은 조선민족전선연맹을 결성하고 중국 관내에서 처음으로 조선의용대라는 군사조직을 만들었다. 조선의용대는 중국 국민당의 지원을 받아 주로 정보수집과 포로심문, 후방교란 등의 활동을 벌였으나 이런 소극적인 활동에 불만을 품고 있던 의용대원 80% 정도가 1941년 무렵 중국공산당 해방구가 있던 화북지방으로 옮겨 갔다. 그들은 상해에서 활동하던 조선인 사회주의자 최창익, 허정숙 등의 세력과 1941년 화북조선청년연합회를 결성하여 호가장전투 등 크고 작은 항일전을 치렀다.

그 뒤 청년연합회는 중경과 낙양 등지에서 온 김두봉 등 민족주의자와 연합하여 화북조선독립동맹으로 조직을 확대·개편하였다. 조선의용대는 이때 조선의용군으로 이름을 바꾸고 중국의 팔로군과 함께 항일전에 참여하였고, 나중에 북한으로 들어가 인민군으로 편입되었다.

1932년 4월 29일, 일본 천황의 생일인 천장절 경축식이 상해 홍구공원에서 성대히 열리고 있었다. 얼마 후 경축식장은 순식간에 아수라장으로 변했다. 임시정부의 김구가 조직한 한인애국단 소속의 청년 윤봉길이 식장에 폭탄을 던져 시라카와 요시노리 대장이 죽고 몇

윤봉길 초상

명이 부상을 당했다. 윤봉길은 그 일로 검거
되어 오사카에서 사형을 당했다.

　김구, 조소앙 등은 1935년 11월 한국국민당
을 조직하고 1937년 중일전쟁이 일어나자 일
본군을 피해 가흥, 항주, 장사 등지로 전전하
다 1937년 8월 민족혁명당에서 탈당한 조선혁
명당과 한국독립당의 일부 세력과 연합하여
한국광복운동단체연합회를 결성하였다. 이로써 중국 관내에는 민족
혁명당이 중심인 조선민족전선연맹과 한국국민당이 중심인 한국광
복운동단체연합회의 두 항일단체가 있게 되었다.

　임시정부는 중국 국민당 정부를 따라 1940년에 중경에 자리를 잡
았고, 그해 5월 한국국민당, 조선혁명당, 한국독립당 등 3당은 한국
독립당으로 합당하여 김구가 주석이던 임시정부를 강화하였고 1941
년 11월에는 일본의 패망에 대비하여 '건국강령'을 발표하였다. 그리
고 김원봉의 조선민족전선연맹도 임시정부에 합류하여 독립단체의
통일을 이루었다. 이것은 중국 국민당 정부가 바라던 일이기도 했다.

　1940년 9월 임시정부는 조선광복군을 창설하였다. 이청천을 총사
령관으로 하고 주요 간부 30여 명으로 출발한 광복군은 화북 지방으
로 가지 않은 조선의용대가 참여하고 1941년 11월부터 국민당의 군
사원조를 받으면서 군대로서의 모습을 갖추었다. 그러나 국민당 정
부와 맺은 규약으로 인해 1944년 8월까지 독자적 군사행동권을 갖
지 못한 채 중국 군복과 표지를 사용하고 중국군의 정훈교육이나 선
전활동 등 소극적 활동에 머물러야 했다.

　임시정부는 1941년 12월에 정식으로 일본에 선전포고를 하고
1943년에는 영국군의 요청으로 인도 버마전선에 8명의 광복군 공작

대를 파견하여 일본군을 상대로 한 대적방송, 문서번역, 포로심문 등의 일을 하며 활동을 강화하여 미국과 합동작전을 꾀하기도 하였다.

일본은 예상보다 빨리 패망하였다. 미군의 지원을 받아 특수훈련을 받은 광복군을 임시정부는 국내에 침투시킬 계획이었으나 이를 미처 실행하지 못했다. 임시정부와 한국광복군은 남북한에 인정을 받지 못해 개인의 자격으로 한국으로 들어왔다.

1945년 8월 15일, 우리 민족은 제2차 세계대전에서 연합국이 승리하고 일본이 항복함으로써 해방을 맞이하게 되었다. 하지만 그렇게 열망하던 해방이 되었음에도 우리는 우리의 주권을 갖지 못했다.

4. 해방 후 건국준비위원회의 조직과 활동

종전을 눈앞에 둔 1945년 8월 14일 조선총독부는 해방 뒤 조선에 거주하는 일본인의 생명과 재산을 보장받기 위해 여운형을 만났다. 여운형은 모든 정치·경제범의 석방, 3개월분의 식량확보, 조선인의 정치활동 및 청년, 학생, 노동자, 농민 등 대중의 조직활동 불간섭 등의 조건을 수락받은 뒤 건국동맹을 기반으로 8월 15일 건국준비위원회(건준)을 결성하였다.

건준은 위원장에 여운형, 부위원장에 안재홍으로 하고 치안의 회복과 질서유지를 위해 지역과 직장별로 건국치안대를 조직하였다. 또 식량대책위원회를 두어 식량조사와 대책을 세우고, 지방에 조직을 확대하여 145개의 지부를 두었다. 건준은 치안 유지와 물자 확보 등 질서유지를 목적으로 활동을 하였기 때문에 독립운동가, 좌익활동가, 언론인, 지식인, 지방의 유지 등 다양한 사람들이 참여하였다. 정치적인 통일성을 확보하진 못했으나 민중들의 폭넓은 지지를 받아 실질적인 행정담당기관의 역할을 할 수 있었다.

해방을 기뻐하는 국민들

9월 6일 건준은 이승만을 주석으로 하고 여운형을 부주석으로 하여 조선인민공화국(인공)을 선포하고, 9월 14일 자주독립국가의 건설, 일제잔재 청산, 대중생활의 향상, 세계 평화의 확보 등을 주요 내용으로 하는 정강을 발표하였다. 중앙에서

인공이 선포되자 지방의 지부는 지방인민
위원회로 바뀌었다. 인공이 수립되는 과정
에서 좌익세력의 영향력이 확대되자 안재
홍 등 민족주의 세력이 탈퇴하였다.

▌미군정

미국은 제2차 세계대전이 끝나고 식민
지에서 해방된 나라들이 사회주의 국가가
되는 것을 막으려는 정책을 폈다. 그런 정책의 일환으로 1945년 9월
8일 인천에 상륙한 미군은 한국에 군정실시를 선포하였다. 그리고
아놀드 군정장관은 조선인민공화국을 부정하고 미군정이 38선 이남
의 유일한 합법정부임을 선포하고 일제 식민지배에 협력하였던 친
일관료들을 다시 임용하고 친일경찰을 군정경찰로 충원하였다. 또
법령을 통해 국공유재산과 일본인 재산을 접수하고 일본인 재산은
군정청 소유로 귀속시키고 관리인을 임명하였다.

소작료는 총수확물의 1/3을 넘을 수 없도록 법령을 정하고 신한
공사를 설치하여 동양척식주식회사에 소속된 토지를 관리하였다.
남한 총농가의 약 26%에 해당하는 소작농가가 신한공사에 소속되었
다.

미군정은 1947년 3월부터 적산敵産으로 간주하여 귀속시켰던 일
본인 재산을 일제 시기의 기업가나 귀속기업체의 관리인들에게 불
하(국가나 공공단체의 재산을 민간에게 매도하는 일)하였다. 1948년 3월
부터 신한공사는 관리하던 토지를 유상으로 분배하여 농민들과 지
주 모두로부터 지지를 받지 못했다. 미군정이 일본 식민통치에 협력

했던 경제인들에게 재산을 불하하거나 친일파들을 다시 채용하면서 해방 후에도 그들이 다시 일어설 수 있는 터전을 마련해 준 셈이 되었다.

한편 우익세력의 활동은 미군이 들어오면서 활기를 띠어 송진우, 김성수 등이 중심이 되어 1945년 9월 16일 한국민주당(한민당)을 결성하였다. 그리고 1945년 10월 16일, 해외독립운동 지도자 중 가장 일찍 귀국한 이승만은 독립촉성중앙협의회를 결성하였다. 이승만은 무조건 단결을 주장하면서 친일파 처리나 토지개혁 문제에 대해 분명한 입장을 내놓지 않아 친일보수세력이 많이 몰려들었다.

임시정부는 미군정으로부터 승인받지 못하고 김구 등 임정 세력은 개인 자격으로 1945년 11월에 귀국하였다. 김구는 한국독립당을 중심으로 임시정부의 법통을 주장하며 해방정국을 주도하려 하였다. 안재홍, 김규식 등 중도세력은 양심적인 우익 민족주의 세력을 대변하여 1946년 중반 좌우합작운동을 주도하였고, 남한 단정에 반대하여 단독선거에 참여하지 않았다.

좌익세력은 박헌영을 중심으로 1945년에 조선공산당을 결성하고 미국과 소련의 협조 아래 임시정부를 세울 수 있는 기대를 하며 미군정과의 협조노선을 펴 나갔다. 그들은 부르주아 민주주의혁명을 내세우며 완전한 독립과 토지문제의 해결을 주장하였다. 좌익 가운데 우파라고 할 수 있는 중도좌파 세력의 여운형은 조선인민당을 결성하였다.

소련은 1945년 8월 8일 일본에 전쟁을 선포하고 만주의 일본을 공격하면서 24일 평양에 들어와 8월말에는 북한 전역을 점령하였다. 소련군의 행동에 당황한 미국은 8월 13일 두 나라 군대가 북위 38도선을 경계로 한반도를 분할 점령하여 일본군을 무장해제하자고 제안하였으며 소련은 이에 동의하였다.

해방 직후 북한 지역에도 건준이 조직되었고 남한에서처럼 인민위원회로 개편되었다. 북한의 공산주의자들은 소련군의 진주와 김일성 등 항일무장투쟁의 세력이 귀국하자 1945년 10월 10일 열성자대회를 열고 조선공산당 북조선분국을 만들었다.

김일성이 소련의 지원을 받으면서 그의 세력이 북한에서 주도권을 잡게 되자 그들은 서울에 있는 조선공산당 중앙의 지도를 받지 않고 독자적으로 활동하였다. 1946년에 북조선노동당(북로당)으로 개편하였다.

소군정의 지원 아래 북한 지역의 인민위원회는 치안을 담당하고 공공기관과 산업을 관리하였다. 1946년 2월에 김일성을 위원장으로 북조선 임시인민위원회가 결성되어 일제 잔재의 청산과 중요산업의 국유화, 토지개혁, 8시간 노동제를 주요 내용으로 하는 20개조 정강을 발표하였고, 3월부터 20여 일에 걸쳐 토지개혁을 실시하였다. 토지개혁은 무상몰수 무상분배의 원칙에 따라 지주 소유의 토지 약 80%가 몰수당함으로써 봉건적 지주제도가 청산되었다. 이 토지 개혁으로 인해 김일성 세력은 농민의 지지를 받아 권력의 기반을 강화할 수 있었다. 하지만 문제점도 있어 그에 반발한 많은 지주와 농민들이 남쪽으로 내려왔다. 토지개혁에 이어 8시간 노동을 규정한 노동법령, 남녀평등권에 대한 법률, 주요산업에 대한 국유화 등 반제 반봉건의 민주개혁을 하였고, 그것은 사회주의 체제로 가기 위한 준비과정이었다.

1945년 12월 16일 모스크바에서 미국·영국·소련은 외상회담을 열고 전후 문제에 대해 논의하였다. 이 회담에서 미국과 소련의 입장이 달랐는데, 미국은 한반도에 신탁통치체제가 수립될 때까지 미소

신탁 통치 반대 운동을 벌이고 있는 시민들

두 나라 군대의 사령관을 우두머리로 하는 단일정부를 두고 조선인을 행정관, 고문관으로 참여시키자고 하였다. 소련은 조선의 임시정부 수립을 내세우며 미국의 의견을 반대하며 두 나라는 단지 조선의 독립과 발전을 도와줘야 하고, 신탁통치 기간도 협력과 원조의 형태로 5년을 넘어서는 안 된다고 주장하였다. 12월 27일 미소는 '미·영·중·소 4개국이 5년 이내의 기한으로 신탁통치를 실시하고 조선의 독립을 위해 임시정부를 세운다'는 내용의 안이 결정되었고, 그것을 실행하기 위해 미소공동위원회를 설치하기로 하였다.

신탁통치 소식은 '소련이 신탁통치를, 미국이 즉시 독립'을 주장했다고 왜곡되어 국내에 전해졌다. 김구의 임시정부 계열이 가장 먼저 반대운동을 벌였고, 여기에 이승만과 한민당 등의 우익세력이 가세하여 1946년 2월 비상국민회의를 결성하였다. 그리고 비상국민회의의 최고정무위원회를 남조선 대표 민주의원으로 개편하여 군정 자문기관으로 삼아 미소공동위원회에 대비하였다.

이에 처음에 신탁통치를 반대하던 좌익세력은 우익의 비상회의에 맞서 민주주의민족전선(민전)을 만들어 삼상회의의 결정안을 지지하여 임시정부를 수립할 것을 주장하며 우익과 대립하였다.

1946년 3월 20일 서울에서 제1차 미소공동위원회가 열렸으나 소련은 모스크바 삼상회의 결정에 반대하는 정당, 단체와는 협의를 할 수 없다고 하고, 미국은 표현의 자유를 내세워 소련에 반대하여 회의가 결렬되었다. 두 나라의 대립은 4월 18일 '삼상회의 결정을 지지하면, 과거의 반탁행위에 관계없이 협의의 대상으로 삼겠다'는 내용의 미소공동위원회의 공동성명 5호가 발표되면서 해결되는 듯했으나 김구와 조소앙 등 우익세력은 공동성명 5호에 반대하였다. 이에 미국의 하지와 소련의 입장이 대립되면서 제1차 미소공동위원회는 결렬되었다.

미국과 소련은 한반도에 자기 나라에 우호적인 정부를 수립하고 싶어했다. 미국은 중도우파와 중도좌파를 통합하여 이들을 중심으로 남한에서 안정적인 정치 기반을 조성하려는 생각을 갖고 6월부터 여운형, 김규식 등을 중심으로 본격적으로 좌우합작운동을 벌였다. 7월에 좌우합작위원회를 구성한 이들은 미소공위를 다시 열어 친일파와 민족반역자를 배제하자는 데 의견을 모았다.

그런 가운데 1946년 6월 3일 이승만이 정읍에서 남한만의 단독정부를 수립하자고 주장하였고, 좌익과 한독당은 이에 반대하였다. 좌우합작위원회는 토지개혁과 친일파 처단 문제 등 원칙을 둘러싸고 의견이 일치하지 않아 큰 성과를 거두지 못했다.

1946년 미군정의 정책에 항의하는 불만과 시위가 늘기 시작하더니 9월에 총파업으로 터졌다. 해방 후 조선은 생산의 감소와 대량실업, 물가상승으로 매우 혼란했다. 그리고 미군정이 실시한 미곡정책은 노동자와 농민의 생활을 아주 어렵게 만들었다. 자유판매제가 쌀 파동을 가져오자 배급제로 바꾸었고, 필요한 미곡을 확보하기 위해 미곡공출제를 실시하고 하곡마저 공출하였으나 오히려 쌀값의 폭등을 노리고 모리배들의 매점매석이 기승을 부리는 현상이 나타났다.

월급제를 일급제로 바꾸려는 미군정에 맞선 서울의 철도노동자

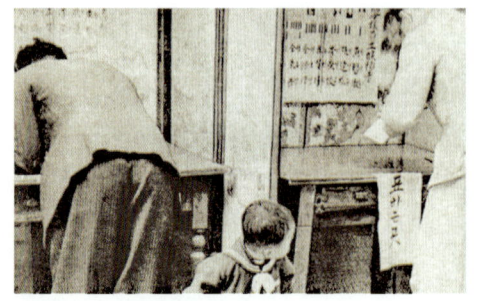
1948년 5월 10일에 치러진 총선거

의 파업에서 시작된 9월 총파업은 부산의 철도노동자의 총파업에 이어 출판, 교통, 체신, 식품, 전기 등 전평에 속해 있던 노동자가 파업에 참여하였다. 미군정은 이를 무력으로 진압하였다.

9월 총파업은 10월 1일 대구를 중심으로 민중봉기가 일어나는 계기가 되었다. 이 봉기는 두 달 가까운 동안 전국으로 파급되어 11월 중순 미군과 경찰에 의해 진압되었다. 9월 총파업이 조선공산당의 신전술의 영향으로 일어나 10월 봉기 이후 좌익은 커다란 타격을 입었고, 상대적으로 우익은 주도권을 장악하게 되었다. 이에 조선공산당은 타개책으로 남조선노동당을 결성하였다.

▌대한민국 정부 수립

1947년 3월 대소봉쇄를 선언한 트루먼 독트린이 발표되면서 세계는 동서 간에 냉전시대로 접어들게 되었다. 그리고 1947년 9월 제2차 미소공동위원회가 휴회되면서 미국은 남한만의 단독정부를 수립하려는 방향으로 정책을 바꾸어 소련의 반대에도 한국 문제를 유엔에 넘겼다. 유엔을 주도하고 있던 미국은 11월 14일 한국 문제를 의제로 선택하고 인구 비례에 따른 남북한 총선거를 실시하기로 결정하고 선거과정을 감시하는 유엔한국임시위원단을 결성하였다. 미국이 지명한 임시위원단 7개국 중에 우크라이나는 참가하지 않았다.

1948년 남한에 입국한 유엔한국임시단이 소련과 북한의 반대로 북한에는 들어가지 못하자 유엔소총회는 2월 26일 가능한 지역에서 선거를 실시하기로 결정하였다. 자주독립국가를 꿈꾸어 왔던 우리 민족은 큰 충격을 받고 김구의 한독당과 김규식의 민족자주연맹, 남로당 등 여러 정치 세력들이 이를 반대하였다.

대한민국 정부 수립

2월 7일 남로당은 미소양국의 군대를 철수시켜 외세를 배제한 상태에서 우리 민족의 자주적인 힘으로 정부를 수립하자고 주장하였다. 그 후 단독 선거와 단독 정부에 반대하는 투쟁이 계속되던 중 4월 3일 제주도의 남로당 세력과 민중들이 도내 경찰지서와 서북청년단을 공격하면서 투쟁이 크게 일어났다. 이른바 제주도 4·3 봉기이다.

이들은 미군 즉시 철수, 단독 선거 반대, 투옥 중인 애국자 석방 등을 요구하며 무장유격대를 조직하고 한라산을 근거지로 군경과

이승만 대통령 취임식

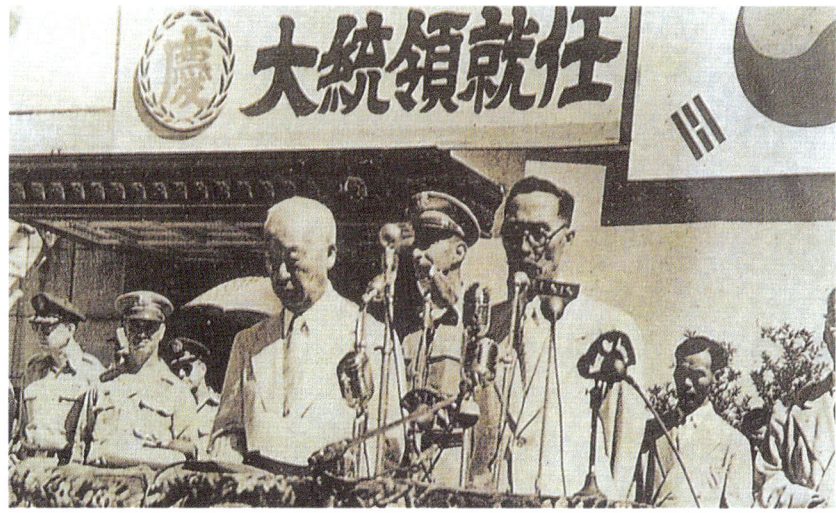

치열한 전투를 벌였다. 미군정이 군경과 우익단체를 동원하여 탄압하는 과정에서 수만 명의 희생자를 내었다.

단독정부를 반대한 김구, 김규식 세력은 민족분단을 막으려고 북한과의 협상을 시도하였으며, 4월 19일 여러 정치 세력들은 북한과 남북연석회의를 갖고 '미소 군대를 철수시키고 단독정부 수립을 반대한다'는 공동성명서를 발표하였다.

하지만 5월 10일 김구와 김규식 등 남북협상파들이 불참을 선언하고 이승만과 한민당 세력, 중간파에 속하는 인물들이 참여한 가운데 남한만의 총선거가 치러졌다.

선거 결과 무소속이 85석, 이승만의 독립촉성국민회가 54석, 한민당이 29석, 대동청년당이 12석, 민족청년당이 6석을 차지하였다. 이에 따라 구성된 제헌국회는 헌법을 만들고 이승만을 초대대통령, 이시영을 부통령으로 선출하여 1948년 8월 15일 대한민국 정부를 수립하였다. 북한에서는 8월 최고인민회의 대의원 선거를 거쳐 9월 9일 조선민주주의인민공화국이 수립되었다.

남한과 북한에서 각각 체제가 다른 국가가 들어섬에 따라 자주국가가 세워지기를 열망한 민족의 염원은 이루어지지 않았다.

부록

조선 시대의 생활사에 대하여

▍언어와 문자

우리가 지금 사용하고 있는 우리글은 조선조 세종 25년인 1443년에 창제되어 1446년에 반포된 훈민정음에서 비롯되었다. 훈민정음은 반포된 이후에도 그 동안에 한문을 사용해 왔던 사대부들에 의해 언문이라고 멸시를 받아 정착하기까지에는 많은 세월이 걸렸다. 그래서 한글은 주로 편지글이나 부녀자들 중심으로 사용되었다.

훈민정음의 우수성은 세계의 문자사에서 인정하고 있는데, 그 첫째 이유는 독창성이다. 새로운 문자를 창조할 때는 기왕에 있는 문자를 기본으로 조금 변형시켜 자기네에 맞게 만들어 쓰는 게 일반적이다. 일본의 가나문자만 하더라도 중국의 한자를 기초로 만든 것이다. 그런데 훈민정음은 세계 어느 나라의 문자에서 찾아볼 수 없는 독창적인 방법으로 만들어졌다. 두 번째는 자음을 발음기관의 모양을 본따 만든 것, 세 번째는 글자의 적용 원리가 매우 논리적이라는 것이다.

만약에 우리나라 역사의 시작과 함께 우리글이 존재했다면 우리의 역사와 문화사는 지금과 매우 달랐을 것이고, 문학작품도 지금보다 훨씬 풍부하였을 것이다.

훈민정음이 정착되기까지 우리 선조들은 한자를 표기 수단으로 사용해 왔다. 말은 우리 말로 하면서 글은 한자로 표기한 이중 언어 생활을 하였던 것이다. 이것을 차자표기법이라고 하는데, 차자표기는 한자의 음을 빌려 쓰는 음차와 뜻을 빌려 쓰는 훈차가 있었다. 그래서 이두나 향찰로 쓰여진 고문서나 고대시가를 해석할 때 음을 빌려 쓴 것인지 훈을 빌려 쓴 것인지를 살펴야 하므로 많은 어려움이 따를 뿐 아니라 지금하고 말이 많이 달라 뜻을 차자한 것인지 음을 차자한 것인지 구분이 어려운 것이 많다.

차자표기는 그 용도에 따라 이두, 향찰, 구결, 고유명사 표기로 나뉜다.

먼저 이두는 주로 문서를 기록할 때 사용되었고, 향찰은 주로 향가와 같은 시가詩歌 표기에, 구결은 한문에 토를 달아 그 내용을 쉽게 이해하는 데 쓰였다. 구결은 한문의 어순 그대로를 읽으면서 우리말의 조사나 어미만 첨가하여 읽는 순독구결과 한문을 우리말로 풀어서 읽는 석독구결의 두 가지가 있었다.

간단하게 예를 들어 천지현황天地玄黃이라는 한문이 있다고 할 때, '천지가 현황이요'라고 한문의 어순을 그대로 하고 천지와 현황 뒤에 조사만 붙여 읽는 것이 바로 순독구결이다.

▮ 촌락 생활

촌락은 생활공동체의 최소 단위로서, 사람들이 모여 살아가는 생활 공간이다. 조선 전기만 하더라도 촌락은 반독립적인 형태로 자연 촌락을 형성하는 산거집단으로 존재해 있었다. 군 · 면 · 리 · 촌 등으로 행정편제가 이루어져 촌락들이 좀더 유기적으로 존재하게 된 것은 16세기 이후부터이다. 둑이나 제방, 저수지 개발 등으로 농경

지역이 평야나 저지대로 확산되고 집약적인 농법이 발달하면서 생산력이 증대됨에 따라 서로 결속력을 갖게 되었던 것이다.

이러한 전통적인 촌락들은 지리적, 사회적인 배경을 기반으로 발전하면서 생산과 체제와 의식을 포괄하는 공동체 단위로서 오랫동안 유지·존속하였던 것이다. 그러다 보니 혈연이나 신분의 구성체로서 동족마을이나 집성마을 혹은 빈촌이나 점촌 등 특수한 신분집단의 마을로도 존재하였다.

사족적(문벌이 높은 선비 집안) 배경에 의해 이루어진 중심촌락들은 주변의 자연촌락들과 공존하면서 신분적으로나 경제적으로 하위에 있던 작은 마을들을 통할하여 10여 개의 소규모 자연 촌락들을 동과 리로 묶었다. 그러다 18세기 후반 이후에는 촌락들이 독자적인 조직과 규모를 가지고 분화·발전해 나갔다.

촌락의 편제 규모를 알 수 있는 자료로서는 호적이나 가좌대장, 오가작통기 등이 있다.

호적에는 통과 호수, 호주의 신분과 가족의 구성, 노비 기록이 있고, 가좌대장은 일종의 가옥대장으로 호주의 신분과 나이, 가족의 수, 가옥의 위치와 규모, 전답, 우마의 수 등이 기록되어 있다. 오가작통기는 호구 파악과 부세 납부, 인력 동원 등을 원활하게 하기 위해 다섯 가구 혹은 열 가구를 1통으로 삼고, 5통을 1리로 구성하여 촌락을 편제하였고, 호주의 이름이나 직업, 소유 노비 등이 기록되어 있다. 흥선대원군 이하응의 집권 시절에는 천주교도를 색출하는 데 오가작통법을 이용하였다.

▌촌락의 조직

촌락의 조직으로 사족들이 조직한 동계(향약)와 동약이 있었고, 촌락의 기층민들은 촌계나 두레를 조직하여 촌락의 공동생활을 효율적으로 운영하였다.

두레는 논에 물을 대어 심는 벼농사가 행해지면서 이앙법의 전개와 더불어 강화되었다. 모내기를 하는 이앙법에서는 공동노동을 하지 않으면 안 되었기 때문에 마을사람들끼리 노동력을 품앗이하는 방법이 필요했고 그에 따라 두레조직이 점점 체계화되었다.

촌락 중에 어촌은 좀 특수한 상황에 놓여 있었다. 어촌에는 자신들의 목소리를 낼 수 있는 능력을 갖추지 못한 백성들이 모여 살고 있어서 중앙관부로부터 멀리 떨어진 소외지역으로 동떨어져 있었다. 게다가 토착의 향리와 관리들이 어촌에서 얻어지는 각종 산물과 이익을 독점하여 어촌민들은 최소한의 삶도 누리지 못하고 빈한한 삶을 살았다.

특히 세종대에는 내륙의 기근을 피하거나 노비 등이 해안지역으로 도망하여 나라의 중심 산업인 농업의 피폐를 염려한 적도 있었고, 조선 후기에는 균역법의 시행으로 어촌의 각종 산물에도 세금이 부과되자 어촌민들이 어촌을 떠나 유민이 되기도 하였다. 한때는 도둑이나 외적의 침입을 유발한다는 이유로 어민들을 섬에 살지 못하게 규제했던 적도 있었다.

향교

▌교육제도

　조선은 유교를 건국 이념으로 삼고 건국한 나라로 유교정치를 실행하기 위해 백성들에게 유교의 교리를 가르치고 실천하도록 하였다. 예나 지금이나 교육은 정책으로서 매우 중요한 작용을 한다. 한 나라의 지배적인 이념이나 규범, 가치 같은 것을 실현하는 데 요구되는 사항을 그에 맞는 교육의 과정을 만들어 국민(백성)들을 가르친다. 옛날로 거슬러 올라갈수록 교육은 계몽과 주입의 성격을 띤다.

　백성들을 가르치기 위한 조선의 교육기관으로는 크게 관학과 사학으로 나뉘는데, 관학으로는 중앙에 성균관과 사부학당, 지방에는 향교를 설치하였고, 사학으로는 서원이나 사당이 있었다. 이러한 교육기관뿐 아니라 유교 교육의 일환으로 유교의 풍속인 향음주례(매년 10월 길일을 택해 고을의 유생이 모여 향약을 읽고 술을 마시며 잔치하는 예절)와 향약을 실시하였다.

　성균관은 최고의 교육기관으로 생원진사를 중심으로 중견관리 채용시험인 문과시험에 대비하는 교육을 중점적으로 실시하여 유교

소수서원

교육보다는 관리 양성에 더 큰 비중을 두었다. 성균관의 입학 정원은 200명이었고, 성균관생들에게는 상당한 특전이 베풀어졌다. 왕이 수시로 행차하여 관시를 치르기도 하였고, 성적이 우수한 학생들은 시험을 거치지 않고 곧바로 관리로 채용되기도 하였다.

사부학당은 서울의 동·서·남부와 중부의 4부에 학당이 1개소씩 설치되어 있어 사부학당으로 불렸다. 사부학당은 줄여서 사학이라고도 하는데 서울에 거주하는 양반이나 서인의 자제 중 8세 이상의 아동이 입학할 수 있었다.

지방에 있던 향교는 각 고을마다 하나씩 두어 15세 이상의 양반과 서인의 자제들이 입학할 수 있었지만 대부분 양반의 자제들이 입학하였다. 향교는 교관을 확보하는 데 많은 어려움이 있었는데, 그 이유는 유교적 지식을 갖춘 관리들이 향교의 교관을 한직으로 간주하여 지방으로 파견되는 것을 기피하는 경향이 있었기 때문이다. 그래서 지식과 소양이 조금 부족한 무과 출신이나 문음 출신의 관리가 교관으로 파견되어 교육의 수준이 중앙보다 조금 떨어졌다.

관학이 교육기관으로 제 역할을 수행하지 못해 생겨난 것이 서원

임실에 있는 영천서원. 광해군 때 지었고, 숙
종 때 임금이 서원 이름을 지어주고 경제적
으로 후원하는 사액서원이 되었다.

과 서당 등의 사학기관이다. 우리나라 최초의 서원은 주세붕이 세운
백운동서원으로, 명종에게서 '소수서원'이라는 현판을 하사받으면
서 명성을 얻게 되었다. 왕에게서 현판을 받은 서원을 '사액서원'이
라 하는데, 이러한 서원은 사학임에도 관학과 마찬가지로 정부로부
터 토지와 노비, 서적 등 각종 지원을 받았다. 소수서원이 사액서원
이 된 것에 영향을 받아 이후 서원은 급속도로 늘어났다.

서원은 대부분 이름이 널리 알려진 명현이 사망한 후 그의 문하
생들이 그를 기리고 뜻을 이어받아 후생들을 가르치기 위해 설립하
였다. 훗날 서원은 당쟁과 관련을 맺으면서 교육기관으로서의 역할
이 감소되어 갔다. 그리고 고종조에 대원군 이하응에 의해 전국의
서원이 대부분 철폐당하는 수모를 겪었다.

서당은 소규모의 교육기관으로 정부의 허가를 받지 않고 설립할
수 있어 조선 후기에 가장 널리 퍼져 있던 교육기관이었다. 문중이
나 마을에서 자제들의 교육을 위해 서당을 설치하고 인근의 학자를
훈장으로 초빙하거나, 훈장 스스로 서당을 열어 인근 마을의 자제들
을 가르치기도 했고, 몇 개의 문중이 연합하여 서당을 설립하기도

임실에 있는 주암서원. 학문이 뛰어난 최덕지를 비롯한 네 명의 위패를 모시고 제사 지내는 곳이다. 흥선대원군의 서원 철폐 때 헐렸던 것을 1907년에 다시 지은 것이다.

했고, 부유한 가정에서 자기 집안의 자제들을 가르치기 위해 이름 있는 학자를 모셔다 서당을 세우기도 했다.

조선 시대에는 교육에 대한 백성들의 집념과 열의가 대단하여 양반뿐 아니라 평민이나 천민들까지도 교육에 관심을 갖고 어떻게 해서든지 자제들을 가르치려고 하였다. 평민이나 천민들은 어려운 살림에서도 학계나 서당계를 조직하여 자식들을 가르쳤다.

한편, 무예교육에는 소홀하여 무과 응시자를 위한 별도의 교육기관이 설립되지 않았고, 각종 기술교육을 경시하고 이에 종사하는 관료들을 천대하여 기술적인 면에서는 진보를 이루지 못한 면이 있었다.

▌민간 신앙

조선은 유교를 국가의 이념으로 내세워 건국한 나라였지만, 민간 신앙에는 중국에서 들어온 도교적인 요소가 많이 남아 있었고, 그 밖에 불교와 무속 신앙이 생활 속에 배어 있었다.

삼재예방이나, 불교 사찰 안에 칠성각이나 삼성각, 무속에서의 시

솟대

일반 장승

왕十王 또 사람이 죽으면 일곱 구멍을 뚫어서 북두 형상과 같이 만들고 혹은 종이에 북두 형상을 그려서 시체를 받쳐 놓는 칠성판의 풍습도 도교적 습성이다. 앞으로 일어날 사건을 암시하거나 예언하는 '도참'도 도교에서 나온 것이다.

또한 불교는 조선조에서 배척되었지만 일반 백성들의 종교로서 불교는 생활 속에 깊이 자리하였다. 망자를 위한 천도제와 기도, 불공, 공양 등과 같은 풍속이 민간에서 행해졌고, 승려가 기우제에 동원되어 제를 진행하기도 하였다.

무속은 수천 년간 우리나라 사람들의 불안이나 공포를 제거해 주고 복을 기원하는 종교적 기능을 수행하고 있었다. 특히 열악한 환경에 처해 있는 여성들의 도피처를 제공하였다. 하지만 개화기에 미신타파라는 명목으로 많이 위축되어 갔다.

마을 신앙으로서는 마을공동체 성원들이 일정한 장소에서 마을의 수호신을 모시고 마을의 무병이나 안녕과 풍년을 기원하는 제사를 지내는 풍습이 있었다. 그 절차는 마을에 따라 조금씩 차이가 있지만 일반적으로 유교식 동제와 무당의 당굿으로 나누어진다. 도당제나 별신제는 무당의 당굿에 속하는 풍습이다.

대개 매년 혹은 격년으로 정초나 봄·가을에 정기적으로 행해졌는데, 비용은 각 집에서 추렴하고 주민 가운데 해산이나 초상이 없는 깨끗하고 덕 있는 사람이 제관이 되어 제를 지냈다. 그 밖에 장승과 숫대도 민간에 널리 퍼져 있던 마을 신앙물이고 기우제 또한 민가에서 널리 행해졌다.

▌가계 계승

가계를 계승하는 일은 우리나라 선조들이 가장 중요한 가업으로 여겨온 가족 윤리 전통의 중심을 이룬다. 이것은 조상 숭배와 중요한 관계를 이루는 것으로서 자손이 이어지고 번영해야 조상을 제대로 모실 수 있다고 믿었기 때문이다. 또한 사대부들은 과거 시험에 합격하거나 관계에 진출하는 것도 개인의 영달을 위한 것뿐 아니라 가계를 빛내기 위한 것이라는 생각이 더 컸다.

이러한 의식은 같은 조상의 자손으로 구성된 동족 단위로 확대되어 동족들끼리 강력하게 결속하여 친족을 이루어 나갔다. 이들 집단은 일족, 친척, 종친 등의 이름으로 한 조직체를 형성하여 그리하여 동족촌락이나 양반촌을 이루게 되었다.

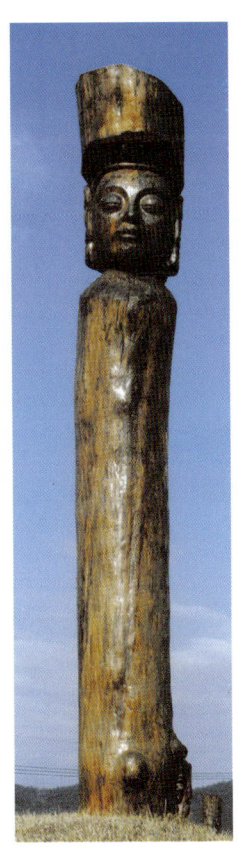

미륵불 모양을 한 장승

그 구성의 형식이나 내용을 알 수 있는 자료로는 족보류를 비롯하여 족계, 종계, 재실 등의 임원 명단을 적은 자료들이 있다. 족보는 씨족의 발원에서부터 선대들의 이름과 행적 등이 상세하게 기록되어 있다.

▌혼인

유교에서는 사람의 일생에 있어 중대한 의례로 관혼상제를 친다. 그 중 혼례제도에서 오랫동안 유지해 온 관행이 있는데, 그것은 남귀여가南歸女家의 혼인풍속이다. 즉 신랑이 신부집에서 혼례를 올린 후 자기 집으로 돌아가지 않고 1년 혹은 그 이상을 처가에서 지내던 풍습이다. 이것은 자녀들이 외가에서 성장하는 기회를 주기 위한 것이었는데 조선 초부터 종법을 준수하려는 사족들에 의해 시비거리가 되어 차츰 사라졌다. 대신 반친영半親迎이라 하여 신부집에서 혼례를 치르고 다음날 혹은 3일 후에 신랑집으로 가 신부가 시부모에게 예를 올리는 방식으로 변해갔다.

그리고 고려 이후부터는 근친혼인과 동성혼인을 금지하였고, 조선 후기부터는 동성동본끼리 혼인하는 것을 금하였다. 경국대전에 의하면 혼인 연령은 남자 15세 여자는 14세가 되어야 혼인을 할 수 있었지만 사위를 미리 정해 같이 살게 하는 예서제나 며느리를 미리 데려다 살게 하는 민며느리제가 있었기 때문에 실제 혼인 연령은 더 낮았다고 할 수 있다.

▌재산 상속

부모가 돌아가셨을 때 우리나라 재산 상속의 전통은 노비나 토지 등을 아들 딸 구별 없이 자식들에게 골고루 나누어준 균분제였다. 그러던 것이 남녀나 장·차자 구별이 생기게 된 것은 유교 사회의 제도와 관습이 곳곳에 침투하게 되는 17세기 이후부터였다. 재산상속은 제사상속과 밀접한 관련이 있다.

남녀 구별 없이 재산을 상속했을 때에는 제사를 모실 때 윤회봉사라 하여 자식들 간에 제사를 돌려가며 모셨다. 그러나 유교 관행에 의해 장자나 특정인이 고정으로 제사를 봉사하게 되면서 재산상속에도 차별을 두게 되었다.

재산 상속에 구별이 없을 때에는 대를 잇기 위해 양자를 세우는 관습이 없었다. 아들 딸이 없으면 형제나 조카 혹은 사촌에게 재산과 제사를 물려주었고, 딸이 있을 경우에는 딸에게 재산과 제사를 물려주는 것이 보통이었다. 그래서 외손봉사의 관행이 있었던 것이다.

▌관료들의 생활

조선조 양반들은 사대부로서 상공업을 통하여 부를 축적하는 것을 바람직하게 여기지 않았기 때문에 관료가 되는 것을 출세의 길로 여겼다. 관료가 되는 것은 개인의 꿈이기도 하였지만 가문의 영광이기도 했다.

조선 초기에는 관료들에게 직급에 맞게 토지를 받아 세금을 거둘 수 있는 특권을 주었고 또 등급에 따라 녹봉을 주어 경제적 이득이 적지 않았다. 그러나 후기가 되면서 토지가 부족하여 현직에 있는 관료에게만 토지가 지급되는 직전법이 시행되었고, 중종 이후에는 제도가 바뀌어 토지를 받지 못하였다.

하지만 관료가 되는 것은 양반신분의 특권을 유지하고 부역이나 군역 등을 면제받고 형벌도 노비가 대신 받는 등 특권신분층으로 대접을 받았기 때문에 관료직은 대단히 중시되었다.

대체로 관료가 되는 길에는 세 가지가 있었다. 첫째는 과거시험

경복궁 근정전 앞의 품계석

을 통하는 길, 둘째는 학행과 도덕이 높은 재야의 선비로서 천거를
받는 길, 셋째는 문음으로 아버지나 할아버지가 공신이거나 3품 이
상의 중요 관직을 거친 경우 자식이나 사위 등 한 명이 간단한 시험
을 거쳐 관리로 임용되었다.

양반이라는 말은 고려 시대에는 문·무반의 현직 관료를 일컫는
말이었으나 조선 시대에 오면 사대부, 사족, 사류, 사림이라는 말과
함께 특권 신분층을 일컫는 말이 되었다.

▌중앙의 주요 관직

조선조에 정승 또는 재상이라고 하면 2품 이상으로서 각 조의 장
관인 판서가 이에 해당된다. 3정승이라 하면 우의정, 좌의정, 영의정
을 일컬으며 영의정은 총재라 하여 오늘날의 수상 격이다. 3정승은
국가의 여러 관서의 책임자를 겸직하도록 하였다.

3정승을 포함한 당상관의 정년은 70세이고, 정년에 이른 3정승에
게는 왕이 궤장이라고 하는, 기대는 책상과 지팡이를 주어 계속적인

근무를 요구하고 2품 이상을 지낸 70세 이상의 사람에게는 기로소라는 노인우대소에 들게 하였다.

퇴직한 정2품 이상의 재상에게는 '봉조하'라는 직을 주어 국가의 특별한 의식에만 참여하게 하면서 일정한 봉록을 주었으며, 국가의 중요한 사건이 있으면 사신을 보내 그들의 의견을 물었다.

조선조의 관료들은 대부분 한문을 이해하고 한시를 짓는 시인이었으며 유교의 예절을 지켰다. 노는 일이 있어도 생산활동에는 종사하지 않는 것이 관행이었고, 신앙은 불교나 무속을 주로 믿었는데 관료 자신은 종교를 믿지 않더라도 질병이나 죽음을 당하면 부인이 종교활동을 하였다. 또한 관료들은 효를 실천하는 데 매우 적극적이어서 연로한 부모가 계실 경우 자기 고향에 부임할 수 없었던 관례를 깨고 고향에 부임하기도 하였으며, 부모 상을 당했을 경우 관직을 내놓고 2년 탈상을 치르는 것이 통례였다.

▍중인들의 생활

조선조에는 신분제가 엄격하게 지켜졌다. 초기에는 양인과 천인으로 규정되었으나 점차 분화되어 16세기경부터 양반, 중인, 평민, 천인으로 형성되었다.

조선조의 중인은 양반에 못지않게 중요한 계층으로 존재하였다. 중인은 고려 말 조선 초에서부터 양반에서 도태되거나 양민에서 상승한 사람들로 형성되어 조선조 중엽에 이르러 하나의 계층을 이룬 중간 신분층이다. 정3품까지 승진할 수 있는 역관(譯官·통역관), 의관(醫官·의료관), 산원(算員·계산원), 율관(律官·법률관) 등의 상급기술관과 정7품까지 될 수 있었던 천문관, 도류(道流·도교의 보존과 그의식에 관계되는 일을 맡음), 화원(畵員·화가) 등의 하급기술관과 녹사 (기록 문서 담당), 서리(胥吏·관아의 관리) 등이 중인에 속했다. 그리고 지방에는 관계에 들지 못한 향리와 군교 등이 있었다. 이들은 양반보다는 아래이고 양민보다는 우위에 있던 하층 지배계급이었다.

중인의 명칭에 대한 유래는, 서울의 고관대작들이 많이 살던 가회동이나 삼청동 등 북촌과 세력을 잃은 빈한한 선비들이 살던 남산 회현동의 중간 지점인 청계천 일대에 거주하여 중인이라는 명칭을 얻게 되었다고 한다. 자세하게 말하자면 광교에서 장통교를 지나 수표교에 이르는 지역에 주로 거주하였다고 전한다.

조선 후기에 오면 중인들은 그들의 직업과 우수한 역량을 통해 상당한 경제력과 실력을 쌓게 되어 이를 배경으로 한말 이후 근대화에 앞장 서는 인물이 많이 배출되었다. 지금으로 비유하면 중산층이라고 말할 수 있을 것이다.

조선조 기록물은 주로 양반들에 의해 기록된 양반들의 것이 대부분이어서 그 이외의 사람들에 대해 연구하는 데 자료가 충분하지 못하다. 중인들에 대한 것도 마찬가지로 그들의 사회적 역할은 매우 중요했지만 그것을 연구할 자료가 충분하지 않아 그 동안 충분한 연구가 이루어지지 못했다.

조선조 상민들은 흰색 옷만 입을 수 있었던 것에 비해 중인 이상의 사람들은 색깔 옷을 입을 수 있어 '초록은 동색'이라는 말은 중인 신분에서 유래하였다 한다.

김씨 역관 집안에 서울의 김한태는 장안의 갑부로서 유명했는데, 이들이 진기한 북경 물건을 수입하여 '북경 짐을 푼다'고 하면 장안의 호기심이 집중하였고, 양반 대가집에서도 결혼예물로 부러워할 정도였다 한다. 또 중국에서 책을 수입하여 중개하던 일도 주로 역관이 담당하여 이를 서회라고 불렀는데, 이들이 국내의 책값을 조정했고, 중인들은 '조선의 문화는 중인의 문화'라는 긍지를 갖고 있었다.

조선 후기 천주교를 수입하고 퍼뜨리는 데도 중인의 역할이 매우 컸다. 정조 9년 정약용 등의 남인학자들과 예배를 보다가 적발되어 단양으로 유배 갔다가 죽은 경주 김씨 역관 집안의 김범우, 기해박해 때 처형된 유진길 등이 대표적인 인물이다. 또 강화도 조약 때 막후활동을 했던 오경석도 대표적인 중인이고, 동의보감을 저술한 허준은 의관으로 중인 신분이었다.

조선 후기에 오면 의관 출신이 중인 수령직의 반수를 넘었다고 전한다. 그리고 화원들은 영정조의 초상을 그리는 어진화사 등으로 발탁될 기회가 많아지면서 지방 수령으로 파견되는 경우가 많았다. 단원 김홍도는 정조의 고임으로 충청도 연풍 현감에 임명되어 서민적인 행정을 폈었다.

중인들은 이처럼 신분상의 제약이 있었음에도 조선 사회를 이끌어가는 데 공헌을 많이 하였다. 양반들이 정책 입안만을 하였다면 중인들은 번거로운 행정 실무를 맡아 하였다.

▌향리

조선 시대의 향리는 고려 시대로 말하자면 호족이다. 향리들은 지방 행정의 실무를 맡아 공문서의 작성을 맡았던 관리들로서, 이들에게는 한문뿐 아니라 이두까지 포함한 문자 해독 능력은 필수적이다. 한자의 음과 훈을 빌려 우리 말을 표기했던 문자를 이두吏讀라고 한 것은 향리 등의 서리들이 주로 사용했기 때문에 그렇게 불린 것이다. 지방의 모든 행정실무는 향리들이 집행하고 그들에 의해 운용되었다. 그들은 중앙정부의 명령을 이행하는 동시에 지방민의 입장을 중앙 정부에 반영하는 역할을 함께 하여 그들의 역할에 따라 중재와 타협의 편차가 달라졌다.

한편, 향리집단들은 탈춤이나 판소리를 발전시키는 데 큰 기여를 하였고, 방각본 소설의 보급과 같은 지방문화의 형성과 발전에도 두드러진 기여를 하였다.

우리에게 잘 알려진 이방은 이서(서리=아전)들의 우두머리로서, 이서들이라면 누구나 한 번쯤 맡아보기를 원하는 자리였다. 지방관이 교체된다는 소식이 전해지면 새 이방을 선임하는데, 이족들끼리 번갈아가면서 이방을 내는 관행이 있었다고 전한다. 수령의 모든 업무는 이방을 통해 집행되고 또 이방에 의해 이서들의 차임이 결정되었다.

지방관은 부임해 있는 동안 이서들을 교체하지 않는 것이 관례이고, 지방관을 떠나기 전에 신임 이서들을 차임하는데 주요한 향리 가문에서 천거한 인물을 이방으로 차임하고, 향리 가문의 이해와 합의에 의해 이서들을 구성한다. 이처럼 세습이 이루어지는 향리들에 비해 지방관은 그 지방을 지나가는 객에 불과하며, 향리들에 의해 지방관이 중도에 그만두게 되는 일이 많았으며, 아전들은 대개 자신의 이익만을 챙겨 이서라고 하면 간악하다는 인식이 있다.

▌평민들의 생활

평민은 양인, 서인, 상민, 백성 등으로 불리며 주로 농업·공업·상업에 종사하였다. 평민들은 군역, 조세, 요역 등의 국역의 부담자로서 조선 전 시기를 통틀어 가장 중요한 층이었다.

평민들이 살던 초가집

양반들은 관료로 진출할 수 있는 특권을 가졌고 국역에 종사하지 않았던 데 반해 평민들은 국역 부담에 대한 의무가 많고 양반들의 침탈을 받아 고통받는 처지에 놓여 있었다.

앞에서도 얘기했지만 고문서의 기록은 대부분 양반들에 의해 기록된 것으로 양반들의 시각에서 쓰여졌기 때문에 평민에 대한 자료 또한 평민들의 생생한 삶과는 차이가 있을 수 있다.

기록에 의하면 조선 전기의 인구 수는 400만~600만 정도로 추산되며, 이 중 평민의 비중은 40~60%를 차지한다는 것으로 계산하면 평민의 수는 최저 160만~240만, 최고 240~360만 정도로 추정할 수 있다. 그러나 후기로 가면 신분제도의 모순으로 인해 양인과 천인의 수가 급격히 줄어든다.

엄격한 신분사회에서 양인과 천인이 혼인하는 양천교혼은 불법이었지만 양반의 이해관계에서 그것이 용납되었다. 양인이 천인이 되면 군역이나 부역이 없어져 국가에서는 이를 금지하였던 것이다. 하지만 이를 막을 수는 없었고, 그에 대한 예외 조항이 생겨나 양반이 양인이나 노비를 첩으로 얻을 경우 그 자녀들은 일정한 자격을 갖추면 양인으로 인정하는 조치를 하였다.

양천교혼에서 일반 평민과 노비가 결혼했을 경우에 노비세전법이라는 관습법에 의해 신분과 소유권이 결정되었다.

'일천즉천'은 부모 가운데 한쪽이 천인이면 그 신분은 천인이다. 종모법은 노비끼리 결혼하면 그 자식은 천인이고, 소유권은 어머니의 주인이 가진다. 그런데 남자 종이 양녀와 혼인했을 경우 그 자식은 종모법에 의해 어머니의 신분을 따라 양인이 되어야 하지만 실제로는 신분도 소유권도 아버지를 따랐다. 그것을 이용해 남자 종을 가진 양반들은 노취양녀를 재산증식의 수단으로 이용하였다.

▎평민의 병작

보통 남의 땅을 경작하여 그 수확물을 지주와 일정하게 분배하는 제도를 소작이라고 하는데, 소작이라는 말은 일제 시기에 들어온 말이고 우리나라에서는 보통 병작이라는 말을 사용하였다.

병작의 뜻은 땅의 소유자와 경작자가 공동경작을 한다는 의미를 갖고 있어 소작보다 예속적인 성격이 약하다. 하지만 실제 양반 지주들은 평민 경작자들에게 매우 권위적이고 위압적이어서 평민 경작자들은 늘 불리한 입장에 있었다.

또 향약에서 평민들이 지켜야 할 조약이 있었다. 향약은 양반들이 그들의 체제를 유지하기 위해 하층민에게까지 보급한 유교 이념으로 양반들의 입장에서는 교화였지만 평민들의 입장에서는 법에 앞서 일상생활을 규제하는 것이었다.

소위 하인향약을 보면 양반을 능욕하거나 사회질서를 문란하게 하고 유통질서를 파괴하는 행위, 토지임대나 경작 등의 질서를 문란하게 하는 것 등 양반들의 입장에서 평민들의 생활을 규제하였다.

▌노비 생활

노비에 대한 기록은 고조선의 팔조법금에도 나타나지만, 범죄자나 전쟁 포로 등으로 인해 발생한 것으로 보이며 그 외 노비의 소생, 증여, 매매 등 매우 다양한 경로가 있었다.

노비는 남자 종을 가리키는 '노'와 여자 종을 가리키는 '비'의 총칭이다.

노비들은 주인이 혼인을 통제하여 정상적인 부부생활이 불가능하였고, 아버지를 모르는 사생아가 많았다. 그리고 노에 비해 비의 혼인 범위가 매우 넓었다. 신분이 귀할수록 여성의 혼인의 폭은 좁아지는 경향을 보였다.

양인 여성은 노와 혼인하거나 양남과 혼인을 하고 때로는 양반이나 중인의 첩이 되었다. 중인 여성의 경우는 같은 신분의 혼인이나 양반의 첩이 되었고, 양반 신분의 여성은 대개 신분이 같은 양반 가문의 남자와 혼인하였다.

노비는 개인이 소유한 사노비와 관이 소유한 공노비로 나뉘며, 사노비는 거주 형태에 따라 솔거노비와 외거노비로 나누어진다. 솔거노비는 주인집 행랑채에 거주하거나 같은 마을에 있으면서 주인집의 각종 일의 사환, 농사나 상업 활동에 종사하며 노동력을 직접 제공하였다.

외거노비는 주로 농업을 담당하였지만 여타 다양한 직업을 갖기도 하였다. 그리고 주인집에 대한 의무인 신공身貢은 직접 노동력을 제공하지 않고 일정한 양의 물품을 국가나 주인에게 바쳐 솔거노비에 비해 주인에 대한 구속력이 약했다. 솔거노비가 나이가 들어 부리기 어려우면 주인이 외거하도록 조치하는 경우가 많았다.

　노비는 평생 주인을 위해 일을 하지만 그런 노비가 죽게 되면 주인들은 그리 슬프게 생각하지 않았다. 솔거노비의 경우 최소한 임종 절차를 주인이 마련하지만 외거 사노비나 공노비는 근처 주민들의 부조로 이루어지는 경우가 대부분이었다.

생각하는 한국사 ❷

성기환 지음
2008년 9월 20일 초판 1쇄 인쇄

2008년 9월 25일 초판 1쇄 발행
펴낸이 마복남 | 펴낸곳 버들미디어 | 등록 제 10-1422호

주소 서울시 마포구 합정동 359-27
전화 (02)338-6165 | 팩스(02)323-6166
E-mail : bba666@naver.com